南京航空航天大学研究生系列精品教材

应用统计学

吴和成　编著

科学出版社

北　京

内 容 简 介

本书介绍经济与管理学科中常用的统计分析理论与方法。全书分七章。第1章为统计推断的基本内容，主要包括参数估计与检验，方差分析；第2章较为系统地介绍非参数统计检验的基本方法和原理；第3章主要介绍线性回归分析的理论和方法；第4章简要介绍非线性回归分析的基本原理和方法；第5章介绍主成分分析；第6章介绍因子分析模型；第7章介绍马尔可夫链的基本内容。

本书可作为经济学和管理学研究生的应用统计学教材，也可作为从事相关专业教学和研究的教师参考用书。

图书在版编目（CIP）数据

应用统计学/吴和成编著. —北京：科学出版社，2015.8
南京航空航天大学研究生系列精品教材
ISBN 978-7-03-045540-6

Ⅰ.①应… Ⅱ.①吴… Ⅲ.①应用统计学-研究生-教材 Ⅳ.①C8

中国版本图书馆 CIP 数据核字（2015）第 205227 号

责任编辑：张　凯/责任校对：王　瑞
责任印制：徐晓晨/封面设计：蓝正设计

科 学 出 版 社 出版
北京东黄城根北街 16 号
邮政编码：100717
http://www.sciencep.com

北京虎彩文化传播有限公司 印刷
科学出版社发行　各地新华书店经销
*
2015 年 9 月第　一　版　　开本：787×1092　1/16
2019 年 1 月第三次印刷　　印张：15
字数：356 000
定价：45.00 元
（如有印装质量问题，我社负责调换）

前　言

统计是一门关于数据的科学。无论科学研究还是解决实际问题，如果需要从数据中获取信息并进行决策分析，统计方法总是一个有力工具。随着计算技术的迅速发展，运用统计方法解决现实问题变得更为容易和便捷。因而，统计理论和方法在科学研究和实践中发挥着越来越重要的作用。

编者从事研究生的应用统计学课程教学多年，始终认为教材建设是一个基本重要的问题，教学内容的选择一定要以培养目标为前提，兼顾教学对象的专业背景，以及科学的教学方法，方能保证教学质量和效果。

经管类学生必须具备运用统计方法解决实际问题的能力这一理念已成共识。但是，对于掌握分析工具的边界似乎不甚明确。

过于注重理论严密性的教材或纯粹以应用为主的教材都有其不足之处。对于前者，学生面对严密的理论推导和复杂的公式往往一片茫然；对于后者，学生可能仅仅知道方法或公式解决了一个问题，但对于为什么这样解决不得要领。工具的选择及其正确运用是应用者必须严谨对待的问题，这关系着决策的效果甚至成败。因此，正确掌握统计的基本原理和解决问题的思路，在此基础上借助统计分析软件进行科学研究或解决实际问题，是学生需要的基本素养。所以，基于这一理念来精选教学内容具有重要的理论和实际意义。

兼顾不同专业背景和不同专业的培养目标，科学选择既符合学位培养要求的教学内容，又保证整体的教学效果，同时也为不同专业的学生从事相应的研究和应用提供有力支撑。因此，本书从内容上作了精心选择。第 1 章较为系统地介绍统计推断的主要内容，主要有参数估计和参数假设检验，方差分析。其中，前者可以看成知识回顾。事实上，理工背景或经管背景的学生在大学阶段已学习过概率论与数理统计的基本内容。由于概率统计本身的抽象性及来自不同学校学生认识和理解上的差异性，进行系统回顾是必要的，而且，统计推断本身在科学研究和实践中也常用。方差分析可以帮助人们寻找引起某一结果的原因，其基本过程类似于假设检验，只是其解决了三个及以上的正态总体均值的假设检验问题。方差分析在质量管理中是一个重要的分析工具。第 2 章较为系统地介绍非参数统计检验问题。当人们面对不同类型数据或在总体信息十分有限的条件下进行决策时，参数推断方法会有明显的局限性，这体现在决策结果上。事实上，放宽假设更符合实际，但面临着很少的信息困难，非参数统计方法可以在此发挥重要作用。第 3 章介绍线性回归分析。线性回归分析应用广泛，解决问题的原理及方法丰富、深入，对其正确理解十分必要。本书主要介绍一元和多元线性回归模型及其相应的推断、回归诊断、含定性变量的回归模型等。第 4 章简要介绍非线性回归分析方法。其实非线性回归分析的内容是较为深入的，由于问题本身的复杂性，解决问题的原理和方法也显得抽象。因此，从应用的要求，本书仅介绍基本的非线性回归分析方法。第 5 章介绍主成分分析。第 6 章介绍因子分析。第 5，6 章主要介绍如何从数据中综合或提炼出可以帮助人们解决问题的信息。另外，也可以作为诸如回归分析变量选择的基础。第 7 章简要介绍随机过程的基本概念和常用的马尔可夫链，为有需要的学生提供一定的基础。

本书的理论介绍主要阐述其基本思想和解决问题的基本思路，以够用为度，但不失严谨性。例题的选择注重多样性和实用性，以便学生能够通过例题的求解来培养运用统计方法解决实际问题的能力。事实上，本书介绍的许多方法可以直接用于解决实际问题。本书为南京航空航天大学研究生教育优秀工程研究生教材建设项目。

本书引用国内外文献中的一些例题和习题，有些是根据文献中例题或习题重新设计，恕不一一指明出处，在此一并向相关人员表示感谢。

教材建设任重而道远。本书在这方面作了一些探索，限于编者学识，不妥之处在所难免，欢迎专家学者和读者批评指正。

编　者
2015 年 7 月

目　　录

前言

第1章　统计推断 ·· 1

　1.1　随机变量及其分布 ·· 1

　　1.1.1　常用的随机变量及其分布 ······························· 2

　　1.1.2　随机变量的矩 ·· 6

　　1.1.3　分位点 ·· 8

　1.2　抽样分布及其常用统计量的分布 ······························ 9

　　1.2.1　简单随机样本 ·· 9

　　1.2.2　抽样分布 ··· 10

　1.3　参数估计与假设检验 ·· 17

　　1.3.1　参数估计 ··· 18

　　1.3.2　参数假设检验 ·· 30

　　1.3.3　假设检验中的两个问题 ···································· 46

　1.4　方差分析 ··· 49

　　1.4.1　单因素试验的方差分析 ···································· 50

　　1.4.2　双因素试验的方差分析 ···································· 63

　1.5　本章小结 ··· 72

　问题与思考 ··· 73

第2章　非参数统计分析 ·· 74

　2.1　符号检验 ··· 75

　　2.1.1　两个总体分布是否相同的符号检验 ····················· 75

　　2.1.2　总体中位数 M_e 的检验 ································ 79

　　2.1.3　数据序列的趋势存在性检验 ······························ 80

　　2.1.4　威尔科克森符号秩和检验 ································· 83

　2.2　秩和检验法 ·· 84

　2.3　多个样本的检验 ·· 87

　　2.3.1　克鲁斯凯-沃利斯单向方差秩检验 ····················· 87

　　2.3.2　费里德曼双向方差分析 ···································· 90

　2.4　秩相关分析 ·· 94

　　2.4.1　斯皮尔曼秩相关系数 ······································ 94

　　2.4.2　肯德尔-τ 相关系数 ··································· 97

　2.5　χ^2 检验法 ··· 99

　　2.5.1　拟合优度检验 ·· 99

2.5.2　独立性检验（列联表分析）·· 103

2.6　正态性的检验法 ··· 106

2.7　本章小结 ··· 107

问题与思考·· 107

第 3 章　线性回归分析··· 108

3.1　一元线性回归分析 ··· 110

3.1.1　参数 β_0，β_1 的估计 ··· 112

3.1.2　误差项 ε 的方差 σ^2 的估计 ···································· 113

3.1.3　拟合回归线的性质 ··· 114

3.1.4　正态误差回归模型 ··· 114

3.1.5　线性回归模型中自变量与因变量之间联系的描述测度········ 118

3.1.6　一元线性回归建模流程 ··· 118

3.2　多元线性回归模型 ··· 119

3.2.1　多元回归模型 ··· 119

3.2.2　回归系数的涵义 ··· 121

3.2.3　回归分析推断 ··· 121

3.2.4　预测与控制 ··· 125

3.2.5　自变量与因变量线性相关程度的度量指标 ······················ 126

3.2.6　多元线性回归模型中自变量的选择问题 ······················ 129

3.3　回归诊断 ··· 136

3.3.1　残差及其性质 ··· 136

3.3.2　误差项的异方差 ··· 137

3.3.3　误差序列自相关性 ··· 139

3.3.4　自变量的多重共线性 ··· 140

3.3.5　异常点与强影响点 ··· 143

3.4　含定性自变量的回归模型 ··· 145

3.4.1　仅含定性自变量的回归模型 ····································· 145

3.4.2　对一个定量自变量和一个二值定性自变量的回归············ 146

3.4.3　对于一个定量自变量和一个多值定性自变量的回归·········· 150

3.4.4　对于一个定量自变量和两个定性自变量的回归 ············· 151

3.5　本章小结 ··· 152

问题与思考·· 152

第 4 章　非线性回归分析··· 153

4.1　可线性化的非线性回归模型 ··· 154

4.2　多项式模型 ·· 161

4.2.1　一元多项式模型 ··· 161

4.2.2　二元多项式模型 ··· 163

4.3　因变量为指示变量的回归 ··· 165

4.3.1　回归模型 ……………………………………………………… 165
4.3.2　关于误差项问题 ……………………………………………… 166
4.3.3　参数估计 ……………………………………………………… 166
4.4　逻辑斯蒂回归模型 ………………………………………………… 169
4.5　本章小结 …………………………………………………………… 173
问题与思考 ……………………………………………………………… 173

第5章　主成分分析 ………………………………………………………… 174
5.1　随机矩阵和随机样本 ……………………………………………… 174
5.1.1　随机矩阵 ……………………………………………………… 174
5.1.2　随机样本 ……………………………………………………… 176
5.2　总体主成分 ………………………………………………………… 177
5.2.1　一般形式 ……………………………………………………… 177
5.2.2　标准化变量的主成分 ………………………………………… 179
5.3　样本主成分 ………………………………………………………… 181
5.4　举例 ………………………………………………………………… 183
问题与思考 ……………………………………………………………… 184

第6章　因子分析 …………………………………………………………… 185
6.1　正交因子模型 ……………………………………………………… 185
6.2　参数估计 …………………………………………………………… 187
6.2.1　主成分法 ……………………………………………………… 187
6.2.2　主因子法 ……………………………………………………… 189
6.2.3　极大似然估计法 ……………………………………………… 190
6.3　因子旋转 …………………………………………………………… 190
6.3.1　基本原理 ……………………………………………………… 190
6.3.2　计算过程 ……………………………………………………… 191
6.4　因子得分 …………………………………………………………… 194
6.4.1　加权最小二乘法 ……………………………………………… 194
6.4.2　回归分析法 …………………………………………………… 195
6.5　应用举例 …………………………………………………………… 196
问题与思考 ……………………………………………………………… 200

第7章　马尔可夫链 ………………………………………………………… 201
7.1　随机过程的基本概念 ……………………………………………… 201
7.1.1　随机过程的定义 ……………………………………………… 201
7.1.2　有限维分布族 ………………………………………………… 202
7.1.3　独立增量过程与平稳过程 …………………………………… 202
7.2　泊松过程 …………………………………………………………… 204
7.2.1　计数过程 ……………………………………………………… 204
7.2.2　泊松过程的定义 ……………………………………………… 204

7.3　马尔可夫链 ·· 208

　　7.3.1　马尔可夫性 ·· 208

　　7.3.2　马尔可夫链的定义 ·· 208

　　7.3.3　C-K 方程 ··· 212

　　7.3.4　遍历性 ·· 213

　问题与思考 ·· 215

参考文献 ··· 216

附录 ··· 217

第1章 统 计 推 断

房价问题是当前最热门的话题之一。一个城市房价的均价总是扑朔迷离。一个房价均价每平方米 8 千元的经济较为发达的省会城市,可能对于年轻人具有较大的吸引力。现实却是想要购买每平方米 1 万元房子的愿望,也可能只有在城郊结合部才能实现。事实上,需要弄清楚的是这个城市房子均价的变化区间、不同楼盘均价之间的差异程度、在某一价位以上的楼盘占比多少、不同区位楼盘均价之间的差异及其差异的变化趋势等。当不能获得全部楼盘销售均价的数据时(实际上难以得到真实的数据),你如何来解决刚才提到的问题呢?

1.1 随机变量及其分布

随机试验的结果未必都是数量化的,如检验产品是合格品还是不合格品,调查居民对某一改革措施赞成还是反对等,这些实验的结果并不是一个数值。为了全面研究随机实验的结果,揭示随机现象的统计规律性,需要将随机实验的结果数量化,即需要引入随机变量概念。

为理解随机变量的涵义,从一个统计学文献中常用的一个例子,即抛掷硬币以观察正反面出现情况的这一试验开始。例如,将硬币连续抛掷三次(看成一次随机试验),则所有可能结果的集合为 $\Omega = \{HHH, HHT, HTH, THH, HTT, THT, TTH, TTT\}$,这里,用 H 表示正面,T 表示反面。显然,当硬币均匀时,这 8 个结果的出现等可能。将试验所有可能结果组成的集合 Ω 称为样本空间。如果仅将注意力集中在正面出现的次数上,如以 X 表示这一试验中正面出现的次数,则 X 可能的取值为 0,1,2,3。且易知,X 取这 4 个数的概率分别为 1/8,3/8,3/8 和 1/8。事实上,这些概率值对应着试验结果出现的概率。例如,$X=1$ 对应着试验结果 HTT,THT 或 TTH 的出现,则 $X=1$ 的概率等于试验结果 HTT,THT 或 TTH 出现的概率之和。因此,X 是定义在样本空间上的一个实值函数。

随机变量的严格定义如下:设 E 是一个随机试验,$S = \{e\}$ 为其样本空间,如果对于 S 中的每一个样本点 e,有一个实数 $X(e)$ 与之对应,则称这个定义在样本空间 S 上的实值函数 $X(e)$ 为随机变量。

随机变量 X 的分布函数定义如下:对于任意的实数 x,$-\infty < x < \infty$,称函数

$$F(x) = P\{X \leqslant x\}$$

为随机变量 X 的累积分布函数(简称分布函数)。实际上,$F(x)$ 是随机变量 X 取值不超过某一特定值的概率,故有累积之意。

容易看到,分布函数具有如下性质:

(1) $F(x)$ 是 x 的非减函数;

(2) $\lim\limits_{x \to +\infty} F(x)=1$;

(3) $\lim\limits_{x \to -\infty} F(x)=0$;

(4) $P\{a < x \leqslant b\}=F(b)-F(a)$，对一切 $a < b$。

1.1.1 常用的随机变量及其分布

1. 离散型随机变量及其分布

一个最多取可数个可能值的随机变量，称为离散型随机变量。对于一个离散型随机变量 X，记 $p_i = P\{X=x_i\}$，这里 x_i 为 X 的可能取值，则 $p_i > 0$，且对于所有的 x_i，有 $\sum\limits_{i=1}^{+\infty} p_i = 1$；$X$ 的分布函数 $F(x)=\sum\limits_{x_i \leqslant x} P\{X=x_i\}$。

下面介绍一些常用的离散型随机变量。

1）0-1 分布

假定一个随机试验，其结果可以分为成功或失败，称这样的试验为伯努利试验。例如，试验的结果是成功，令 $X=1$，否则，令 $X=0$，则 X 的分布律为

$$P\{X=k\}=p^k(1-p)^{1-k}, \quad k=0,1$$

这里，p 为试验结果是成功的概率，且 $0 < p < 1$。

随机变量 X 也称为伯努利随机变量，如果其分布律由上述公式给出，称 X 服从 0-1 分布，记为 $X \sim b(1,p)$。

在实践中，对产品进行质量检验，每抽出一件产品，只有两种结果，即要么是合格品，要么是不合格品，如记产品的合格率为 p，则产品的质量检验问题可以用 0-1 分布来描述。

2）二项分布

若进行 n 次独立的伯努利试验，其中每次结果是成功的概率为 p，结果是失败的概率为 $1-p$。以 X 表示在 n 次独立的伯努利试验中成功出现的次数，则称 X 为具有参数 (n,p) 的二项随机变量，或称 X 服从参数 (n,p) 的二项分布，记为 $X \sim b(n,p)$。其分布律为

$$P\{X=k\}=C_n^k p^k(1-p)^{1-k}, \quad k=0,1,2,\cdots,n$$

例 1.1 已知某生产线生产的产品是废品的概率为 0.1，且与任意的其他产品独立。现从生产线上随机抽取 3 件产品，则至多有一个废品的概率是多少？

解 以 X 表示这 3 件被抽产品中的废品数，则 X 为服从参数 $(3,0.1)$ 的二项随机变量。

$$P\{X \leqslant 1\}=P\{X=0\}+P\{X=1\}=C_3^0(0.1)^0(0.9)^3+C_3^1(0.1)^1(0.9)^2=0.972$$

例 1.2 某公司有 7 个顾问。假定每个顾问贡献正确意见的概率为 0.6，且设顾问之间是否贡献正确意见相互独立。先对某项目可行与否个别征求各顾问意见，并按多数顾问的意见作出决策。试求作出正确决策的概率。

解 以 X 表示 7 个顾问中贡献正确意见的人数，则 $X \sim b(7,0.6)$。从而作出正确决策的概率为

$$P\{X \geqslant 4\} = \sum_{k=4}^{7} P\{X = k\} = \sum_{k=4}^{7} C_7^k (0.6)^k (0.4)^{7-k} = 0.7102$$

例 1.3 某车间有 80 台机器,经过长时间的观察,得知每台机器发生故障的概率为 0.01。设机器发生故障与否相互独立,又设每个维修工在同一时间只能维修一台机器,则配备 3 个维修工共同维修 80 台机器,与配备 4 个维修工每人承担 20 台机器维修任务,哪个方案不能及时维修的概率较小?

解 (1) 按照第 1 种方案,以 X 表示 80 台机器中需要维修的机器数,可易见,$X \sim b(80, 0.01)$,则不能及时维修的概率为

$$P\{X \geqslant 4\} = \sum_{k=4}^{80} C_{80}^k (0.01)^k (0.99)^{80-k} = 0.0091$$

(2) 按照第 2 种方案,以 A_i 表示事件"第 $i(i=1,2,3,4)$ 个维修工承担的 20 台机器不能及时维修",则所求的概率为

$$P(A_1 \bigcup A_2 \bigcup A_3 \bigcup A_4) \geqslant P(A_1) = \sum_{k=2}^{20} C_{20}^k (0.01)^k (0.99)^{20-k} = 0.0175$$

由此可见,第 1 种方案较好。

注 二项分布的概率计算可以调用 excel 中的函数 BINOMDIST。

3) 泊松分布

对于取值为 $0,1,2,\cdots$ 的随机变量 X,如对某个 $\lambda > 0$,有

$$P\{X = k\} = \frac{\lambda^k e^{-\lambda}}{k!}, \quad k = 0,1,2,\cdots$$

则称 X 为具有参数 λ 的泊松随机变量,或称 X 服从参数为 λ 的泊松分布,记为

$$X \sim \pi(\lambda)。$$

泊松分布的一个重要性质是可以用来近似二项分布。事实上,如果二项分布参数中的 n 较大,而 p 较小,对于二项分布的随机变量,取 $\lambda = np$,则

$$P\{X = k\} = C_n^k p^k (1-p)^{1-k} = \frac{n(n-1)\cdots(n-k-1)}{n^k} \cdot \frac{\lambda^k}{k!} \cdot \frac{\left(1 - \dfrac{\lambda}{n}\right)^n}{\left(1 - \dfrac{\lambda}{n}\right)^k}$$

对于较大的 n 和较小的 p,有

$$\left(1 - \frac{\lambda}{n}\right)^n \approx e^{-\lambda}, \quad \frac{n(n-1)\cdots(n-k-1)}{n^k} \approx 1, \quad \left(1 - \frac{\lambda}{n}\right)^k \approx 1$$

从而,对于较大的 n 和较小的 p,有

$$P\{X = k\} = C_n^k p^k (1-p)^{1-k} \approx \frac{\lambda^k e^{-\lambda}}{k!}$$

例 1.4 假定某书一页上的印刷错误个数是一个具有参数 $\lambda = 1$ 的泊松随机变量,则在此页上至少有一个错误的概率为多少?

解 以 X 表示此页上的错误数,则 $X \sim \pi(1)$,从而

$$P\{X \geqslant 1\} = 1 - P\{X = 0\} = 1 - e^{-1} = 0.633$$

例 1.5　假定每天在高速公路上发生事故的数目是一个具有参数 $\lambda=3$ 的泊松随机变量,则今天没有发生事故的概率是多少?

解　以 X 表示今天在此条高速公路上发生的事故数,则

$$P\{X=0\}=\mathrm{e}^{-3}=0.05$$

例 1.6(泊松分布在运营管理中的应用:排队)　在生活和工作中排队是常见现象,如在银行、超市、餐饮店等场所都会遇到排队的情况;再如,货车等待装货、生产线上的零件排队等待装配等。通过排队模型,可以帮助公司管理人员掌握排队的特征。

每小时到达某加油站要求加油的汽车数服从均值为 5 的泊松分布,则

(1) 接下来的 1 个小时内只有一辆车到达的概率是多少?

(2) 接下来的 3 个小时内有多于 20 辆汽车到达的概率是多少?

某 ATM 机使用人数服从泊松分布,每间隔 5 分钟平均有 1.5 个使用者,则

(1) 在接下来的 5 分钟内没有使用者的概率是多少?

(2) 接下来的 10 分钟内有 3 个或 3 个以上使用者的概率是多少?

作者可自行练习。

注　也可以调用 excel 中的函数 POISSON 进行计算。

4) 几何分布

设进行独立试验直到首次出现成功为止,其中每次试验成功的概率都是 p,以 X 表示直到首次成功所进行的试验次数,则称 X 为具有参数 p 的几何随机变量,或称 X 服从参数为 p 的几何分布,记为 $X\sim g(n,p)$。其分布律为

$$P\{X=n\}=(1-p)^{n-1}p,\quad n=1,2,\cdots$$

例 1.7　对产品进行检验,直到检测到次品为止。设产品的合格率为 0.9,求直到第 11 个产品才检测到次品的概率。

解　以 X 表示首次检测到次品时所检测的产品数,则 $X\sim g(11,0.9)$,由此

$$P\{X=11\}=(1-0.1)^{10}0.1=9\times10^{-11}$$

2. 连续型随机变量及其分布

在某型号灯泡的寿命试验中,每一个被测试灯泡的寿命是一个非负实数,它可以取到某个区间中的任意一个数。同样该型号灯泡的寿命在某一范围内取值的概率也是客观存在的。将这样能取到一个区间中任意一个数的随机变量,称为连续型随机变量。

连续型随机变量的分布函数为

$$F(x)=P\{X\leqslant x\}=\int_{-\infty}^{x}f(x)\mathrm{d}x$$

这里,$f(x)$ 是连续型随机变量 X 的分布密度函数。

1) 均匀分布(记为 $X\sim U(a,b)$)

密度函数为

$$f(x)=\begin{cases}\dfrac{b-a}{2},&a<x<b\\0,&\text{其他}\end{cases}$$

2) 指数分布(记为 $X \sim E(\lambda)$)

密度函数为

$$f(x) = \begin{cases} \lambda e^{-\lambda x}, & x > 0 \\ 0, & \text{其他} \end{cases}$$

例 1.8 已知某种轮胎的使用寿命 $X \sim E(0.1)$(单位:万公里)。现随机抽取这种轮胎 5 只,试求至少有两只轮胎的行驶距离不足 30 万公里的概率(1 公里=1 千米)。

解 以 X 表示任意一只这样的轮胎的使用寿命,则其寿命不足 30 万公里的概率为

$$P\{X < 30\} = \int_{-\infty}^{30} 0.1 e^{-0.1x} \, dx = 0.9502$$

于是 5 只轮胎中至少有两只轮胎的行驶距离不足 30 万公里的概率为

$$P = 1 - \sum_{k=0}^{2} C_5^k (0.9502)^k (0.0498)^{5-k} = 0.99997$$

3) 正态分布(记为 $X \sim N(\mu, \sigma^2)$)

密度函数为

$$f(x) = \frac{1}{\sqrt{2\pi}\,\sigma} e^{-\frac{(x-\mu)^2}{2\sigma^2}}, \quad -\infty < x < +\infty$$

当 $\mu = 0, \sigma = 1$ 时, $f(x) = \frac{1}{\sqrt{2\pi}} e^{-\frac{x^2}{2}}$, $-\infty < x < +\infty$ 称为标准正态分布的密度函数,对应的随机变量以 Z 表示,且记 $Z \sim N(0,1)$。$X \sim N(\mu, \sigma^2)$ 与 $Z \sim N(0,1)$ 之间的关系为 $Z = \dfrac{X - \mu}{\sigma}$,且

$$P\{a < X \leqslant b\} = \Phi\left(\frac{b - \mu}{\sigma}\right) - \Phi\left(\frac{a - \mu}{\sigma}\right)$$

这里, $\Phi(x)$ 为标准正态分布 Z 的分布函数。

由正态分布的密度函数图像(图 1.1)可以看到,此曲线完全由均值 μ 和标准差 σ 决定,事实上, μ 决定了密度函数曲线的位置,也称位置参数; σ 决定了曲线的形状,也称尺度参数。

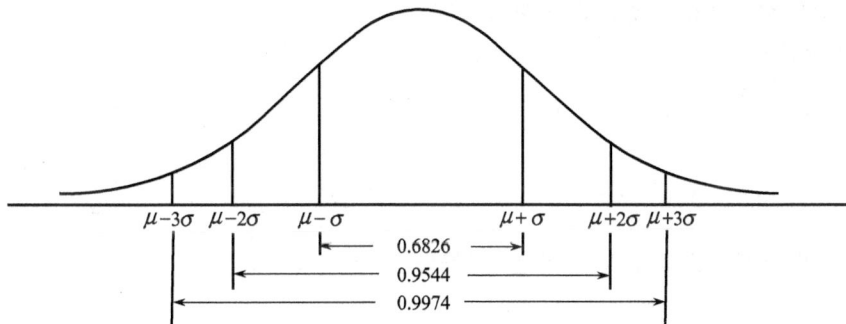

图 1.1 正态分布

正态随机变量的 3 个重要数据:若 $X \sim N(\mu, \sigma^2)$,则
$$P\{\mu - \sigma \leqslant X \leqslant \mu + \sigma\} = 0.6826$$
$$P\{\mu - 2\sigma \leqslant X \leqslant \mu + 2\sigma\} = 0.9544$$
$$P\{\mu - 3\sigma \leqslant X \leqslant \mu + 3\sigma\} = 0.9974$$

我们可以看到,X 的取值几乎落在以均值为中心,3 倍的标准差为半径的对称区间中。此性质也称为 3σ 准则,其在产品的质量控制中有着重要应用。

例 1.9(招生录取线的确定)　某学校近年招生情况看好,申请者越来越多,因此,录取标准需要提高。经学校管理部门反复论证,制订出一个录取条件,即申请者的入学分数必须在前 1% 以内。如果入学分数服从均值为 490,标准差为 61 的正态分布,则录取的最低分为多少?

解　以 X 表示申请者的入学分数,则 $X \sim N(490, 61^2)$。记最低录取分数线为 $x_{0.01}$,则有
$$P\{X > x_{0.01}\} = 0.01$$
即
$$P\left\{\frac{X - 490}{61} > \frac{x_{0.01} - 490}{61}\right\} = 0.01, \quad \text{或} P\left\{Z > \frac{x_{0.01} - 490}{61}\right\} = 0.01$$

这里,$Z \sim N(0,1)$,查附表 1 得 $\frac{x_{0.01} - 490}{61} = 2.3263$,即 $x_{0.01} = 632$。

实际上,在上述常用分布的概率计算中,都可以运用 excel 统计计算中的相应函数,请读者思考。本例中,可以运用 excel 中的函数 NORMINV,立得 $x_{0.01} = 632$。

1.1.2　随机变量的矩

若 $E(X^k)$ 存在,则称之为随机变量 X 的 k 阶原点矩,$k = 1, 2, \cdots$;

若 $E(X - E(X))^k$ 存在,则称之为随机变量的 k 阶中心矩,$k = 2, 3, \cdots$。

特别地,称随机变量 X 的一阶原点矩 $E(X)$ 为随机变量 X 的数学期望,也称为均值;称随机变量 X 的二阶中心矩 $E(X - E(X))^2$ 为随机变量 X 的方差,称 $\sqrt{E(X - E(X))^2}$ 为随机变量 X 的标准差。

在实践中最常用的当属随机变量的数学期望与方差。

下面给出常用随机变量的数学期望与方差。

1. 离散情形
$$E(X) = \sum_{x_k} x_k p_k$$
$$D(X) = E[(X - E(X))^2] = E(X^2) - E^2(X) = \sum_{x_k} x_k^2 p_k - \left(\sum_{x_k} x_k p_k\right)^2$$

这里,x_k 为离散型随机变量 X 的可能取值,且 $p_k = P\{X = x_k\}$。

(1) 若 $X \sim b(1, p)$,则
$$E(X) = p, \quad D(X) = p(1-p)$$

(2) 若 $X \sim b(n, p)$,则

$$E(X) = np, \quad D(X) = np(1-p)$$

(3) 若 $X \sim g(n, p)$，则

$$E(X) = \frac{1}{p}, \quad D(X) = \frac{1-p}{p^2}$$

(4) 若 $X \sim \pi(\lambda)$，则

$$E(X) = \lambda, \quad D(X) = \lambda$$

例 1.10（项目管理）　设某项工程的合同规定：若 3 天完成，工程队可得 10000 元；若 4 天完成，则得 2500 元；若 5 天完成，工程队要赔偿 7000 元。以 X 表示工程队承接这项工程的收益，易见 X 是一个随机变量。根据以往资料知 X 的分布律如表 1.1 所示。

表 1.1　分布律

X	$x_1 = 10000$	$x_2 = 2500$	$x_3 = -7000$
p_k	$\dfrac{1}{8}$	$\dfrac{5}{8}$	$\dfrac{2}{8}$

试计算工程队的平均收益。

解　$E(X) = 10000 \times \dfrac{1}{8} + 2500 \times \dfrac{5}{8} - 7000 \times \dfrac{2}{8} = 1062.50$。

2. 连续情形

设 X 为连续型随机变量，若积分 $\displaystyle\int_{-\infty}^{+\infty} |xf(x)| \, \mathrm{d}x$ 收敛，则 X 的数学期望定义为

$$E(X) = \int_{-\infty}^{+\infty} xf(x) \mathrm{d}x$$

(1) 若 $X \sim U(a, b)$，则

$$E(X) = \frac{a+b}{2}, \quad D(X) = \frac{(b-a)^2}{12}$$

(2) 若 $X \sim E(\lambda)$，则

$$E(X) = \frac{1}{\lambda}, \quad D(X) = \frac{1}{\lambda^2}$$

(3) 若 $X \sim N(\mu, \sigma^2)$，则

$$E(X) = \mu, \quad D(X) = \sigma^2$$

例 1.11（项目管理）　某工程项目有四个关键性环节，完成每个环节所需要的时间的期望和方差如表 1.2 所示。

表 1.2　四个环节相关资料

环节	所需时间的期望/天	方差
1	18	8
2	12	5
3	27	6
4	8	2

在项目管理中,可以假设完工时间近似服从正态分布。那么,此工程项目的四个关键性环节完成时间在 60 天以上的概率为多少?

解 这里涉及 4 个正态分布,即 4 个环节完工时间 X_1,X_2,X_3,X_4 分别服从正态分布 $N(18,8),N(12,5),N(27,6)$ 和 $N(8,2)$。记 X 为完成这四个关键环节所需的时间,则 $X\sim N(65,21)$。由此,

$$P\{X>60\}=1-P\{X\leqslant 60\}=1-P\left\{\frac{X-65}{\sqrt{21}}\leqslant\frac{60-65}{\sqrt{21}}\right\}$$

$$=1-\Phi\left(-\frac{5}{\sqrt{21}}\right)=0.8621$$

1.1.3　分位点

设随机变量 X 的分布函数为 $F(x)$,称满足下列方程
$$F(f_a)=1-\alpha,\quad 或 1-F(f_a)=\alpha$$
的实数 f_a 为随机变量 X 的分布的上 α 分位点。

例如,对于标准正态分布,将其上 α 分位点记为 z_a,即 z_a 满足方程
$$\int_{z_a}^{+\infty}\frac{1}{\sqrt{2\pi}}e^{-\frac{x^2}{2}}dx=\alpha$$

在应用中,常用的有 $z_{0.025}=1.96,z_{0.05}=1.645$。这些可以在标准正态分布表中查到。

将常用随机变量的分布及其数字特征归纳为表 1.3 和表 1.4,供使用时查阅。

表 1.3　离散型随机变量的分布律及其数字特征

随机变量的名称	分布律	均值	方差
二项分布,参数为 $n,p,0\leqslant p\leqslant 1$	$P\{X=k\}=C_n^k p^k(1-p)^{n-k}$ $k=0,1,2,\cdots,n$	np	$np(1-p)$
泊松分布,参数为 $\lambda,\lambda>0$	$P\{X=k\}=\frac{\lambda^k}{k!}e^{-\lambda}$ $k=0,1,2,\cdots$	λ	λ
几何分布,参数为 $p,0\leqslant p\leqslant 1$	$P\{X=n\}=p(1-p)^{n-1}$ $n=1,2,\cdots$	$\frac{1}{p}$	$\frac{1-p}{p^2}$

表 1.4　连续型随机变量的分布律及其数字特征

随机变量的名称	分布密度函数	均值	方差
(a,b) 上的均匀分布	$f(x)=\begin{cases}\frac{1}{b-a},&a<x<b\\0,&其他\end{cases}$	$\frac{a+b}{2}$	$\frac{(b-a)^2}{12}$

续表

随机变量的名称	分布密度函数	均值	方差
指数分布,参数 λ,$\lambda>0$	$f(x)=\begin{cases}\lambda \mathrm{e}^{-\lambda x}, & x\geqslant 0\\ 0, & x<0\end{cases}$	$\dfrac{1}{\lambda}$	$\dfrac{1}{\lambda^2}$
伽马分布,参数 (n,λ),$\lambda>0$	$f(x)=\begin{cases}\dfrac{\lambda \mathrm{e}^{-\lambda x}(\lambda x)^{n-1}}{(n-1)!}, & x\geqslant 0\\ 0, & x<0\end{cases}$	$\dfrac{n}{\lambda}$	$\dfrac{n}{\lambda^2}$
正态分形,参数 (μ,σ^2)	$f(x)=\dfrac{1}{\sqrt{2\pi}\sigma}\mathrm{e}^{-\frac{(x-\mu)^2}{2\sigma^2}}, -\infty<x<\infty$	μ	σ^2

1.2　抽样分布及其常用统计量的分布

在日常生活和科学研究中,对一个事物的认识和看法,常常是通过观察样本形成的。统计学以概率论为理论基础,根据试验或观察得到的数据来研究自然界中的随机现象,对研究对象的客观规律性进行合理的估计和判断。统计学要解决的问题主要包括:如何收集、整理数据;如何对所收集的数据资料进行分析、研究,从而对所研究对象的性质、特点作出推断,后者就是统计推断问题。在统计学中所研究的随机变量,一般来说其分布是未知的或不完全清楚的,因而人们通过对该随机变量进行重复独立的观测,得到许多观测值,然后通过对观测值的分析来研究随机变量的分布状况。

1.2.1　简单随机样本

如何将一个需要分析的实际问题转化成一个可以进行系统分析的模型,这是利用定量分析工具解决实际问题的一个重要前提,统计推断也不例外。实践表明,大多数随机试验的结果可以用数量来表示,即使有些试验的结果是定性的,也可以将其定量表示。例如,人的血型共有 O 型、A 型、B 型和 AB 型 4 种可能结果,如以 4 个不同的数来表示这 4 种血型,那么,血型检验这个试验的结果就能转化为数量表示。统计学中研究的问题一般集中在研究对象的某一数量指标。例如,某型号电子元器件的平均寿命,一批某种产品的合格率等。因而,需要考虑通过与这一数量指标相联系的随机试验,来对该数量指标进行试验或观测。将试验的全部可能的观测值称为总体。可以看到,这些值不一定都不相同,观测值的个数也未必有限。将试验的每一个观测值称为个体,总体中所包含的个体数称为总体的容量。容量为有限的称为有限总体,否则称为无限总体。例如,在考察 1000 个某型号零件的直径这一试验中,每个零件的直径是一个可能观测值,所形成的总体中一共含有 1000 个可能观测值,这是一个有限总体。观察并记录某一地点每天(包括以往、现在和将来)的最高气温,所得总体是无限总体。另外,考察全国正在使用的某种型号灯泡的寿命所形成的总体时,由于可能的观测值个数很多,也可以将其看成无限总体。

对一个总体而言,个体的取值是按一定规律分布的。例如,零件直径的取值在某一范围内所占的比例是确定且客观存在的。因此,任取一个零件,其直径取值是按一定概率分布的。即对某个总体而言,总对应着一个随机变量 X。对总体的研究实际上就是对一个随机变量 X 的研究。因此,以后凡是提到总体就是指一个"随机变量",说总体的概率分布就是指"随机变量的概率分布"。这就是说,一个总体就是一个具有确定概率分布的随机变量。

例如,对某天生产的产品进行质量检验,以 0 表示产品为正品,以 1 表示产品为次品。假设出现次品的概率为 p(常数),则总体由"0"和"1"组成,这一总体对应一个参数为 p 的 0-1 分布的随机变量,即

$$P\{X=x\} = p^x (1-p)^{1-x}, \quad x=0,1$$

将它看成是 0-1 分布总体,即总体中的观测值是 0-1 分布的随机变量的可能取值。例如,一种电子元器件的寿命为指数分布总体,即指总体中的观测值是指数分布随机变量的可能取值。

一般来说,总体的分布是未知的,或分布形式中含有未知参数。在统计学中,人们总是从总体中抽取一部分个体,根据获得的数据对总体分布进行推断,而被抽出的部分个体称为总体的一个样本。

从总体中抽取有限个个体对总体进行观测的过程称为抽样。

在相同的条件下对总体 X 进行 n 次重复的、独立的观测,将 n 次观测结果按试验的次序记为 $X_1, X_2, \cdots, X_n$,由于 $X_1, X_2, \cdots, X_n$ 是对随机变量 X 观测的结果,且每次观测是在相同的条件下独立进行的,故可以认为 $X_1, X_2, \cdots, X_n$ 相互独立,且都是与总体 X 具有相同分布的随机变量。这样得到的 $X_1, X_2, \cdots, X_n$ 称为来自总体 X 的一个简单随机样本,n 称为这个样本的容量。当 n 次观测结束后,就得到一组实数 $x_1, x_2, \cdots, x_n$,它们依次是随机变量 $X_1, X_2, \cdots, X_n$ 的观测值,称为样本值。

抽样方式有重复抽样(放回抽样)和不重复抽样(不放回抽样)。重复抽样就是将抽出的个体进行观测后放回总体,进行下一个个体的抽取,观测后也放回总体,再抽取下一个单位,重复这样的过程,直到抽满事先确定的样本容量为止。不重复抽样则是被抽出的个体观测后不再放回,继续抽取个体直到抽满事先确定的样本容量为止。

事实上,采用放回抽样就能得到有限总体的简单随机样本,但使用起来不方便,当总体容量 N 比样本容量 n 大得多时,在实际中通常将不放回抽样近似当作放回抽样。

对于无限总体,因抽取一个个体不影响它的分布,所以都采用不放回抽样。

1.2.2　抽样分布

1. 统计量

为了对总体的分布或数字特征进行统计推断,需要对样本进行适当的加工和提炼,即在应用时,往往不是直接使用样本本身,而是针对不同的问题构造出样本的适当函数。

设 $X_1, X_2, \cdots, X_n$ 是来自总体 X 的一个样本,$g(X_1, X_2, \cdots, X_n)$ 是 $X_1, X_2, \cdots, X_n$ 的函数,若函数 $g(X_1, X_2, \cdots, X_n)$ 不含有任何未知参数,则称 $g(X_1, X_2, \cdots, X_n)$ 是一个统计量。若 $x_1, x_2, \cdots, x_n$ 是相应于样本 $X_1, X_2, \cdots, X_n$ 的观测值,则称 $g(x_1, x_2, \cdots, x_n)$ 是统计量 $g(X_1, X_2, \cdots, X_n)$ 的观测值。

因为 $X_1, X_2, \cdots, X_n$ 都是随机变量,而统计量 $g(X_1, X_2, \cdots, X_n)$ 是随机变量的函

数,故统计量也是一个随机变量。

最常用的统计量即所谓的样本矩。设 $X_1, X_2, \cdots, X_n$ 是来自总体 X 的一个样本，$x_1, x_2, \cdots, x_n$ 是这一样本的观测值,称统计量

$$\overline{X} = \frac{1}{n} \sum_{i=1}^{n} X_i$$

为样本均值;称统计量

$$S^2 = \frac{1}{n-1} \sum_{i=1}^{n} (X_i - \overline{X})^2$$

为样本方差;称统计量

$$S = \sqrt{S^2} = \sqrt{\frac{1}{n-1} \sum_{i=1}^{n} (X_i - \overline{X})^2}$$

为样本标准差;称统计量

$$A_k = \frac{1}{n} \sum_{i=1}^{n} X_i^k, \quad k = 1, 2, \cdots$$

为样本 k 阶原点矩;称统计量

$$B_k = \frac{1}{n} \sum_{i=1}^{n} (X_i - \overline{X})^k, \quad k = 2, 3, \cdots$$

为样本 k 阶中心矩。

这些统计量的观测值分别记为

$$\overline{x} = \frac{1}{n} \sum_{i=1}^{n} x_i, \quad s^2 = \frac{1}{n-1} \sum_{i=1}^{n} (x_i - \overline{x})^2, \quad s = \sqrt{\frac{1}{n-1} \sum_{i=1}^{n} (x_i - \overline{x})^2}$$

$$a_k = \frac{1}{n} \sum_{i=1}^{n} x_i^k (k = 1, 2, \cdots), \quad b_k = \frac{1}{n} \sum_{i=1}^{n} (x_i - \overline{x})^k (k = 2, 3, \cdots)$$

总体 X 的 k 阶原点矩和 k 阶中心矩分别表示为

$$E(X^k), \quad k = 1, 2, \cdots$$

和

$$E(X - E(X))^k, \quad k = 2, 3, \cdots$$

容易看到,总体的一阶原点矩即总体的均值,总体的二阶中心矩即总体的方差。

2. 几个常用的抽样分布

统计量的分布称为抽样分布。

当总体的分布已知时,抽样分布是确定的。

下面以样本均值为例说明统计量的分布。

例 1.12　设有 10 个职工的月工资组成的一个总体 $\{3000, 3500, 4000, 4500, 5000, 5500, 6000, 6500, 7000, 7500\}$,采用有放回抽样从中抽取两名职工的工资,分别记为 X_1 和 X_2,试分析样本均值 $\overline{X} = \dfrac{X_1 + X_2}{2}$ 的分布。

解　从 10 个数中采用有放回抽样方式随机抽取两个数的可能结果有 100 个。这 100 个结果中每一次被抽到的两个数的均值及其出现的概率如表 1.5 所示。

表 1.5　抽样结果及其分布

样本均值 $\overline{X}$	样本个数	概率
3000	1	0.01
3250	2	0.02
3500	3	0.03
3750	4	0.04
4000	5	0.05
4250	6	0.06
4500	7	0.07
4750	8	0.08
5000	9	0.09
5250	10	0.10
5500	9	0.09
5750	8	0.08
6000	7	0.07
6250	6	0.06
6500	5	0.05
6750	4	0.04
7000	3	0.03
7250	2	0.02
7500	1	0.01
合计	100	1.00

易见,样本均值 $\overline{X} = \dfrac{X_1 + X_2}{2}$ 也是一个随机变量,其分布律如表 1.5 所示。

利用表 1.5,可得样本均值的数学期望和标准差分别为

$$E(\overline{X}) = \sum_{i=1}^{19} \bar{x}_i P\{\overline{X}_i = \bar{x}_i\}$$
$$= 3000 \times 0.01 + 3250 \times 0.02 + \cdots + 7500 \times 0.01$$
$$= 5250$$

$$\sqrt{D(\overline{X})} = 1015.5048$$

而此总体的数学期望和标准差则分别为

$$E(X) = 5250 \quad \text{和} \quad \sqrt{D(X)} = 1436.1407$$

事实上,对来自均值和方差分别为 μ 和 σ^2 的总体的一个简单随机样本 $X_1, X_2, \cdots, X_n$,其样本均值的数学期望和方差分别为 $\mu_{\overline{X}} = \mu$ 和 $\sigma_{\overline{X}}^2 = \dfrac{\sigma^2}{n}$。一般称 $\sigma_{\overline{X}} = \dfrac{\sigma}{\sqrt{n}}$ 为样本均值的抽样误差。由表 1.5 可知,每一次抽取的两个个体均值未必刚好等于总体的均值,但就抽取的全部可能样本来看,样本均值的平均值一定等于总体的均值。

　　由中心极限定理,对来自于均值为 μ,方差为 σ^2 的总体的一个简单随机样本,当样本容量 n 较大时(不小于 30),样本均值 $\overline{X}$ 近似服从均值为 μ,方差为 $\dfrac{\sigma^2}{n}$ 的正态分布。这一结论在实际应用中有重要价值。

　　一般来说,要求出一个统计量的精确分布是困难的。然而对于一些特殊情形,如来自正态总体的几个常用统计量的分布,已有相应结果。

　　下面给出统计推断中的三大分布。

　　1) χ^2 分布

　　设 $X_1, X_2, \cdots, X_n$ 是来自总体 $N(0,1)$ 的样本,则称随机变量

$$\chi^2 = X_1^2 + X_2^2 + \cdots + X_n^2$$

为服从自由度为 n 的 χ^2 分布,记为 $\chi^2 \sim \chi^2(n)$。

　　$\chi^2(n)$ 分布的密度函数为

$$f(y) = \begin{cases} \dfrac{1}{2^{\frac{n}{2}} \Gamma\left(\dfrac{n}{2}\right)} y^{\frac{n}{2}-1} \mathrm{e}^{-\frac{y}{2}}, & y > 0 \\ 0, & y \leqslant 0 \end{cases}$$

　　$f(y)$ 的图形如图 1.2 所示。

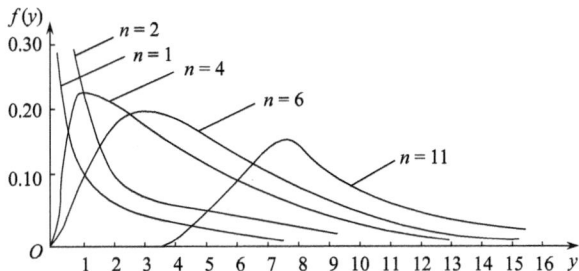

图 1.2　$\chi^2(n)$ 分布的密度函数曲线

　　χ^2 分布具有如下性质:

　　(1) **χ^2 分布的可加性**　设 $\chi_1^2 \sim \chi^2(n_1), \chi_2^2 \sim \chi^2(n_2)$,且设 χ_1^2 与 χ_2^2 独立,则

$$\chi_1^2 + \chi_2^2 \sim \chi^2(n_1 + n_2)$$

　　(2) **χ^2 分布的数学期望和方差**

$$E(\chi^2) = n, \quad D(\chi^2) = 2n$$

　　(3) **χ^2 分布的上分位点**　对于给定的数 α,且 $0 < \alpha < 1$,称满足等式

$$P\{\chi^2 > \chi_\alpha^2(n)\} = \int_{\chi_\alpha^2(n)}^{+\infty} f(y)\mathrm{d}y = \alpha$$

的数 $\chi_\alpha^2(n)$ 为 $\chi^2(n)$ 分布的上 α 分位点,如图 1.3 所示。

　　对于不同的 $\alpha, n(\leqslant 45), \chi_\alpha^2(n)$ 的值已制

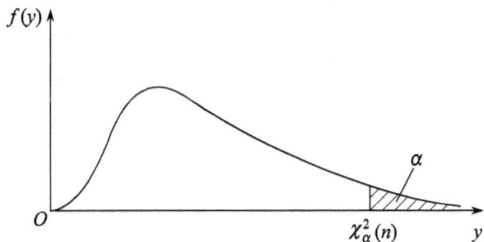

图 1.3　$\chi^2(n)$ 分布的上 α 分位点

成表格,可以在附表 3 中查阅。当 n 充分大时,可用近似公式计算,有兴趣的读者可以查阅相关文献。

2) t 分布

设 $X \sim N(0,1)$,$Y \sim \chi^2(n)$,且设 X 与 Y 独立,则称随机变量

$$t = \frac{X}{\sqrt{Y/n}}$$

为服从自由度为 n 的 t 分布,记为 $t \sim t(n)$。

t 分布也称为学生氏(student)分布。$t(n)$ 分布的密度函数为

$$f(t;n) = \frac{\Gamma\left(\frac{n+1}{2}\right)}{\sqrt{n\pi}\,\Gamma\left(\frac{n}{2}\right)}\left(1+\frac{t^2}{n}\right)^{-\frac{n+1}{2}}, \quad -\infty < t < \infty$$

$f(t;n)$ 的图形如图 1.4 所示。

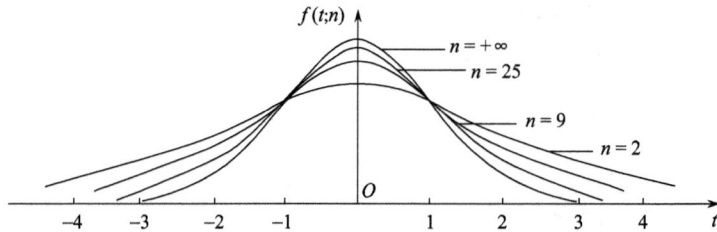

图 1.4　$t(n)$ 分布的密度函数曲线

可以证明,$\lim_{n \to +\infty} f(t;n) = \frac{1}{\sqrt{2\pi}}\mathrm{e}^{-\frac{t^2}{2}}$。也就是说,当 n 充分大时,t 分布近似于标准正态分布 $N(0,1)$。

对于给定的数 α,且 $0 < \alpha < 1$,称满足等式

$$P\{t > t_\alpha(n)\} = \int_{t_\alpha(n)}^{+\infty} f(t;n)\mathrm{d}t = \alpha$$

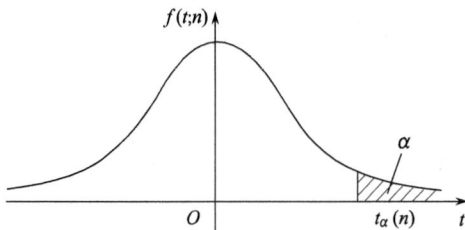

图 1.5　$t(n)$ 分布的上 α 分位点

的数 $t_\alpha(n)$ 为 $t(n)$ 分布的上 α 分位点,如图 1.5 所示。易知 $t_{1-\alpha}(n) = -t_\alpha(n)$。

对于不同的 α,$n(\leqslant 45)$,上 α 分位点 $t_\alpha(n)$ 的值已制成表格,可以查阅附表 2。当 n 充分大时,可用正态近似:$t_\alpha(n) \approx z_\alpha$。

3) F 分布

设 $U \sim \chi^2(n_1)$,$V \sim \chi^2(n_2)$,且 U,V 独立,则称随机变量

$$F = \frac{U/n_1}{V/n_2}$$

服从自由度为 (n_1, n_2) 的 F 分布,记为 $F \sim F(n_1, n_2)$。

$F(n_1, n_2)$ 分布的密度函数为

$$f(y; n_1, n_2) = \begin{cases} \dfrac{\Gamma\left(\dfrac{n_1 + n_2}{2}\right)\left(\dfrac{n_1}{n_2}\right)^{\frac{n_1}{2}} y^{\frac{n_1}{2} - 1}}{\Gamma\left(\dfrac{n_1}{2}\right)\Gamma\left(\dfrac{n_2}{2}\right)\left[1 + \left(\dfrac{n_1 y}{n_2}\right)\right]^{\frac{n_1 + n_2}{2}}}, & y > 0 \\ 0, & y \leqslant 0 \end{cases}$$

其图形如 1.6 所示。

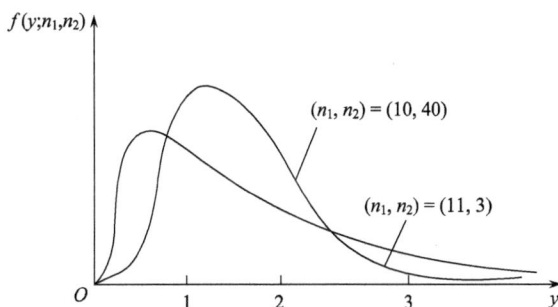

图 1.6　$F(n_1, n_2)$ 分布的密度函数曲线

对于给定的数 α，且 $0 < \alpha < 1$，称满足等式

$$P\{F > F_\alpha(n_1, n_2)\} = \int_{F_\alpha(n_1, n_2)}^{+\infty} f(y; n_1, n_2)\mathrm{d}y = \alpha$$

的数 $F_\alpha(n_1, n_2)$ 为 $F(n_1, n_2)$ 分布的上 α 分位点，如图 1.7 所示。

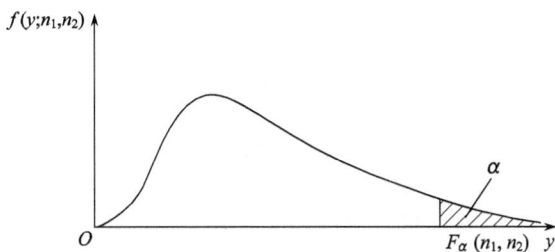

图 1.7　$F(n_1, n_2)$ 分布的上 α 分位点

F 分布的上 α 分位点有附表 4 可查。F 分布的上 α 分位点有如下重要性质：

$$F_{1-\alpha}(n_1, n_2) = \frac{1}{F_\alpha(n_2, n_1)}$$

4）基于正态总体的样本均值与方差的分布

(1) 设 $X_1, X_2, \cdots, X_n$ 是来自正态总体 $N(\mu, \sigma^2)$ 的样本，$\overline{X}$ 为样本均值，则

$$\overline{X} \sim N\left(\mu, \frac{\sigma^2}{n}\right)$$

（2）设 $X_1,X_2,\cdots,X_n$ 是来自正态总体 $N(\mu,\sigma^2)$ 的样本，$\overline{X},S^2$ 分别为样本均值和样本方差，则 $\overline{X}$ 与 S^2 独立，且

$$\frac{(n-1)S^2}{\sigma^2} \sim \chi^2(n-1)$$

（3）设 $X_1,X_2,\cdots,X_n$ 是来自正态总体 $N(\mu,\sigma^2)$ 的样本，$\overline{X},S^2$ 分别为样本均值和样本方差，则

$$\frac{\overline{X}-\mu}{S/\sqrt{n}} \sim t(n-1)$$

（4）设 $X_1,X_2,\cdots,X_{n_1}$ 和 $Y_1,Y_2,\cdots,Y_{n_2}$ 是分别来自正态总体 $N(\mu_1,\sigma_1^2)$ 和 $N(\mu_2,\sigma_2^2)$ 的样本，且这两个样本相互独立。以 $\overline{X}=\frac{1}{n_1}\sum_{i=1}^{n_1}X_i$，$\overline{Y}=\frac{1}{n_2}\sum_{i=1}^{n_2}Y_i$ 分别表示这两个样本的均值；以 $S_1^2=\frac{1}{n_1-1}\sum_{i=1}^{n_1}(X_i-\overline{X})^2$，$S_2^2=\frac{1}{n_2-1}\sum_{i=1}^{n_2}(Y_i-\overline{Y})^2$ 分别表示这两个样本的方差，则

（ⅰ） $\dfrac{S_1^2/S_2^2}{\sigma_1^2/\sigma_2^2}\sim F(n_1-1,n_2-1)$；

（ⅱ）当 $\sigma_1^2=\sigma_2^2=\sigma^2$ 时，

$$\frac{(\overline{X}-\overline{Y})-(\mu_1-\mu_2)}{S_w\sqrt{\dfrac{1}{n_1}+\dfrac{1}{n_2}}} \sim t(n_1+n_2-2)$$

其中，$S_w^2=\dfrac{(n_1-1)S_1^2+(n_2-1)S_2^2}{n_1+n_2-2}$，$S_w=\sqrt{S_w^2}$。

5）对于非正态总体情形

当样本容量不小于 30 时，统计学上就将这一情形看成大样本。在大样本条件下，有

$$\overline{X} \overset{近似}{\sim} N\left(\mu,\frac{\sigma^2}{n}\right)$$

这里，μ,σ^2 分别为这一非正态总体的均值和方差，$\overline{X}$ 为样本的均值。

3. 样本比例的抽样分布

1）重复抽样下样本比例的抽样分布

实际中，不仅要研究平均数，还要讨论比例（成数）问题。例如，分析产品中的废品比例、工人出勤率等，就要对这种总体中具有某种特征的单位在总体中所占比例进行推断，这个比例称为总体比例或成数，记作 P，由 0-1 分布可知，此总体的方差为 $P(1-P)$。

事实上，样本平均数抽样分布的性质可以类推到样本比例的分布情形。根据中心极限定理，当样本容量足够大（一般指 $n\geqslant30$，$np\geqslant5$ 且 $n(1-p)\geqslant5$）时，样本比例的抽样分布近似正态分布。在重复抽样的情况下，可以证明，样本比例 p 的抽样分布的数学期望 $E(p)$ 和方差 σ_p^2 分别为

$$E(p)=P$$

$$\sigma_p^2 = \frac{P(1-P)}{n}$$

从而 $p \overset{近似}{\sim} N\left(P, \frac{P(1-P)}{n}\right)$。

2) 不重复抽样下样本比例的抽样分布

可以证明,在不重复抽样情况下,样本比例的抽样分布的数学期望和方差分别为

$$E(p) = P$$

$$\sigma_p^2 = \frac{P(1-P)}{n} \cdot \frac{N-n}{N-1}$$

从而 $p \overset{近似}{\sim} N\left(P, \frac{P(1-P)}{n} \cdot \frac{N-n}{N-1}\right)$。

将上述两种抽样方法及其抽样分布的有关结果列于表 1.6,其中,μ 和 σ^2 分别表示总体的均值和方差。

表 1.6　重复抽样和不重复抽样下样本均值和比例的数字特征

抽样方法	样本平均数		样本比例	
	平均数	方差	平均数	方差
重复抽样	$E(\bar{X}) = \mu$	$\sigma_{\bar{X}}^2 = \frac{\sigma^2}{n}$	$E(p) = P$	$\sigma_p^2 = \frac{P(1-P)}{n}$
不重复抽样	$E(\bar{X}) = \mu$	$\sigma_{\bar{X}}^2 = \frac{\sigma^2}{n} \cdot \frac{N-n}{N-1}$	$E(p) = P$	$\sigma_p^2 = \frac{P(1-P)}{n} \cdot \frac{N-n}{N-1}$

统计学中往往研究有关对象的某一数量指标。对这一数量指标进行试验或观察,将试验的全部可能的观测值称为总体,每个观测值称为个体。总体中的每一个体是某一随机变量 X 的取值,因而一个总体对应一个随机变量,也称总体 X。

一般地,可以这样取得数据,即在相同的条件下,对总体 X 进行 n 次重复的、独立的观察,得到 n 个结果 $X_1, X_2, \cdots, X_n$,如果随机变量 $X_1, X_2, \cdots, X_n$ 都与总体 X 具有相同的分布且相互独立,则称随机变量 $X_1, X_2, \cdots, X_n$ 为来自总体 X 的简单随机样本。实际中,就是利用样本的信息对总体进行推断。一般不直接用样本本身来对总体进行推断,而是对样本信息进行一定的加工,即利用所谓的统计量来作为统计推断的工具。样本均值 $\bar{X}$、样本方差 S^2 是进行统计推断最重要且常用的两个统计量。

统计量的分布称为抽样分布。来自正态总体的抽样分布:χ^2 分布、t 分布和 F 分布是统计学中的三大分布。它们在统计理论研究和应用中均具有重要地位。

分位点是一个数值,也称分位数,在后面的参数区间估计和假设检验中是不可缺少的。

1.3　参数估计与假设检验

在人类生产、生活和社会活动的实践中,常常遇到这样的问题,根据历史资料或经验

知道某批产品的寿命可以用分布函数形式已知的某随机变量来描述,但分布函数中含有未知参数。要对这样一批产品的寿命分布情况进行分析,就需要对分布函数中所含有的未知参数进行推断。例如,某公司要对采用新工艺后生产的产品进行质量比较分析,主要检验采用新工艺后产品的质量是否得到明显提高等。这些现实问题需要去解决。

来自总体的样本反映了总体的信息。如何利用样本资料对总体的未知特征进行推断,无论在理论上还是在实际上都有重要价值,也是统计学基本重要的研究内容。

统计推断的对象是总体,而推断的出发点在于样本。统计推断的基本问题可以分为两大类:一类是估计问题,另一类是假设检验问题。所谓估计问题就是利用样本对总体分布中的未知参数进行估计,主要有参数的点估计和区间估计;假设检验问题则是利用样本对提出的关于总体的某些假设进行检验,包括参数检验和非参数检验。非参数检验在第3章专门讨论,本章仅涉及总体分布参数的统计推断问题。

1.3.1　参数估计

实际工作中遇到的总体 X,其分布类型往往是已知的,只是分布中的某些参数未知。例如,知道产品的质量指标 $X \sim N(\mu, \sigma^2)$,但参数 μ, σ^2 值未知。借助于总体 X 的一个样本来估计总体分布中的未知参数问题属于参数估计问题,参数估计又可以分为参数的点估计和参数的区间估计。

1. 点估计

设总体 X 的分布函数的形式已知,但它的一个或多个参数未知,基于总体 X 的一个样本来估计总体分布中的未知参数值的问题称为参数的点估计问题。

例 1.13　在某超市,一天中发生失窃现象的次数 X 是一个随机变量,假设它服从以 $\lambda > 0$ 为参数的泊松分布,参数 λ 未知。现有统计资料如表 1.7 所示,试估计 λ。

表 1.7　226 天的统计数据

失窃次数 k	0	1	2	3	4	5	6	
发生 k 次失窃的天数 n_k	65	86	45	21	6	2	1	$\sum = 226$

解　泊松分布的数学期望 $E(X) = \lambda$。由于简单随机样本与总体有相同的分布,所以,用样本均值来估计总体的均值 $E(X)$ 具有直观合理性。由表 1.7 的数据计算得到样本均值的观测值

$$\bar{x} = \sum_{k=0}^{6} k n_k \Big/ \sum_{k=0}^{6} n_k$$

$$= \frac{1}{226} (0 \times 65 + 1 \times 86 + 2 \times 45 + 3 \times 21 + 4 \times 6 + 5 \times 2 + 6 \times 1)$$

$$= 1.23$$

即可以用 1.23 作为总体均值 λ 的估计值。

参数点估计问题的一般提法:假设总体 X 的分布函数 $F(x; \theta)$ 的形式已知,θ 为未知参数(可以是一个由若干参数组成的参数向量)。$X_1, X_2, \cdots, X_n$ 是 X 的一个样本,x_1,

$x_2, \cdots, x_n$ 是其观测值。参数的点估计就是构造一个统计量 $\hat{\theta}(X_1, X_2, \cdots, X_n)$，用它的观测值 $\hat{\theta}(x_1, x_2, \cdots, x_n)$ 作为未知参数 θ 的一个近似值，则称 $\hat{\theta}(X_1, X_2, \cdots, X_n)$ 为未知参数 θ 的估计量，称 $\hat{\theta}(x_1, x_2, \cdots, x_n)$ 为 θ 的估计值，一般简记为 $\hat{\theta}$。由于估计量是样本的函数，所以对于样本的不同观测值，θ 的估计值一般也不同。

在例 1.13 中，用样本均值来估计总体均值，即有估计量

$$\hat{\lambda} = \hat{E}(X) = \frac{1}{226} \sum_{k=1}^{226} X_k$$

及估计值

$$\hat{\lambda} = \hat{E}(X) = \frac{1}{226} \sum_{k=1}^{226} x_k = 1.23$$

参数估计的常用方法有矩估计法和最大似然估计法，相关理论和方法可参阅有关文献。

在理论分析与实际应用中，可以直接使用如下结论：

(1) 以样本均值估计总体均值；

(2) 以样本方差估计总体方差；

(3) 以样本比例（成数）估计总体比例（成数）。

2. 估计量的评选标准

由上面的讨论可知，对于同一参数，用不同的估计方法求出的估计量可能不同。易见，原则上任何统计量都可以作为未知参数的估计量。这就涉及估计量的评价问题。下面是几个常用的标准。

1) 无偏性

设 $X_1, X_2, \cdots, X_n$ 是总体 X 的一个样本，$\theta \in \Theta$ 是总体 X 分布中的未知参数，这里 Θ 是 θ 的取值范围。

若估计量 $\hat{\theta} = \hat{\theta}(X_1, X_2, \cdots, X_n)$ 的数学期望 $E(\hat{\theta})$ 存在，且对于任意 $\theta \in \Theta$ 有

$$E(\hat{\theta}) = \theta$$

则称 $\hat{\theta}$ 是 θ 的无偏估计量。

此性质说明，即使总体参数的个别估计值与待估参数真值存在偏差，但总的来说无偏差，即无系统偏差。

2) 有效性

如何比较参数 θ 的两个无偏估计量 $\hat{\theta}_1$ 和 $\hat{\theta}_2$ 的优劣呢？如果两个样本容量 n 相同，而 $\hat{\theta}_1$ 的观测值较 $\hat{\theta}_2$ 更集中在待估参数 θ 的真值附近，就认为 $\hat{\theta}_1$ 较 $\hat{\theta}_2$ 为理想。由于方差是随机变量的取值与其均值偏离程度的一种度量，所以无偏估计中以方差小者为好。

设 $\hat{\theta}_1 = \hat{\theta}_1(X_1, X_2, \cdots, X_n)$ 与 $\hat{\theta}_2 = \hat{\theta}_2(X_1, X_2, \cdots, X_n)$ 都是 θ 的无偏估计量，若对于任意 $\theta \in \Theta$，有

$$D(\hat{\theta}_1) \leqslant D(\hat{\theta}_2)$$

且至少对于某一个 $\theta \in \Theta$，上式中的不等号成立，则称 $\hat{\theta}_1$ 较之 $\hat{\theta}_2$ 为有效。

方差度量个体取值与均值之间的离散程度，方差小，则估计值与真值的偏差就小，从

而这样的估计也更好。

读者可以思考,为什么用样本均值 $\overline{X}$ 作为总体均值的估计量,而不用样本的某个个体或样本中的 $k(0<k<n)$ 个个体的均值来作为总体均值的估计量,尽管这些统计量也是总体均值的无偏估计量。

3) 相合性(一致性)

无偏性与有效性都是基于样本容量 n 固定的前提下提出的,我们希望随着样本容量的增大,一个估计量的值趋向于待估参数的真值。

设 $\hat{\theta}(X_1,X_2,\cdots,X_n)$ 为参数 θ 的一个估计量,若对于任意 $\theta\in\Theta$,当 $n\rightarrow\infty$ 时,$\hat{\theta}(X_1,X_2,\cdots,X_n)$ 依概率收敛于 θ,则称 $\hat{\theta}$ 为 θ 的相合估计量。

相合性是对于一个估计量的基本要求,若估计量不具有相合性,那么样本容量 n 无论多大,θ 的估计都不够准确,这样的估计量就不可取。

这个结论具有直观合理性。样本来自于总体,且与总体有相同的分布。当样本容量越来越大时,以样本为变量的函数与以总体为变量的函数其特性应越来越相似。例如,从一批产品中抽取部分产品进行质量检验,如检验产品的合格率。那么,当抽取的产品数越来越多时,样本中产品的合格率就越来越接近于总体产品的合格率。

3. 区间估计

用点估计法估计一个未知参数,由于估计量是一个随机变量,它不会总是与被估计的参数相等,即点估计值仅仅是未知参数的一个近似值,它没有反映这个近似值的误差,同时也未给出估计的可靠性,在实际中又必须要解决这样的问题,所以区间估计法得以提出。

定义 1.1　设总体 X 的分布函数 $F(x;\theta)$ 含有一个未知参数 θ,$\theta\in\Theta$(Θ 是 θ 的取值范围),对于给定值 $\alpha(0<\alpha<1)$,若由来自 X 的样本 $X_1,X_2,\cdots,X_n$ 所确定的两个统计量 $\theta_L=\theta_L(X_1,X_2,\cdots,X_n)$ 和 $\theta_U=\theta_U(X_1,X_2,\cdots,X_n)$($\theta_L<\theta_U$),对于任意 $\theta\in\Theta$ 满足

$$P\{\theta_L(X_1,X_2,\cdots,X_n)<\theta<\theta_U(X_1,X_2,\cdots,X_n)\}\geqslant 1-\alpha$$

则称随机区间 (θ_L,θ_U) 是 θ 的置信度为 $1-\alpha$ 的置信区间,θ_L 和 θ_U 分别称为置信度为 $1-\alpha$ 的双侧置信区间的置信下限和置信上限。

注　由于 θ_L 和 θ_U 都是样本的函数,故它们都是随机变量。这是称 (θ_L,θ_U) 为随机区间的缘由,以区别于一般的数值区间。

上式的含义如下:若反复抽样多次(样本容量都是 n),由每个样本值确定一个区间 (θ_L,θ_U)(这里是普通的数值区间),则每个这样的区间要么包含 θ 的真值,要么不包含 θ 的真值,如图 1.8 所示。按伯努利大数定理,在这样多的区间中,包含 θ 真值的约占 $100(1-\alpha)\%$,不包含 θ 真值的约占 $100\alpha\%$。例如,若 $\alpha=0.05$,反复抽样 1000 次,则得到的 1000 个区间中不包含 θ 真值的约为 50 个。

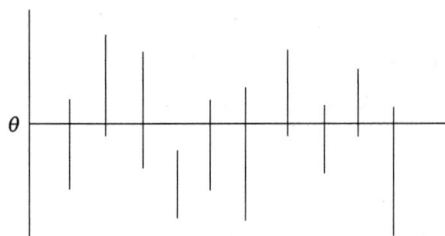

图 1.8　θ 的置信区间包含 θ 的情况

例 1.14　设总体 $X\sim N(\mu,\sigma^2)$,σ^2 已知,μ 未知,$X_1,X_2,\cdots,X_n$ 是来自 X 的一个样

本,求 μ 的置信度为 $1-\alpha$ 的置信区间。

解　因 $\overline{X} \sim N\left(\mu, \dfrac{\sigma^2}{n}\right)$,则

$$Z = \frac{\overline{X} - \mu}{\sigma / \sqrt{n}} \sim N(0, 1)$$

即 $Z = \dfrac{\overline{X} - \mu}{\sigma / \sqrt{n}}$ 所服从的分布 $N(0, 1)$ 不依赖于任何未知参数。由标准正态分布的上 α 分位点的定义,有

$$P\left\{\left|\frac{\overline{X} - \mu}{\sigma / \sqrt{n}}\right| < z_{\alpha/2}\right\} = 1 - \alpha$$

即

$$P\left\{\overline{X} - z_{\alpha/2}\frac{\sigma}{\sqrt{n}} < \mu < \overline{X} + z_{\alpha/2}\frac{\sigma}{\sqrt{n}}\right\} = 1 - \alpha$$

如图 1.9 所示。

这样,就得到了 μ 的一个置信度为 $1-\alpha$ 的置信区间

$$\left(\overline{X} - z_{\alpha/2}\frac{\sigma}{\sqrt{n}}, \overline{X} + z_{\alpha/2}\frac{\sigma}{\sqrt{n}}\right)$$

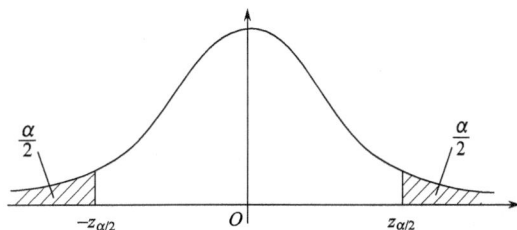

图 1.9　分位点图示

确定未知参数 θ 置信区间的一般步骤:

(1) 构造一个样本 $X_1, X_2, \cdots, X_n$ 的函数 $W = W(X_1, X_2, \cdots, X_n; \theta)$,它包含待估未知参数 θ,而不含其他未知参数,并且 W 的分布已知且不依赖于任何未知参数;

(2) 对于给定的置信度 $1-\alpha$,定出两个常数 a, b,使

$$P\{a < W(X_1, X_2, \cdots, X_n; \theta) < b\} \geqslant 1 - \alpha$$

(3) 若能由 $a < W(X_1, X_2, \cdots, X_n; \theta) < b$ 得到等价的不等式 $\theta_L < \theta < \theta_U$,其中 $\theta_L = \theta_L(X_1, X_2, \cdots, X_n)$,$\theta_U = \theta_U(X_1, X_2, \cdots, X_n)$ 都是统计量,那么 (θ_L, θ_U) 就是 θ 的一个置信度为 $1-\alpha$ 的置信区间。

函数 $W(X_1, X_2, \cdots, X_n; \theta)$ 的构造,通常可以从 θ 的点估计着手考虑。常用的正态总体参数的置信区间可以由上述步骤推得。

1) 总体均值的区间估计

设 $X_1, X_2, \cdots, X_n$ 为来自总体的一个简单随机样本,这一样本的均值和方差分别为 $\overline{X}, S^2$,设置信度为 $1-\alpha$。

Ⅰ. 单个总体均值的区间估计

A. 正态总体 $N(\mu, \sigma^2)$ 的均值 μ 的区间估计

(1) σ^2 已知,μ 的置信度为 $1-\alpha$ 的置信区间为

$$\left(\overline{X} - z_{\alpha/2}\frac{\sigma}{\sqrt{n}}, \overline{X} + z_{\alpha/2}\frac{\sigma}{\sqrt{n}}\right)$$

(2) σ^2 未知，μ 的置信度为 $1-\alpha$ 的置信区间为

$$\left(\overline{X}-t_{\alpha/2}(n-1)\frac{S}{\sqrt{n}},\overline{X}+t_{\alpha/2}(n-1)\frac{S}{\sqrt{n}}\right)$$

注　上面给出的都是随机区间，在实际运用时，由样本观测值就可以得到具体的区间，下同。

例 1.15　某厂长期为某企业供应某种零件，根据长时间的验证发现这种零件的直径服从正态分布 $N(\mu,0.06^2)$。每天质检员都要抽取样本进行观测以判断产品的质量指标是否符合要求，同时也可以对生产线的稳定性进行判断。在某天生产的 1000 个零件中随机抽取 25 个零件，测得它们平均直径为 7.48 厘米，试在 0.95 的置信度下，估计这 1000 个零件的平均直径。

解　此问题属于正态分布情形下方差已知时均值 μ 的区间估计。查附表 1 可得 $z_{0.025}=1.96$。因此，μ 的置信度为 0.95 的置信区间为

$$\left(7.48-1.96\times\frac{0.06}{\sqrt{25}},\overline{X}+1.96\times\frac{0.06}{\sqrt{25}}\right),即(7.46,7.50)$$

例 1.16　某时装专卖店的管理人员想要估计其顾客的平均年龄，以便制订有针对性的营销策略来提高其经营业绩。为此，随机抽取了 23 位顾客进行调查，得到样本均值为 32 岁，样本标准差为 8 岁。假定顾客的年龄近似服从正态分布，试求该店全部顾客平均年龄置信度为 0.95 的置信区间。

解　此问题属于正态总体方差未知的均值的区间估计。查附表 2 得 $t_{0.025}(22)=2.074$，因此，μ 的置信度为 0.95 的置信区间为

$$\left(32-2.074\times\frac{8}{\sqrt{23}},32+2.074\times\frac{8}{\sqrt{23}}\right),即(28.54,35.46)$$

B. 非正态总体均值的区间估计

对于非正态总体情形，需要足够多的样本，即大样本，通过大样本情形下样本均值近似服从正态分布这一结论，给出均值的区间估计。

记总体 X 的数学期望为 μ，方差为 σ^2，来自于这一总体的简单随机样本 $X_1,X_2,\cdots,X_n(n\geqslant30)$，以 $\overline{X},S^2$ 分别表示这一样本的均值和方差，对于置信度 $1-\alpha$，

(1) σ^2 已知，μ 的置信度为 $1-\alpha$ 的置信区间为

$$\left(\overline{X}-z_{\alpha/2}\frac{\sigma}{\sqrt{n}},\overline{X}+z_{\alpha/2}\frac{\sigma}{\sqrt{n}}\right)$$

(2) σ^2 未知，μ 的置信度为 $1-\alpha$ 的置信区间为

$$\left(\overline{X}-z_{\alpha/2}\frac{S}{\sqrt{n}},\overline{X}+z_{\alpha/2}\frac{S}{\sqrt{n}}\right)$$

例 1.17（客户管理）　安康公司是一家专营医疗康复器械的公司。为了跟踪服务质量，安康公司每月都要随机选取部分消费者组成一个样本，公司与样本中的每一位消费者联系并询问其对服务水平等一系列问题的评价。评价结果以满意得分表示，得分取值从 0（最差等级）到 100（最好等级）。长期调查结果显示，虽然每个月消费者满意得分的样本

均值在变化,但满意得分的样本标准差基本稳定在 10 左右,由此可以认为总体(此公司产品所有消费者的满意得分)的标准差近似为 10。最近一次安康公司对随机选取的 100 名消费者满意程度进行调查,获得这 100 名消费者满意得分的平均值为 85。试在 0.95 置信度下,估计安康公司产品消费者满意得分的平均值。另外,公司决策层决定,为了在激烈的市场竞争中处于领先地位,如果其公司产品消费者的平均满意得分低于 80,公司将进行服务质量保障措施的改革,根据所给信息,安康公司是否需要进行改革?

解　此问题属于大样本情形下总体方差已知的总体均值的区间估计。计算公式为 $\left(\bar{x}-z_{\alpha/2}\dfrac{\sigma}{\sqrt{n}},\bar{x}+z_{\alpha/2}\dfrac{\sigma}{\sqrt{n}}\right)$。已知条件有 $\bar{x}=85,\sigma=10,n=100,\alpha=0.05$。所以查附表 1 得 $z_{0.025}=1.96$。故所求区间为 $(83.04,86.96)$。

由于此区间中的每一值均大于 80,故可以认为该公司目前的服务质量保障体系不需要改革。

例 1.18(生产与运作管理)　一道工序完成所需要时间的确定对于生产正常进行和生产效率的影响极为重要。事实上,若设定的时间太短,则在保证质量的前提下将有大多数工人不能在规定的时间内完成,如要完成数量,则在赶时间的条件下势必会出现较多的次品;若设定的时间较长,则整个生产效率没有达到最大化,即有较多的时间没有产生效益。因此,工序时间的确定在生产运作管理中具有重要地位,统计学可以在此发挥其重要作用。近来,求精机械零部件制造公司发现某生产线的生产效率出现了下降的情况。生产经理估计是否与操作台顺序变动后操作时间的变化有关。因此,他需要估计这一工序的完成时间,以便重新设置。为此,他记录下当问题出现时此工序的完成时间(单位:秒),得到由 60 个完成时间构成的一个样本,如表 1.8 所示。假定估计的置信度为 0.95。

表 1.8　样本数据

100.8	80.0	95.9	88.3	112.7	97.3
85.1	96.1	92.8	84.6	91.0	81.0
98.2	94.9	89.5	94.3	83.8	85.2
83.8	77.4	92.9	86.0	87.8	72.9
74.4	93.4	99.6	82.2	96.9	79.5
104.1	100.1	106.2	89.0	80.6	89.7
101.0	99.5	53.7	73.4	108.9	90.3
103.1	105.1	103.9	84.1	85.9	90.6
86.8	88.8	94.5	92.4	75.8	92.1
86.8	97.0	95.6	100.6	101.9	78.2

解　此问题属于非正态总体情形下总体方差 σ^2 未知时均值 μ 的区间估计。计算公式为 $\left(\bar{x}-z_{\alpha/2}\dfrac{s}{\sqrt{n}},\bar{x}+z_{\alpha/2}\dfrac{s}{\sqrt{n}}\right)$。由题意,$n=60,\alpha=0.05$;经计算,$\bar{x}=90.63,s=10.43$;查附表 1 得 $z_{0.025}=1.96$。故所求区间为 $(87.99,93.27)$。

Ⅱ. 两个总体均值之差的区间估计

A. 两个正态总体 $N(\mu_1, \sigma_1^2)$，$N(\mu_2, \sigma_2^2)$ 的情况

实践中存在这样的问题：已知产品的某一指标服从正态分布，但由于原料、设备条件、操作人员不同，或工艺过程的改变等因素的影响，引起总体均值、方差改变。要考察这些变化的大小，就涉及两个正态总体均值差或方差比的估计问题。

假设已给定置信度 $1-\alpha$，并设 $X_1, X_2, \cdots, X_{n_1}$ 是来自总体 $N(\mu_1, \sigma_1^2)$ 的样本；$Y_1, Y_2, \cdots, Y_{n_2}$ 是来自总体 $N(\mu_2, \sigma_2^2)$ 的样本，且设两个样本相互独立。又设 $\overline{X}, \overline{Y}$ 分别为样本 $X_1, X_2, \cdots, X_{n_1}$ 和样本 $Y_1, Y_2, \cdots, Y_{n_2}$ 的均值，S_1^2, S_2^2 分别是样本 $X_1, X_2, \cdots, X_{n_1}$ 和 $Y_1, Y_2, \cdots, Y_{n_2}$ 的方差。

(1) σ_1^2, σ_2^2 均已知，$\mu_1 - \mu_2$ 的置信度为 $1-\alpha$ 的置信区间为

$$\left((\overline{X} - \overline{Y}) - z_{\alpha/2} \sqrt{\frac{\sigma_1^2}{n_1} + \frac{\sigma_2^2}{n_2}}, (\overline{X} - \overline{Y}) + z_{\alpha/2} \sqrt{\frac{\sigma_1^2}{n_1} + \frac{\sigma_2^2}{n_2}} \right)$$

(2) $\sigma_1^2 = \sigma_2^2 = \sigma^2$，$\sigma^2$ 未知，$\mu_1 - \mu_2$ 的置信度为 $1-\alpha$ 的置信区间为

$$\left((\overline{X} - \overline{Y}) - t_{\alpha/2}(n_1 + n_2 - 2) S_w \sqrt{\frac{1}{n_1} + \frac{1}{n_2}}, \right.$$

$$\left. (\overline{X} - \overline{Y}) + t_{\alpha/2}(n_1 + n_2 - 2) S_w \sqrt{\frac{1}{n_1} + \frac{1}{n_2}} \right)$$

这里

$$S_w = \sqrt{\frac{(n_1 - 1)S_1^2 + (n_2 - 1)S_2^2}{n_1 + n_2 - 2}}$$

例 1.19（在运营管理中的应用：产品设计问题）　运营经理需要考虑如何以合理的成本生产高质量的产品。为此，可以采用称为 4M 的方法，即选择适当的机器（machines）、材料（materials）、方法（methods）和人力（manpower）。运营经理可以借助统计工具进行决策，即可以通过多次试验来确定最低成本或最快速的生产安排，这些试验采用了不同的机器、材料、方法和人力资源配置。比较过程中产生差异的方法很多，运用这些方法，运营经理可以确定在产品质量方面或是成本方面是否存在差异。若这两方面都不存在差异，运营经理就要根据一些其他的标准来作出决策。

学生座椅的科学设计是一个重要的产品设计问题，更是一个重要的社会问题，因为科学设计的座椅有助于青少年的身体健康。育人办公设备公司的一个分厂经理试图确定一个新的纠正人体坐姿的椅子的加工流程。物料、机器和工人配备方面的问题已经确定，然而，现在有 A 和 B 两种生产方法可供选择。这两种方法的区别在于，生产过程中各个工序的顺序有所不同。为了最终决定采用哪一种生产方法，此经理进行了一次试验。他随机抽出 25 名工人按照方法 A 装配椅子，同时随机抽取 25 名工人按照方法 B 装配椅子。记录下装配时间，如表 1.9 所示。此经理想知道这两种方法的装配时间之差的变化区间，要求至少 0.95 的置信度。

表 1.9　样本数据

A	6.8	5.0	7.9	5.2	7.6	5.0	5.9
B	5.2	6.7	5.7	6.6	8.5	6.5	5.9
A	5.2	6.5	7.4	6.1	6.2	7.1	4.6
B	6.7	6.6	4.2	4.2	4.5	5.3	7.9
A	6.0	7.1	6.1	5.0	6.3	7.0	6.4
B	7.0	5.9	7.1	5.8	7.0	5.7	5.9
A	6.1	6.6	7.7	6.4			
B	4.9	5.3	4.2	7.1			

解　$\bar{x}=6.288, \bar{y}=6.016, s_w=1.076$。在 0.95 的置信度下,两种方法装配平均时间之差的区间估计为

$$\left((\bar{x}-\bar{y}) - t_{a/2}(n_1+n_2-2)s_w\sqrt{\frac{1}{n_1}+\frac{1}{n_2}}, (\bar{x}-\bar{y}) + t_{a/2}(n_1+n_2-2)s_w\sqrt{\frac{1}{n_1}+\frac{1}{n_2}} \right)$$

$$=\left(6.288-6.016-2.009\sqrt{1.076\left(\frac{1}{25}+\frac{1}{25}\right)}, 6.288-6.016+2.009\sqrt{1.076\left(\frac{1}{25}+\frac{1}{25}\right)} \right)$$

$$=(-0.317, 0.861)$$

注　由于所得置信区间包含零,在实践中可以认为两种装配方法所需的平均时间没有显著差异。

B. 两个非正态总体情形

设已给定置信度 $1-\alpha$,并设 $X_1, X_2, \cdots, X_{n_1}$ 是来自第一个总体的样本;$Y_1, Y_2, \cdots, Y_{n_2}$ 是来自第二个总体的样本,这两个样本相互独立;且设 $\bar{X}, \bar{Y}$ 分别为第一、二个总体的样本均值,S_1^2, S_2^2 分别是第一、二个总体的样本方差;并设两个总体的均值分别为 μ_1, μ_2,方差分别为 σ_1^2, σ_2^2,且 σ_1^2, σ_2^2 未知。

因 $\bar{X}, \bar{Y}$ 分别为 μ_1, μ_2 的无偏估计,故 $\bar{X}-\bar{Y}$ 是 $\mu_1-\mu_2$ 的无偏估计。可以证明在给定的置信度 $1-\alpha$ 下,$\mu_1-\mu_2$ 的置信区间为

$$\left((\bar{X}-\bar{Y}) - z_{a/2}\sqrt{\frac{S_1^2}{n_1}+\frac{S_2^2}{n_2}}, (\bar{X}-\bar{Y}) + z_{a/2}\sqrt{\frac{S_1^2}{n_1}+\frac{S_2^2}{n_2}} \right)$$

例 1.20　为了评估甲乙两种方法包装某产品所需要的时间差,在不同的方法下独立地抽取两个随机样本,即随机抽取 41 个工人使用甲方法包装产品,32 个工人使用乙方法包装产品,记录下包装的时间。经整理计算得到表 1.10 所示的资料。

表 1.10　根据样本计算的数据

甲方法	乙方法
$n_1=41$	$n_2=32$
$\bar{x}=83$	$\bar{y}=76$
$s_1=6.1$	$s_2=7.3$

试在置信度 0.95 下,给出这两种方法包装某产品平均时间之差的置信区间。

解 由上式,得

$$\left((\bar{x} - \bar{y}) \pm z_{\alpha/2} \sqrt{\frac{s_1^2}{n_1} + \frac{s_2^2}{n_2}} \right) = (83 - 76) \pm 1.96 \times \sqrt{\frac{6.1^2}{41} + \frac{7.3^2}{32}} = 7 \pm 3.14$$

即(3.86,10.14)。

由于此区间不含有 0,故可以认为两种包装方法所需平均时间存在显著差异。

2)总体比例(成数)的区间估计

Ⅰ. 单个总体情形

由样本比例的抽样分布可知,当样本容量 n 足够大时(一般指 n 不小于 30,且 np,$n(1-p)$ 都大于 5),样本比例 p 的抽样分布近似正态分布。设总体比例为 P,则有

$$\frac{p - P}{\sqrt{\frac{P(1-P)}{n}}} \overset{近似}{\sim} N(0,1)$$

由于上式的分母未知,在计算时用 $\sqrt{\frac{p(1-p)}{n}}$ 代之,从而对于置信度 $1-\alpha$,总体比例 P 的置信区间为

$$\left(p - z_{\alpha/2} \sqrt{\frac{p(1-p)}{n}}, \ p + z_{\alpha/2} \sqrt{\frac{p(1-p)}{n}} \right)$$

例 1.21(质量管理) 某公司要估计某天生产的某型号的全部产品的合格率。为此随机抽取了 100 件产品,经检验其中有 94 件为合格品。对于置信度 0.95,试求该天此型号产品合格率的区间估计。

解 由题意,易得样本合格率 $p = \frac{94}{100} = 94\%$,由上述公式,得该天全部产品合格率置信度为 0.95 的置信区间为

$$p \pm z_{\alpha/2} \sqrt{\frac{p(1-p)}{n}} = 94\% \pm 1.96 \sqrt{\frac{94\%(1 - 94\%)}{100}} = 94\% \pm 4.65\%$$

即(89.35%,98.65%)

Ⅱ. 两个总体比例差的区间估计

设两个总体的成数分别为 P_1 和 P_2,来自于这两个总体的样本容量分别为 n_1 和 n_2,则对于置信度 $1-\alpha$,$P_1 - P_2$ 的置信区间为

$$\left((p_1 - p_2) - z_{\alpha/2} \sqrt{\frac{p_1(1-p_1)}{n_1} + \frac{p_2(1-p_2)}{n_2}}, \right.$$

$$\left. (p_1 - p_2) + z_{\alpha/2} \sqrt{\frac{p_1(1-p_1)}{n_1} + \frac{p_2(1-p_2)}{n_2}} \right)$$

这里,p_1,p_2 分别为来自于两个总体样本的成数。

例 1.22(产品外观设计效应) 家化市场的竞争越来越激烈。近来舒净公司一款洗发水的销售量出现下降趋势。公司对这一情况系统分析后认为,此款产品的包装可能是

影响销售量的因素。为了改善该产品的销售情况,该公司委托设计公司对此产品进行外包装设计。目前有两种方案,一种方案是将原包装改成几种鲜艳颜色的组合,由此与其他公司的产品区别开来;另一种方案是在浅色背景上印上舒净公司的标记。为了检验哪种方案具有更好的市场效果,公司市场部选择了两家超市进行比较试验。其中,一家超市销售第一种方案的产品,另一家超市则销售第二种方案的产品。营销试验历时 10 天。从所选择的两家超市的商品销售记录中可获悉这 10 天洗发水的销售情况。在第一家超市里,共销售洗发水 904 瓶(这里仅以数量表示,不考虑容积的差异),其中舒净公司的产品 180 瓶;在第二家超市里,共销售洗发水 1038 瓶,其中舒净公司的产品 155 瓶。在 0.95 的置信度下,估计两种不同包装方案下市场份额之差的区间估计。

解 此问题属于两个总体比例之差的区间估计。计算公式为

$$\left((p_1 - p_2) - z_{\alpha/2} \sqrt{\frac{p_1(1-p_1)}{n_1} + \frac{p_2(1-p_2)}{n_2}}, \right.$$

$$\left. (p_1 - p_2) + z_{\alpha/2} \sqrt{\frac{p_1(1-p_1)}{n_1} + \frac{p_2(1-p_2)}{n_2}} \right)$$

由题意知,$n_1 = 904, n_2 = 1038, \alpha = 0.05$;经计算得到,$p_1 = \frac{180}{904} = 0.1991, p_2 = \frac{155}{1038} = 0.1493$;查附表 1 得,$z_{0.025} = 1.96$。

因此,所求区间为$(0.0159, 0.0837)$或$(1.59\%, 8.37\%)$。

由此可见,两种不同包装方案下产品的市场份额有明显差异。至于方案的选择,还要测算份额增量与成本之间的关系后加以综合考虑。

3) 正态总体方差 σ^2 的置信区间

I. 单个正态总体情形

这里仅讨论 μ 未知的情况。方差 σ^2 的置信度为 $1-\alpha$ 的置信区间为

$$\left(\frac{(n-1)S^2}{\chi_{\frac{\alpha}{2}}^2(n-1)}, \frac{(n-1)S^2}{\chi_{1-\frac{\alpha}{2}}^2(n-1)} \right)$$

由上式,还可得到总体标准差 σ 的置信度为 $1-\alpha$ 的置信区间为

$$\left(\frac{\sqrt{n-1}S}{\sqrt{\chi_{\frac{\alpha}{2}}^2(n-1)}}, \frac{\sqrt{n-1}S}{\sqrt{\chi_{1-\frac{\alpha}{2}}^2(n-1)}} \right)$$

这里,S^2 表示样本方差,n 表示样本容量。

例 1.23(产品检验) 灌装机是一种灌装各种液体的自动设备。在正常运作状态下,给定容积的容器中所灌装液体量的变化应该很小,否则就是不合格产品。事实上,每罐的容量差异太大,无论厂商还是消费者都不满意。精准机械公司新研发了一款灌装机,该公司声称这种新机器能连续稳定地灌装 1 公升(1 公升=1000 立方厘米)的容器,罐装液体量的方差不超过 1 立方厘米。根据长期资料分析,该公司认为灌装量服从正态分布。试在 0.95 置信度下,估计这种灌装机灌装量方差的变化区间。假设有一个随机抽取的 25 罐 1 公升的罐装样本,如表 1.11 所示。

表 1.11 样本数据

999.6	1000.7	999.3	1000.1	999.5
1000.5	999.7	999.6	999.1	997.8
1001.3	1000.7	999.4	1000.0	998.3
999.5	1000.1	998.3	999.2	999.2
1000.4	1000.1	1000.1	999.6	999.9

解 本题已知 $n=25, \alpha=0.05$；经计算得到 $s^2=0.8659$；查附表 3 得，$\chi^2_{0.025}(24)=39.364, \chi^2_{0.975}(24)=12.401$。

运用上述公式，易得到总体方差 σ^2 的置信度为 0.95 的区间估计为 $(0.528, 1.676)$。

Ⅱ. 两个总体方差比 $\dfrac{\sigma_1^2}{\sigma_2^2}$ 的置信区间

仅讨论总体均值 μ_1, μ_2 未知的情况。$\dfrac{\sigma_1^2}{\sigma_2^2}$ 的置信度为 $1-\alpha$ 的置信区间为

$$\left(\frac{S_1^2}{S_2^2} \times \frac{1}{F_{\frac{\alpha}{2}}(n_1-1, n_2-1)}, \frac{S_1^2}{S_2^2} \times \frac{1}{F_{1-\frac{\alpha}{2}}(n_1-1, n_2-1)} \right)$$

例 1.24（新旧设备效应） 为了比较新购置设备和原有设备对加工零件某一指标值误差的影响，随机抽取新设备生产的零件 16 只，测得其样本方差 $s_1^2=0.34 \text{mm}^2$；随机抽取原有设备生产的零件 13 只，测得其样本方差 $s_2^2=0.29 \text{mm}^2$。设两样本相互独立，并且由新设备和原有设备生产的零件的指标值分别服从正态分布 $N(\mu_1, \sigma_1^2)$ 和 $N(\mu_2, \sigma_2^2)$，这里 $\mu_i, \sigma_i^2 (i=1,2)$ 均未知。试求两总体方差比 $\dfrac{\sigma_1^2}{\sigma_2^2}$ 的置信度为 0.90 的置信区间。

解 由题意得

$$n_1=16, \quad s_1^2=0.34, \quad n_2=13, \quad s_2^2=0.29, \quad \alpha=0.10$$

$$F_{0.05}(15,12)=2.62, \quad F_{0.95}(15,12)=\frac{1}{F_{0.05}(12,15)}=\frac{1}{2.48}$$

于是得 $\dfrac{\sigma_1^2}{\sigma_2^2}$ 的置信度为 0.90 的置信区间为 $\left(\dfrac{0.34}{0.29} \times \dfrac{1}{2.62}, \dfrac{0.34}{0.29} \times 2.48 \right)$，即 $(0.45, 2.91)$。

注 由于 $\dfrac{\sigma_1^2}{\sigma_2^2}$ 的置信区间包含 1，在实际中可以认为 σ_1^2, σ_2^2 两者没有显著差异。

在实际运用时，可以直接利用表 1.12 和表 1.13 计算参数的置信区间。

表 1.12　单个总体参数的区间估计

参数	点估计值	置信度为 $1-\alpha$ 的置信区间	假设条件
总体均值 μ	$\bar{x}$	$\left(\bar{x}-z_{\alpha/2}\dfrac{\sigma}{\sqrt{n}},\ \bar{x}+z_{\alpha/2}\dfrac{\sigma}{\sqrt{n}}\right)$	σ 已知, (1) 总体为正态 (2) 总体非正态,但 $n\geqslant 30$
		$\left(\bar{x}-z_{\alpha/2}\dfrac{s}{\sqrt{n}},\ \bar{x}+z_{\alpha/2}\dfrac{s}{\sqrt{n}}\right)$	σ 未知,但 $n\geqslant 30$
	$\bar{x}$	$\left(\bar{x}-t_{\alpha/2}^{(n-1)}\dfrac{s}{\sqrt{n}},\ \bar{x}+t_{\alpha/2}^{(n-1)}\dfrac{s}{\sqrt{n}}\right)$	σ 未知,且为正态总体
总体方差 σ^2	s^2	$\left(\dfrac{(n-1)s^2}{\chi_{\alpha/2}^2(n-1)},\ \dfrac{(n-1)s^2}{\chi_{1-\alpha/2}^2(n-1)}\right)$	正态总体
总体比例 P	p	$\left(p-z_{\alpha/2}\sqrt{\dfrac{p(1-p)}{n}},\ p+z_{\alpha/2}\sqrt{\dfrac{p(1-p)}{n}}\right)$	二项总体且 $n\geqslant 30$

表 1.13　两个总体参数的区间估计

参数	点估计值	置信度为 $1-\alpha$ 的置信区间	假设条件
两个总体均值之差 $\mu_1-\mu_2$	$\bar{x}_1-\bar{x}_2$	$\left((\bar{x}_1-\bar{x}_2)-z_{\alpha/2}\sqrt{\dfrac{\sigma_1^2}{n_1}+\dfrac{\sigma_2^2}{n_2}},\ (\bar{x}_1-\bar{x}_2)+z_{\alpha/2}\sqrt{\dfrac{\sigma_1^2}{n_1}+\dfrac{\sigma_2^2}{n_2}}\right)$	σ_1,σ_2 已知。正态总体;或非正态总体,两样本独立,且 $n_1\geqslant 30,n_2\geqslant 30$
		$\left((\bar{x}_1-\bar{x}_2)-z_{\alpha/2}\sqrt{\dfrac{s_1^2}{n_1}+\dfrac{s_2^2}{n_2}},\ (\bar{x}_1-\bar{x}_2)+z_{\alpha/2}\sqrt{\dfrac{s_1^2}{n_1}+\dfrac{s_2^2}{n_2}}\right)$	σ_1,σ_2 未知。非正态;独立大样本;$n_1\geqslant 30,n_2\geqslant 30$
	$\bar{x}_1-\bar{x}_2$	$\left((\bar{x}_1-\bar{x}_2)-t_{\alpha/2}(n_1+n_2-2)s_w\sqrt{\dfrac{1}{n_1}+\dfrac{1}{n_2}},\right.$ $\left.(\bar{x}_1-\bar{x}_2)+t_{\alpha/2}(n_1+n_2-2)s_w\sqrt{\dfrac{1}{n_1}+\dfrac{1}{n_2}}\right)$ $$s_w^2=\dfrac{(n_1-1)s_1^2+(n_2-1)s_2^2}{n_1+n_2-2}$$	σ_1,σ_2 未知但相等,正态总体;独立样本
两个总体方差之比 σ_1^2/σ_2^2	s_1^2/s_2^2	$\left(\dfrac{s_1^2/s_2^2}{F_{\frac{\alpha}{2}}(n_1-1,n_2-1)},\ \dfrac{s_1^2/s_2^2}{F_{1-\frac{\alpha}{2}}(n_1-1,n_2-1)}\right)$	两个正态总体,μ_1,μ_2 均未知
两个总体比例之差 P_1-P_2	p_1-p_2	$\left((p_1-p_2)-z_{\alpha/2}\sqrt{\dfrac{p_1(1-p_1)}{n_1}+\dfrac{p_2(1-p_2)}{n_2}},\right.$ $\left.(p_1-p_2)+z_{\alpha/2}\sqrt{\dfrac{p_1(1-p_1)}{n_1}+\dfrac{p_2(1-p_2)}{n_2}}\right)$	两个二项总体

1.3.2 参数假设检验

1. 基本概念

总体 X 的分布函数 $F(x;\theta)$ 已知,但参数 θ 未知,如对未知参数 θ 提出假设"θ_0 为其真值",则如何利用样本 $X_1,X_2,\cdots,X_n$ 提供的信息来检验这个假设,即接受此假设还是拒绝此假设。这类统计问题称为参数的假设检验问题。参数估计和参数检验是利用样本 $X_1,X_2,\cdots,X_n$ 对总体的统计特性提供的信息,建立样本的函数,即估计量或检验统计量是从不同角度处理总体未知参数的两种统计方法。

1) 假设的提法

一般有两种类型,以正态总体的均值为例说明。

Ⅰ. 双边假设

$$H_0:\mu=\mu_0; \quad H_1:\mu\neq\mu_0$$

这里,μ_0 已知。

Ⅱ. 单边假设

(1) 左边假设

$$H_0:\mu\geqslant\mu_0; \quad H_1:\mu<\mu_0$$

(2) 右边假设

$$H_0:\mu\leqslant\mu_0; \quad H_1:\mu>\mu_0$$

注 H_0 称为原假设(或零假设),H_1 称为备择假设(或研究假设);等号必须放在原假设中。

2) 两类错误

由上面可以看到,任何检验法所确定的一个拒绝域均与样本有关。即在样本容量固定的情况下,不同样本的观测值确定的拒绝域一般不一样。从而,由于抽样的随机性,由某一检验法作出的判断总可能会犯两类错误:一是 H_0 实际为真时,却作出拒绝 H_0 的错误决策,称这类"弃真"的错误为第一类错误;二是当 H_0 实际上不真时,却接受了 H_0,称这类"取伪"的错误为第二类错误。称犯第一类错误的概率 α 为检验的显著性水平。在实践中,第一类错误往往比第二类错误的后果更为严重,因此,需要控制犯第一类错误的概率。这种只对犯第一类错误的概率加以控制,而不考虑犯第二类错误的检验问题,称为显著性检验问题。

3) 参数假设检验的步骤

(1) 根据实际问题的要求,提出原假设 H_0 和备择假设 H_1;

(2) 给定显著性水平 α 以及样本容量 n;

(3) 确定检验统计量及其分布,并由 H_1 的内容确定拒绝域的形式;

(4) 由 $P\{$拒绝 $H_0|H_0$ 为真$\}\leqslant\alpha$ 求出拒绝域;

(5) 根据样本观测值计算检验统计量的具体值;

(6) 作出拒绝还是接受 H_0 的统计判断。

2. 单个总体参数的假设检验

1) 单个正态总体参数的假设检验

设有来自总体的一个样本 $X_1, X_2, \cdots, X_n$，相应的样本观测值 $x_1, x_2, \cdots, x_n$，显著性水平为 α。

I. 单个正态总体 $N(\mu, \sigma^2)$ 均值 μ 的检验

A. σ^2 已知，关于 μ 的检验（Z 检验）

检验统计量

$$Z = \frac{\overline{X} - \mu_0}{\sigma / \sqrt{n}}$$

检验规则：

对于双边假设：$H_0: \mu = \mu_0$；$H_1: \mu \neq \mu_0$，拒绝原假设的条件：$|z| \geqslant z_{\alpha/2}$；

对于左边检验：$H_0: \mu \geqslant \mu_0$；$H_1: \mu < \mu_0$，拒绝原假设的条件：$z \leqslant -z_{\alpha}$；

对于右边检验：$H_0: \mu \leqslant \mu_0$；$H_1: \mu > \mu_0$，拒绝原假设的条件：$z \geqslant z_{\alpha}$.

其中，$z = \frac{\overline{x} - \mu_0}{\sigma / \sqrt{n}}$，$z_{\alpha/2}$ 为标准正态分布的上 $\frac{\alpha}{2}$ 分位点。

这种检验法称为 Z 检验法。

例 1.25（生产管理） 惠尔公司是一家在业内具有影响的咨询公司，常常为委托人监控其生产过程提供统计控制方面的建议。在某一咨询业务中，一家制造企业委托惠尔公司对其生产过程控制提供帮助，因为近来该公司产品的质量出现异常波动。这家制造企业提供了其生产正常运行时的 1000 个观测值组成的样本数据，其数据的标准差为 0.21。由于样本数据较大，在应用中可以将这一大样本的标准差看成总体的标准差，即可以假定总体的标准差为 0.21。惠尔公司认为，这样的大样本数据在生产统计控制分析中的取样成本太高。因此，建议委托公司连续地定期选取样本容量为 30 的随机样本来对该生产过程进行监测。通过对这些样本的分析，委托公司可以迅速知道该生产过程的运行状况是否符合要求。当生产过程出现失控时，需要采取纠正措施以避免问题的出现。假设生产正常运行时产品的质量特性均值为 12。表 1.14 为在某天运行时间隔一小时这种新型统计控制过程程序所收集的样本数据。假设总体服从正态分布，显著性水平为 0.05，则在取样的 4 个阶段内，生产过程是否运行正常？

表 1.14　样本数据

样本 1	样本 2	样本 3	样本 4
11.55	11.62	11.91	12.02
11.62	11.69	11.36	12.02
11.52	11.59	11.75	12.05
11.75	11.82	11.95	12.18
11.90	11.97	12.14	12.11
11.64	11.71	11.72	12.07
11.80	11.87	11.61	12.05

续表

样本 1	样本 2	样本 3	样本 4
12.03	12.10	11.85	11.64
11.94	12.01	12.16	12.39
11.92	11.99	11.91	11.65
12.13	12.20	12.12	12.11
12.09	12.16	11.61	11.90
11.93	12.00	12.21	12.22
12.21	12.28	11.56	11.88
12.32	12.39	11.95	12.03
11.93	12.00	12.01	12.35
11.85	11.92	12.06	12.09
11.76	11.83	11.76	11.77
12.16	12.23	11.82	12.20
11.77	11.84	12.12	11.79
12.00	12.07	11.60	12.30
12.04	12.11	11.95	12.27
11.98	12.05	11.96	12.29
12.30	12.37	12.22	12.47
12.18	12.25	11.75	12.03
11.97	12.04	11.96	12.17
12.17	12.24	11.95	11.94
11.85	11.92	11.89	11.97
12.30	12.37	11.88	12.23
12.15	12.22	11.93	12.25

解　建立假设

$$H_0: \mu = 12; \quad H_1: \mu \neq 12$$

此问题属于正态总体情形下,总体方差已知的总体均值的双边假设检验。这里的 μ 为产品的质量指标。拒绝原假设的条件: $|z| \geqslant z_{0.025}$。

由题意可知,当原假设成立时,生产处于正常状态。

经计算,此问题检验统计量的观测值分别为 $z = -1.04, z = 0.76, z = -2.90, z = 2.08$,而 $z_{0.025} = 1.96$。故生产过程在样本 1 和样本 2 所对应的时段正常,在后两个时段生产过程则处于非正常状态,公司需要查找原因。

例 1.26(培训效果)　完成生产线上某件工作的平均时间不少于 15.5 分钟,标准差为 3 分钟。对随机抽取的 9 名工人讲授一种新方法,培训结束后这 9 名工人完成此项工作的平均时间为 13.5 分钟。这个结果是否说明用新方法所需时间比用老方法时间短?

设 $\alpha = 0.05$,并假设完成这项工作的时间服从正态分布。

解 建立假设

$$H_0 : \mu \geqslant 15.5 ; \quad H_1 : \mu < 15.5$$

此问题属于正态总体 $N(\mu, \sigma^2)$ 下方差已知的总体均值的左边假设检验,这里 $\sigma^2 = 3^2$ 。拒绝原假设的条件: $z \leqslant -z_{0.05}$ 。

经计算,此问题检验统计量的观测值为 $z = -2$,而 $z_{0.05} = 1.645$,故拒绝原假设,即培训确能减少工作时间。

B. σ^2 未知,关于 μ 的检验(t 检验)

检验统计量

$$t = \frac{\overline{X} - \mu_0}{S / \sqrt{n}}$$

检验规则:

对于双边假设: $H_0 : \mu = \mu_0 ; H_1 : \mu \neq \mu_0$,拒绝原假设的条件: $|t| \geqslant t_{\alpha/2}(n-1)$;

对于左边检验: $H_0 : \mu \geqslant \mu_0 ; H_1 : \mu < \mu_0$,拒绝原假设的条件: $t \leqslant -t_{\alpha}(n-1)$;

对于右边检验: $H_0 : \mu \leqslant \mu_0 ; H_1 : \mu > \mu_0$,拒绝原假设的条件: $t \geqslant t_{\alpha}(n-1)$ 。

其中 $t = \frac{\overline{x} - \mu_0}{s / \sqrt{n}}$ 。

这种检验法称为 t 检验法。

例 1.27(续前两例) 将方差已知的条件去掉,对生产过程是否运行正常进行检验,对完成工作时间是否减少进行检验,均可以运用 t 检验法予以解决。

例 1.28(厂商声誉) 路遥汽车轮胎厂声称,该厂一等品轮胎的平均寿命在一定的重量和正常行驶条件下高于 25000 公里的国家标准。对一个由 15 个轮胎组成的随机样本进行试验,得到平均值和标准差分别为 27000 公里和 5000 公里。假设轮胎的寿命近似服从正态分布,试问是否可以相信产品如厂家所说(设 $\alpha = 0.05$)?

解 此问题属于正态总体 $N(\mu, \sigma^2)$ 情形下方差未知的总体均值的右边假设检验。建立假设

$$H_0 : \mu \leqslant 25000 ; \quad H_1 : \mu > 25000$$

本例中拒绝原假设的条件: $t \geqslant t_{0.05}(14)$ 。

经计算检验统计量的观测值 $t = 1.55$,查附表 2 得 $t_{0.05}(14) = 1.761$,故不能拒绝原假设,即该厂家的说法不实。

Ⅱ. 单个正态总体 $N(\mu, \sigma^2)$ 方差 σ^2 的检验

设总体 $X \sim N(\mu, \sigma^2)$, μ, σ^2 未知, $X_1, X_2, \cdots, X_n$ 为样本, $x_1, x_2, \cdots, x_n$ 为样本观测值,要在显著性水平 α 下检验假设

$$H_0 : \sigma^2 = \sigma_0^2 ; \quad H_1 : \sigma^2 \neq \sigma_0^2$$
$$H_0 : \sigma^2 \geqslant \sigma_0^2 ; \quad H_1 : \sigma^2 < \sigma_0^2$$
$$H_0 : \sigma^2 \leqslant \sigma_0^2 ; \quad H_1 : \sigma^2 > \sigma_0^2$$

其中 σ_0^2 为已知常数。

检验统计量

$$\chi^2 = \frac{(n-1)S^2}{\sigma_0^2} \sim \chi^2(n-1)$$

检验规则：

对于双边检验，拒绝原假设的条件：

$$\chi^2 = \frac{(n-1)s^2}{\sigma_0^2} \leqslant \chi_{1-\frac{\alpha}{2}}^2(n-1) \quad \text{或} \quad \frac{(n-1)s^2}{\sigma_0^2} \geqslant \chi_{\frac{\alpha}{2}}^2(n-1);$$

对于左边检验，拒绝原假设的条件：$\chi^2 = \frac{(n-1)s^2}{\sigma_0^2} \leqslant \chi_{1-\alpha}^2(n-1)$；

对于右边检验，拒绝原假设的条件：$\chi^2 = \frac{(n-1)s^2}{\sigma_0^2} \geqslant \chi_{\alpha}^2(n-1)$。

上述检验法称为 χ^2 检验法。

例 1.29（产品质量稳定性）　某厂生产的某种型号的零件，由历史数据可知此型号零件的外径服从方差 $\sigma_0^2 = 50 \text{mm}^2$ 的正态分布。为了判断一批这种零件直径的波动性是否较以往有所变化，随机抽取了一个容量 $n=30$ 的样本，测得样本方差为 $s^2 = 62 \text{mm}^2$。在显著性水平 $\alpha = 0.05$ 下，由此资料能否认为这批零件外径的波动性较以往显著变大？

解　建立假设

$$H_0 : \sigma^2 \leqslant \sigma_0^2 = 50; \quad H_1 : \sigma^2 > 50$$

由于检验统计量的观测值

$$\chi^2 = \frac{(n-1)s^2}{\sigma_0^2} = \frac{29 \times 62}{50} = 35.96$$

而 $\chi_{\alpha}^2(n-1) = \chi_{0.05}^2(29) = 42.557$，即 $\chi^2 < \chi_{\alpha}^2(n-1)$，故不能拒绝 H_0，即认为这批零件外径的波动性未显著变大。

2）非正态总体参数的假设检验

这里讨论的是在大样本（样本容量 $n \geqslant 30$）情形下，总体均值 μ 和总体比例 P 的假设检验问题。

Ⅰ. 总体均值 μ 的假设检验

设有检验问题

$$H_0 : \mu = \mu_0; \quad H_1 : \mu \neq \mu_0$$
$$H_0 : \mu \geqslant \mu_0; \quad H_1 : \mu < \mu_0$$
$$H_0 : \mu \leqslant \mu_0; \quad H_1 : \mu > \mu_0$$

如果总体的均值为 μ，方差为 σ^2，在大样本情形下，由中心极限定理可知，样本均值 $\overline{X}$ 的抽样分布近似于正态分布 $N\left(\mu, \frac{\sigma^2}{n}\right)$。

A. 当总体方差 σ^2 已知，在 H_0 为真时

检验统计量

$$Z = \frac{\overline{X} - \mu_0}{\sigma / \sqrt{n}}$$

检验规则：

对于 $H_0: \mu = \mu_0; H_1: \mu \neq \mu_0$ 的检验问题,拒绝原假设的条件：$|z| \geqslant z_{a/2}$;

对于 $H_0: \mu \geqslant \mu_0; H_1: \mu < \mu_0$ 的检验问题,拒绝原假设的条件：$z \leqslant -z_a$;

对于 $H_0: \mu \leqslant \mu_0; H_1: \mu > \mu_0$ 的检验问题,拒绝原假设的条件：$z \geqslant z_a$。

B. 当总体方差 σ^2 未知,在 H_0 为真时

检验统计量

$$Z = \frac{\overline{X} - \mu_0}{S/\sqrt{n}}$$

检验规则：

对于 $H_0: \mu = \mu_0; H_1: \mu \neq \mu_0$ 的检验问题,拒绝原假设的条件：$|z| \geqslant z_{a/2}$;

对于 $H_0: \mu \geqslant \mu_0; H_1: \mu < \mu_0$ 的检验问题,拒绝原假设的条件：$z \leqslant -z_a$;

对于 $H_0: \mu \leqslant \mu_0; H_1: \mu > \mu_0$ 的检验问题,拒绝原假设的条件：$z \geqslant z_a$。

以上 $z = \dfrac{\overline{x} - \mu_0}{\sigma/\sqrt{n}}$ 或 $z = \dfrac{\overline{x} - \mu_0}{s/\sqrt{n}}$。

例 1.30（人力资源管理）　快运业务近年发展迅猛,但市场竞争也越来越激烈。特别地,劳动力成本的不断攀升,迫使快运企业在战略上不断作出适时调整。风捷快运公司在业界的竞争优势主要体现在价格和服务上。一种降低企业运营成本的方法是根据市场状况来雇佣或解雇员工从而保持较低的劳动力成本。这种策略要求公司不断地雇佣和培训新的员工。因此,难以确定需要的员工数和工作进度安排。风捷快运公司当前的工作安排建立在下面的假设基础之上:刚接受培训员工的工作效率在一周内能达到老员工的90%以上。否则,这种管理策略将影响工作进度。为了检验这种策略的运行绩效,公司人力资源部门进行了一项试验。对 50 名新近招聘的员工进行培训,在其后的一周内对这些员工随机抽取 1 小时进行观察,并记录了他们处理和派发的包裹数,如表 1.15 所示。目前公司的熟练员工平均每小时能处理 500 件包裹。公司能从这些数据中获得什么信息?显著性水平为 0.05。

表 1.15　样本数据

505	480	487	482	409
400	466	373	442	501
499	477	416	465	440
415	445	424	449	444
418	413	471	523	485
467	537	427	488	475
551	484	509	508	470
444	418	410	432	485
481	465	515	405	469
429	496	435	440	450

解　此问题属于大样本情形下,总体方差 σ^2 未知时总体均值 μ 的右边假设检验。建立假设

$$H_0:\mu \leqslant \mu_0; \quad H_1:\mu > \mu_0$$

本题已知条件:$n=50,\mu_0=450,\alpha=0.05$;经计算得到 $\bar{x}=460.38,s=38.83$。

查附表 1 得 $z_{0.05}=1.645$。

由于 $z=\dfrac{\bar{x}-\mu_0}{s/\sqrt{n}}=\dfrac{460.38-450}{38.83/\sqrt{50}}=1.89$,故 $z>z_a$ 成立,拒绝原假设,即这种战略可以实施。

Ⅱ. 总体比例 P 的假设检验

设有检验问题

$$H_0:P=P_0; \quad H_1:P \neq P_0$$
$$H_0:P \geqslant P_0; \quad H_1:P < P_0$$
$$H_0:P \leqslant P_0; \quad H_1:P > P_0$$

检验统计量

$$Z=\frac{p-P_0}{\sqrt{\dfrac{P_0(1-P_0)}{n}}}$$

检验规则:

对于 $H_0:P=P_0;H_1:P \neq P_0$ 的检验问题,拒绝原假设的条件:$|z| \geqslant z_{a/2}$;

对于 $H_0:P \geqslant P_0;H_1:P < P_0$ 的检验问题,拒绝原假设的条件:$z \leqslant -z_a$;

对于 $H_0:P \leqslant P_0;H_1:P > P_0$ 的检验问题,拒绝原假设的条件:$z \geqslant z_a$。

例 1.31　某杂志声称其读者群中有 80% 为女性。为检验此说法,某市场研究机构随机抽取了 100 名该杂志的读者进行调查,发现其中 71 名为女性。在显著性水平 0.05 下,就该样本数据杂志社的说法是否可信?

解　此问题所要检验的假设为

$$H_0:P=80\%; \quad H_1:P \neq 80\%$$

这是双边假设检验,拒绝域原假设的条件为

$$|z|=\frac{p-P_0}{\sqrt{\dfrac{P_0(1-P_0)}{n}}} > z_{a/2}$$

由给出的数据计算得 $p=\dfrac{71}{100}=0.71$,查附表 1 得 $z_{0.025}=1.96$,从而

$$|z|=\left|\frac{p-P_0}{\sqrt{\dfrac{P_0(1-P_0)}{n}}}\right|=\left|\frac{0.71-0.8}{\sqrt{\dfrac{0.8(1-0.8)}{100}}}\right|=2.25 > z_{a/2}=1.96$$

故拒绝原假设,即该杂志社的说法不可信。

例 1.32(项目可行性)　某连锁快餐店计划推出一款新的杯装饮料,但这一计划需要

较高的成本,因此,需要精心设计。分析师认为,推出的该款杯装饮料如果有超过 15% 的顾客购买,那么,这一计划将有利可图。在某快餐店已进行的一项初步试验表明,500 名顾客中有 88 名购买了该款杯装饮料。根据这些信息,这家连锁快餐店是否可以推出这一款新的杯装饮料? 假设这一决策的第一类错误 5% 可以容忍。

解　此问题属于总体比例的右边假设检验。以 P 表示所有光顾此快餐店的消费者中购买该款杯装饮料者所占比例。建立假设

$$H_0 : P \leqslant P_0; \quad H_1 : P > P_0$$

由题意可知,$n = 500$,$P_0 = 0.15$,$\alpha = 0.05$;经计算得到,样本比例 $p = \dfrac{88}{500} = 0.176$;查附表 1 得 $z_{0.05} = 1.645$。又

$$z = \frac{p - P_0}{\sqrt{\dfrac{P_0(1 - P_0)}{n}}} = \frac{0.176 - 0.15}{\sqrt{\dfrac{0.15 \times 0.85}{500}}} = 1.628$$

故 $z < z_a$,不能拒绝原假设,即就目前的信息,该款产品的推出尚缺乏依据。

3. 两个总体参数的假设检验

1) 两总体均值的比较

设有两个正态总体 $N(\mu_1, \sigma_1^2)$ 和 $N(\mu_2, \sigma_2^2)$,且有来自于这两个总体的独立样本 X_1,X_2,$\cdots$,X_{n_1} 和 Y_1,Y_2,$\cdots$,Y_{n_2},以及相应的观测值 $x_1, x_2, \cdots, x_{n_1}$ 和 $y_1, y_2, \cdots, y_{n_2}$;又记它们的样本均值的观测值分别为 $\bar{x}, \bar{y}$,样本方差的观测值分别为 s_1^2, s_2^2;设显著性水平为 α。

检验假设

$$H_0 : \mu_1 = \mu_2; \quad H_1 : \mu_1 \neq \mu_2$$
$$H_0 : \mu_1 \geqslant \mu_2; \quad H_1 : \mu_1 < \mu_2$$
$$H_0 : \mu_1 \leqslant \mu_2; \quad H_1 : \mu_1 > \mu_2$$

Ⅰ. 两个正态总体

A. 两个正态总体的方差相等,且设 $\sigma_1^2 = \sigma_2^2 = \sigma^2$ 未知

检验统计量

$$t = \frac{\bar{X} - \bar{Y}}{S_w \sqrt{\dfrac{1}{n_1} + \dfrac{1}{n_2}}}$$

这里

$$S_w = \sqrt{\frac{(n_1 - 1)S_1^2 + (n_2 - 1)S_2^2}{n_1 + n_2 - 2}}$$

检验规则:

对于 $H_0 : \mu_1 = \mu_2$;$H_1 : \mu_1 \neq \mu_2$ 的检验问题,拒绝原假设的条件:$t \geqslant t_{a/2}(n_1 + n_2 - 2)$;

对于 $H_0 : \mu_1 \geqslant \mu_2$;$H_1 : \mu_1 < \mu_2$ 的检验问题,拒绝原假设的条件:$t \leqslant -t_a(n_1 + n_2 - 2)$;

对于 $H_0 : \mu_1 \leqslant \mu_2$;$H_1 : \mu_1 > \mu_2$ 的检验问题,拒绝原假设的条件:$t \geqslant t_a(n_1 + n_2 - 2)$。

其中,检验统计量的观测值

$$t = \frac{\bar{x} - \bar{y}}{s_w \sqrt{\frac{1}{n_1} + \frac{1}{n_2}}}$$

B. 两个正态总体的方差不等,且设 σ_1^2, σ_2^2 为已知

检验统计量

$$Z = \frac{\bar{X} - \bar{Y}}{\sqrt{\frac{\sigma_1^2}{n_1} + \frac{\sigma_2^2}{n_2}}}$$

检验规则:

对于 $H_0: \mu_1 = \mu_2; H_1: \mu_1 \neq \mu_2$ 的检验问题,拒绝原假设的条件:$z \geqslant z_{a/2}$;

对于 $H_0: \mu_1 \geqslant \mu_2; H_1: \mu_1 < \mu_2$ 的检验问题,拒绝原假设的条件:$z \leqslant -z_a$;

对于 $H_0: \mu_1 \leqslant \mu_2; H_1: \mu_1 > \mu_2$ 的检验问题,拒绝原假设的条件:$z \geqslant z_a$。

C. 设两个正态总体的方差 σ_1^2, σ_2^2 为未知,且不相等,但 $n_1 = n_2$

检验统计量

$$t = \frac{\bar{X} - \bar{Y}}{\sqrt{\frac{S_1^2 + S_2^2}{n}}}$$

检验规则:

对于 $H_0: \mu_1 = \mu_2; H_1: \mu_1 \neq \mu_2$ 的检验问题,拒绝原假设的条件:$|t| \geqslant t_{a/2}(2n-2)$;

对于 $H_0: \mu_1 \geqslant \mu_2; H_1: \mu_1 < \mu_2$ 的检验问题,拒绝原假设的条件:$t \leqslant -t_a(2n-2)$;

对于 $H_0: \mu_1 \leqslant \mu_2; H_1: \mu_1 > \mu_2$ 的检验问题,拒绝原假设的条件:$t \geqslant t_a(2n-2)$。

D. 设两个正态总体的方差 σ_1^2, σ_2^2 未知,且不相等

检验统计量

$$t = \frac{\bar{X} - \bar{Y}}{\sqrt{\frac{S_1^2}{n_1} + \frac{S_2^2}{n_2}}} \overset{\text{近似}}{\sim} t(v)$$

这里,$v = \dfrac{\left(\dfrac{s_1^2}{n_1} + \dfrac{s_2^2}{n_2}\right)^2}{\dfrac{(s_1^2/n_1)^2}{n_1-1} + \dfrac{(s_2^2/n_2)^2}{n_2-1}}$。

检验规则:

对于 $H_0: \mu_1 = \mu_2; H_1: \mu_1 \neq \mu_2$ 的检验问题,拒绝原假设的条件:$|t| \geqslant t_{a/2}(v)$;

对于 $H_0: \mu_1 \geqslant \mu_2; H_1: \mu_1 < \mu_2$ 的检验问题,拒绝原假设的条件:$t \leqslant -t_a(v)$;

对于 $H_0: \mu_1 \leqslant \mu_2; H_1: \mu_1 > \mu_2$ 的检验问题,拒绝原假设的条件:$t \geqslant t_a(v)$。

例 1.33(饮食与健康)　当下饮食对健康的影响已受到普遍关注。科学研究表明食用谷类食品有助于健康。即食用高纤维含量的谷类食品能够降低某些疾病的发生率。有观点认为,早餐食用高纤维谷类食品者在午餐中平均摄入的卡路里(1 卡路里＝4.2 焦耳)

要比早餐未食用高纤维谷类食品者少些。如果结论属实,那些高纤维谷类食品生产商就可以声称,其产品具有减肥功能。为检验这一观点,某研究机构随机调查 150 个消费者。将受访者分为早餐食用高纤维谷类食品和非高纤维谷类食品两类,如表 1.16 和表 1.17 所示。假设早餐是否食用高纤维食品者午餐摄入的卡路里均服从正态分布。在 0.05 的显著性水平下,该研究机构能从中得到什么结论?

表 1.16　早餐高纤维谷类食品食用者午餐摄入的卡路里

568	539	565	566	683	650
498	596	568	714	667	629
589	607	584	639	649	651
681	529	607	693	647	
540	637	530	556	580	
646	617	566	473	532	
636	633	687	593	467	
739	555	694	551	622	

表 1.17　早餐非高纤维谷类食品食用者午餐摄入的卡路里

705	537	816	602	553	655	726	573
819	748	426	765	620	466	645	536
706	663	773	593	679	462	794	833
509	526	480	723	599	603	490	644
613	541	632	730	566	646	514	594
582	462	569	701	484	588	580	596
601	719	547	672	739	476	624	750
608	754	710	685	717	421	566	582
787	740	679	800	642	812	709	788
573	688	674	663	663	547	518	
428	539	505	369	563	643	554	
754	725	527	596	733	693	623	
741	711	679	758	664	624	747	
628	607	830	637	625	549	583	

解　以 μ_1 和 μ_2 分别表示高纤维谷类食品的消费者午餐摄入的平均卡路里数和非高纤维谷类食品的消费者午餐摄入的平均卡路里数。

建立假设

$$H_0: \mu_1 \geqslant \mu_2; \quad H_1: \mu_1 < \mu_2$$

经计算得到两样本的方差分别为 $s_1^2 = 4103, s_2^2 = 10670$,故可以将本问题看成两总体方差不等时总体均值的比较。

此问题拒绝原假设的条件：$t \leqslant -t_a(v)$。

经计算，$\bar{x} = 604.02$，$\bar{y} = 633.23$，

$$t = \frac{\bar{x} - \bar{y}}{\sqrt{\dfrac{s_1^2}{n_1} + \dfrac{s_2^2}{n_2}}} = -2.09, \quad v = 122.6 \approx 123$$

可以运用 excel 中的 TINV 函数计算得到 $t_{0.05}(123) = 1.658$，故拒绝原假设，即现有的这种观点得到这一样本数据的支持。

例 1.34（供应商选择） 某啤酒厂为了降低生产成本提高经济效益，决定在不影响产品质量的前提下，选择主要原料麦芽的供应厂家。设甲、乙两厂为麦芽供应商，但甲厂的价格较低。现分别采用甲、乙两厂生产的麦芽作原料，其他的条件假设不变，各作了 5 次小批量试验。将每次试验生产的啤酒产品就香味、苦味、泡沫挂杯时间、二氧化碳含量、保存期及其他的理化指标进行综合评分，得到数据如表 1.18 所示。

表 1.18 质量评分数据

麦芽生产厂家	质量综合评分得分
甲厂	85 83 94 90 87
乙厂	91 90 89 96 90

又设两厂家的麦芽原料所生产的啤酒综合评分指标分别服从正态分布 $N(\mu_1, \sigma_1^2)$ 和 $N(\mu_2, \sigma_2^2)$。设 $\alpha = 0.10$，试检验假设

$$H_0 : \mu_1 = \mu_2; \quad H_1 : \mu_1 \neq \mu_2$$

解 由题设，可以分别求出由甲、乙两厂提供的麦芽所生产的啤酒综合评分指标的样本均值和样本方差为

$$\bar{x} = 87.8, \quad s_1^2 = 18.7; \quad \bar{y} = 91.2, \quad s_2^2 = 7.7$$

又

$$s_\omega^2 = 13.2, \quad t_{\frac{\alpha}{2}}(n_1 + n_2 - 2) = t_{0.05}(8) = 1.8595$$

检验统计量的观测值 $t = -1.48$，由于 $|t| < t_{0.05}(8)$，所以在显著性水平 0.10 下不能拒绝 H_0，即认为用甲厂与乙厂的麦芽作原料，所生产的啤酒综合评分没有显著的差异。

对于此啤酒厂，可以选择原料价格相对较低的甲供应商。

Ⅱ. 两个非正态总体

设有两个总体 X 和 Y，$E(X) = \mu_1$，$D(X) = \sigma_1^2$；$E(Y) = \mu_2$，$D(Y) = \sigma_2^2$，且有来自于这两个总体的独立样本 $X_1, X_2, \cdots, X_{n_1}$ 和 $Y_1, Y_2, \cdots, Y_{n_2}$，又记它们的样本均值的观测值分别为 $\bar{x}, \bar{y}$，样本方差的观测值分别为 s_1^2, s_2^2；设显著性水平为 α。

检验假设

$$H_0 : \mu_1 = \mu_2; \quad H_1 : \mu_1 \neq \mu_2$$

$$H_0 : \mu_1 \geqslant \mu_2; \quad H_1 : \mu_1 < \mu_2$$

$$H_0 : \mu_1 \leqslant \mu_2; \quad H_1 : \mu_1 > \mu_2$$

这种类型仅适用于大样本情形。

A. 设 σ_1^2, σ_2^2 已知

检验统计量

$$Z = \frac{\overline{X} - \overline{Y}}{\sqrt{\dfrac{\sigma_1^2}{n_1} + \dfrac{\sigma_2^2}{n_2}}}$$

检验规则：

对于 $H_0: \mu_1 = \mu_2; H_1: \mu_1 \neq \mu_2$ 的检验问题，拒绝原假设的条件：$|z| \geq z_{a/2}$；

对于 $H_0: \mu_1 \geq \mu_2; H_1: \mu_1 < \mu_2$ 的检验问题，拒绝原假设的条件：$z \leq -z_a$；

对于 $H_0: \mu_1 \leq \mu_2; H_1: \mu_1 > \mu_2$ 的检验问题，拒绝原假设的条件：$z \geq z_a$。

B. 设 σ_1^2, σ_2^2 未知

检验统计量

$$Z = \frac{\overline{X} - \overline{Y}}{\sqrt{\dfrac{S_1^2}{n_1} + \dfrac{S_2^2}{n_2}}}$$

检验规则：

对于 $H_0: \mu_1 = \mu_2; H_1: \mu_1 \neq \mu_2$ 的检验问题，拒绝原假设的条件：$|z| \geq z_{a/2}$；

对于 $H_0: \mu_1 \geq \mu_2; H_1: \mu_1 < \mu_2$ 的检验问题，拒绝原假设的条件：$z \leq -z_a$；

对于 $H_0: \mu_1 \leq \mu_2; H_1: \mu_1 > \mu_2$ 的检验问题，拒绝原假设的条件：$z \geq z_a$。

例 1.35（两个培训中心教育质量的比较）　为了评估两个培训中心教育质量的差异，对两个教育培训中心的学员进行了一次标准化的考试。成绩如表 1.19 所示。

表 1.19　样本数据

培训中心甲			培训中心乙			
97	83	91	64	66	91	84
90	84	87	85	83	78	85
94	76	73	72	74	87	85
79	82	92	64	70	93	84
78	85	64	74	82	89	59
87	85	74	93	82	79	62
83	91	88	70	75	84	91
89	72	88	79	78	65	83
76	86	74	79	99	78	80
84	70	73	75	57	66	76

在 0.05 的显著性水平下，两个培训中心培养出的学生的平均成绩是否有显著差异？

解　记 $\mu_甲$ 和 $\mu_乙$ 为两个培训中心学生的平均成绩。建立假设

$$H_0: \mu_1 = \mu_2; \quad H_1: \mu_1 \neq \mu_2$$

经计算 $\bar{x}_甲=82.5,\bar{x}_乙=78,s^2_甲=64.05,s^2_乙=100$，

$$z=\frac{\bar{x}_甲-\bar{x}_乙}{\sqrt{\dfrac{s^2_甲}{n_甲}+\dfrac{s^2_乙}{n_乙}}}=2.09$$

查附表 1 得 $z_{0.025}=1.96$，故拒绝原假设。

Ⅲ. 两总体均值之差的检验问题

样本等信息同上，但要求为匹配样本。

设有两个总体的样本 $X_1,X_2,\cdots,X_{n_1}$ 与 $Y_1,Y_2,\cdots,Y_{n_2}$，令 $d_i=X_i-Y_i$，记 $\mu_1-\mu_2=\mu_d$，且设 $d_i\sim N(\mu_d,\sigma^2_d)$。

检验假设

$$H_0:\mu_d=0;\quad H_1:\mu_d\neq 0$$

$$H_0:\mu_d\geqslant 0;\quad H_1:\mu_d< 0$$

$$H_0:\mu_d\leqslant 0;\quad H_1:\mu_d> 0$$

检验统计量

$$t=\frac{\bar{d}}{S_d/\sqrt{n_d}}$$

这里，$\bar{d}=\sum_{i=1}^{n}d_i,S_d=\sqrt{\dfrac{1}{n-1}\sum_{i=1}^{n}(d_i-\bar{d})^2}$。

检验规则：

对于 $H_0:\mu_d=0;H_1:\mu_d\neq 0$ 的检验问题，拒绝原假设的条件：$|t|\geqslant t_{\alpha/2}(n-1)$；

对于 $H_0:\mu_d\geqslant 0;H_1:\mu_d< 0$ 的检验问题，拒绝原假设的条件：$t\leqslant -t_\alpha(n-1)$；

对于 $H_0:\mu_d\leqslant 0;H_1:\mu_d> 0$ 的检验问题，拒绝原假设的条件：$t\geqslant t_\alpha(n-1)$。

例 1.36（专业与薪水的关系）　在大学或研究生专业的选择中，一个很重要的考虑就是专业与薪水之间的关系。目前，金融专业与会计专业是许多学生热衷的专业。某研究机构想要验证金融专业的学生是否比会计专业的学生获得更高的薪水。数据按照如下方式取得：查阅金融专业和会计专业毕业生的名册并从中随机抽取绩点在 3.92—4.0（最高为 4.0 分）的一名金融专业的学生和一名会计专业的学生；随后又随机抽取绩点在 3.84—3.92 的一名金融专业的学生和一名会计专业的学生。如此，重复抽取 25 次，直到第 25 次抽取的绩点在 2.0—2.08 为止（毕业的最低平均成绩为 2.0）。分别记录下他们获得的最高薪水，如表 1.20 所示。由此数据，能否得到金融专业的学生比会计专业的学生获得更高薪水的结论？假设显著性水平为 0.05。

解　建立假设

$$H_0:\mu_d=0;\quad H_1:\mu_d> 0$$

由表 1.20 计算得，$\bar{d}=5065,s_d=6647,t=3.81$，查附表 2 得 $t_{0.05}(24)=1.711$，由于 $t>t_{0.05}(24)$，故拒绝原假设，即金融专业学生所获得的平均薪水比会计专业学生所获得的平均薪水高。

表 1.20 样本数据 （单位：元）

序号	金融专业者薪水	会计专业者薪水	序号	金融专业者薪水	会计专业者薪水
1	95171	89329	14	67716	54110
2	88009	92705	15	49296	46467
3	98089	99205	16	56625	53559
4	106322	99003	17	63728	46793
5	74566	74825	18	55425	39984
6	87089	77038	19	37898	30137
7	88664	78272	20	56244	61965
8	71200	59462	21	51071	47438
9	69367	51555	22	31235	29662
10	82618	81591	23	32477	33710
11	69131	68110	24	35274	31989
12	58187	54970	25	45835	38788
13	64718	68675			

2）两个正态总体方差比较的检验问题

设 $X_1,X_2,\cdots,X_{n_1}$ 与 $Y_1,Y_2,\cdots,Y_{n_2}$ 分别是来自正态总体 $N(\mu_1,\sigma_1^2)$ 与 $N(\mu_2,\sigma_2^2)$ 的样本，且两样本相互独立，其样本方差分别为 S_1^2 和 S_2^2，要检验假设

$$H_0:\sigma_1^2=\sigma_2^2; \quad H_1:\sigma_1^2\neq\sigma_2^2;$$
$$H_0:\sigma_2^2\geqslant\sigma_1^2; \quad H_1:\sigma_2^2<\sigma_1^2;$$
$$H_0:\sigma_1^2\leqslant\sigma_2^2; \quad H_1:\sigma_1^2>\sigma_2^2.$$

设显著性水平为 α。

检验统计量

$$F=S_1^2/S_2^2 \sim F(n_1-1,n_2-1)$$

检验规则：

对于 $H_0:\sigma_1^2=\sigma_2^2;H_1:\sigma_1^2\neq\sigma_2^2$ 的检验问题，拒绝原假设的条件：
$$F\geqslant F_{\frac{\alpha}{2}}(n_1-1,n_2-1) \quad 或 \quad F\leqslant F_{1-\frac{\alpha}{2}}(n_1-1,n_2-1)$$

对于 $H_0:\sigma_2^2\geqslant\sigma_1^2;H_1:\sigma_2^2<\sigma_1^2$ 的检验问题，拒绝原假设的条件：
$$F\leqslant F_{1-\alpha}(n_1-1,n_2-1);$$

对于 $H_0:\sigma_1^2\leqslant\sigma_2^2;H_1:\sigma_1^2>\sigma_2^2$ 的检验问题，拒绝原假设的条件：
$$F\geqslant F_\alpha(n_1-1,n_2-1).$$

上述检验法称为 F 检验法。

例 1.37（续例 1.33） 在例 1.33 中由样本方差判断总体方差不等，这仅有直观合理性。事实上，可以运用上述方法来检验这两个正态总体的方差是否相等，假设显著性水平为 0.05。

解 设这两个样本相互独立,且分别来自来正态总体 $N(\mu_1,\sigma_1^2)$ 与 $N(\mu_2,\sigma_2^2)$,μ_1, $\mu_2,\sigma_1^2,\sigma_2^2$ 均为未知。建立假设

$$H_0:\sigma_1^2=\sigma_2^2;\quad H_1:\sigma_1^2\neq\sigma_2^2$$

拒绝原假设的条件:$F\leqslant F_{1-a/2}(n_1-1,n_2-1)$ 或 $F\geqslant F_{a/2}(n_1-1,n_2-1)$。

由题意、计算或查表得到

$$n_1=43,\quad n_2=107,\quad \alpha=0.05$$

$$s_1^2=4103,\quad s_2^2=10676,\quad F=s_1^2/s_2^2=0.3845$$

$$F_{a/2}(n_1-1,n_2-1)=F_{0.025}(42,106)\approx F_{0.025}(42,120)=1.61$$

$$F_{1-a/2}(n_1-1,n_2-1)=F_{0.975}(42,106)\approx\frac{1}{F_{0.025}(120,42)}=0.58$$

由于 $F<0.58$,故拒绝 H_0,即这两个正态总体的方差不等。

3) 两个总体比例的检验问题

设有两个两点分布的总体,样本容量分别为 n_1 和 n_2,两个样本的比例分别为 p_1 和 p_2,且假设 $n_1p_1,n_1(1-p_1),n_2p_2,n_2(1-p_2)$ 均不小于 5。事实上,有关比例的假设检验仅适用于大样本情形。

假设形式 1

$$H_0:P_1=P_2;\quad H_1:P_1\neq P_2$$

$$H_0:P_1\geqslant P_2;\quad H_1:P_1<P_2$$

$$H_0:P_1\leqslant P_2;\quad H_1:P_1>P_2$$

检验统计量

$$Z=\frac{p_1-p_2}{\sqrt{\dfrac{p_1(1-p_1)}{n_1}+\dfrac{p_2(1-p_2)}{n_2}}}$$

这里,p_1,p_2 分别为样本的比例。

检验规则:

对于 $H_0:P_1=P_2;H_1:P_1\neq P_2$ 的检验问题,拒绝原假设的条件:$|z|\geqslant z_{a/2}$;

对于 $H_0:P_1\geqslant P_2;H_1:P_1<P_2$ 的检验问题,拒绝原假设的条件:$z\leqslant-z_a$;

对于 $H_0:P_1\leqslant P_2;H_1:P_1>P_2$ 的检验问题,拒绝原假设的条件:$z\geqslant z_a$。

例 1.38(续例 1.22) 由于第一种包装的成本较高,公司认为只有存在充足的证据证明第一种方案更好的情况下,才决定使用该方案。由此试验数据,经理作何选择? 设 $\alpha=0.05$。

解 建立假设

$$H_0:P_1=P_2;\quad H_1:P_1>P_2$$

由样本数据可得,$p_1=0.1991,p_2=0.1493,n_1=904,n_2=1038;z=2.90,z_{0.05}=1.645$,故拒绝原假设。

如果关于两个总体比例的假设检验问题拓展为:

假设形式 2

$$H_0: P_1 - P_2 = d(d \neq 0); \quad H_1: P_1 - P_2 \neq d$$
$$H_0: P_1 - P_2 \geqslant d; \quad H_1: P_1 - P_2 < d$$
$$H_0: P_1 - P_2 \leqslant d; \quad H_1: P_1 - P_2 > d$$

检验统计量

$$Z = \frac{p_1 - p_2 - d}{\sqrt{p(1-p)\left(\dfrac{1}{n_1} + \dfrac{1}{n_2}\right)}}$$

这里，p_1, p_2 分别为样本的比例；$p = \dfrac{n_1 p_1 + n_2 p_2}{n_1 + n_2}$ 称为样本的联合估计比例。

检验规则：

对于 $H_0: P_1 - P_2 = d$；$H_1: P_1 - P_2 \neq d$ 的检验问题，拒绝原假设的条件：$|z| \geqslant z_{\alpha/2}$；

对于 $H_0: P_1 - P_2 \geqslant d$；$H_1: P_1 - P_2 < d$ 的检验问题，拒绝原假设的条件：$z \leqslant -z_{\alpha}$；

对于 $H_0: P_1 - P_2 \leqslant d$；$H_1: P_1 - P_2 > d$ 的检验问题，拒绝原假设的条件：$z \geqslant z_{\alpha}$。

例 1.39（续例 1.22） 由于色彩鲜艳的包装带来了附加成本，所以它必须比简单包装多出 3% 的销售量才能获利。在这种条件下，该经理是否应该采取第一种方案？

解 提出假设

$$H_0: P_1 - P_2 = 0.03; \quad H_1: P_1 - P_2 > 0.03$$

检验统计量

$$
\begin{aligned}
z &= \frac{p_1 - p_2 - d}{\sqrt{p(1-p)\left(\dfrac{1}{n_1} + \dfrac{1}{n_2}\right)}} \\
&= \frac{0.1991 - 0.1493 - 0.03}{\sqrt{0.71259(1 - 0.7125)\left(\dfrac{1}{904} + \dfrac{1}{1038}\right)}} \\
&= 2.90
\end{aligned}
$$

由于 $z > z_{0.05} = 1.645$，故拒绝原假设，即经理不会采用第一种方案。

将关于正态分布总体均值、方差的检验法汇总于表 1.21 中，以便查用。

表 1.21 正态总体参数的假设检验（显著性水平为 α）

	原假设 H_0	备择假设 H_1	其他参数	检验统计量	检验统计量的分布	拒绝域
单个正态总体	$\mu = \mu_0$ $\mu \leqslant \mu_0$ $\mu \geqslant \mu_0$	$\mu \neq \mu_0$ $\mu > \mu_0$ $\mu < \mu_0$	σ^2 已知	$Z = \dfrac{\overline{X} - \mu_0}{\sigma/\sqrt{n}}$	$N(0,1)$	$\|z\| \geqslant z_{\frac{\alpha}{2}}$ $z \geqslant z_{\alpha}$ $z \leqslant -z_{\alpha}$
	$\mu = \mu_0$ $\mu \leqslant \mu_0$ $\mu \geqslant \mu_0$	$\mu \neq \mu_0$ $\mu > \mu_0$ $\mu < \mu_0$	σ^2 未知	$t = \dfrac{\overline{X} - \mu_0}{S/\sqrt{n}}$	$t(n-1)$	$\|t\| \geqslant t_{\frac{\alpha}{2}}(n-1)$ $t \geqslant t_{\alpha}(n-1)$ $t \leqslant -t_{\alpha}(n-1)$

续表

	原假设 H_0	备择假设 H_1	其他参数	检验统计量	检验统计量的分布	拒绝域
单个正态总体	$\sigma^2 = \sigma_0^2$	$\sigma^2 \neq \sigma_0^2$	μ 未知	$\chi^2 = \dfrac{(n-1)S^2}{\sigma_0^2}$	$\chi^2(n-1)$	$\chi^2 \geqslant \chi_{\frac{\alpha}{2}}^2(n-1)$ 或 $\chi^2 \leqslant \chi_{1-\frac{\alpha}{2}}^2(n-1)$
	$\sigma^2 \leqslant \sigma_0^2$	$\sigma^2 > \sigma_0^2$				$\chi^2 \geqslant \chi_{\alpha}^2(n-1)$
	$\sigma^2 \geqslant \sigma_0^2$	$\sigma^2 < \sigma_0^2$				$\chi^2 \leqslant \chi_{1-\alpha}^2(n-1)$
两个正态总体	$\mu = \mu_1$	$\mu_1 \neq \mu_2$	$\sigma_1^2 = \sigma_2^2 = \sigma^2$ 未知	$t = \dfrac{\overline{X} - \overline{Y}}{S_w \sqrt{\dfrac{1}{n_1} + \dfrac{1}{n_2}}}$,其中 $S_w = \sqrt{\dfrac{(n_1-1)S_1^2 + (n_2-1)S_2^2}{n_1+n_2-2}}$	$t(n_1+n_2-2)$	$|t| \geqslant t_{\frac{\alpha}{2}}(n_1+n_2-2)$
	$\mu \leqslant \mu_1$	$\mu_1 > \mu_2$				$t \geqslant t_{\alpha}(n_1+n_2-2)$
	$\mu \geqslant \mu_2$	$\mu_1 < \mu_2$				$t \leqslant -t_{\alpha}(n_1+n_2-2)$
	$\sigma_1^2 = \sigma_2^2$	$\sigma_1^2 \neq \sigma_2^2$	μ_1, μ_2 未知	$F = \dfrac{S_1^2}{S_2^2}$	$F(n_1-1, n_2-1)$	$F \geqslant F_{\frac{\alpha}{2}}(n_1-1, n_2-1)$ 或 $F \leqslant F_{1-\frac{\alpha}{2}}(n_1-1, n_2-1)$
	$\sigma_1^2 \leqslant \sigma_2^2$	$\sigma_1^2 > \sigma_2^2$				$F \geqslant F_{\alpha}(n_1-1, n_2-1)$
	$\sigma_1^2 \geqslant \sigma_2^2$	$\sigma_1^2 < \sigma_2^2$				$F \leqslant F_{1-\alpha}(n_1-1, n_2-1)$

1.3.3 假设检验中的两个问题

1. 置信区间与假设检验的关系

事实上,参数的置信区间与假设检验之间存在内在联系。以双边假设检验为例来阐述参数的置信区间与假设检验的联系。

假设 $X_1, X_2, \cdots, X_n$ 是来自总体 X 的样本,$x_1, x_2, \cdots, x_n$ 是对应的样本观测值,Θ 为参数 θ 的可能取值范围。

一方面,设 $(\theta_L(X_1, X_2, \cdots, X_n), \theta_U(X_1, X_2, \cdots, X_n))$ 是参数 θ 的一个置信度为 $1-\alpha$ 的置信区间,则对于任意 $\theta \in \Theta$,有

$$P_\theta \{\theta_L(X_1, X_2, \cdots, X_n) < \theta < \theta_U(X_1, X_2, \cdots, X_n)\} \geqslant 1-\alpha$$

对于显著性水平为 α 的双边假设检验

$$H_0 : \theta = \theta_0; \quad H_1 : \theta \neq \theta_0$$

由前一式可知

$$P_\theta \{(\theta_0 \leqslant \theta_L(X_1, X_2, \cdots, X_n)) \bigcup (\theta_0 \geqslant \theta_U(X_1, X_2, \cdots, X_n))\} \leqslant \alpha$$

由显著性水平为 α 的假设检验的拒绝域定义,假设检验的拒绝域为

$$\theta_0 \leqslant \theta_L(x_1, x_2, \cdots, x_n) \quad 或 \quad \theta_0 \geqslant \theta_U(x_1, x_2, \cdots, x_n)$$

或接受域为

$$\theta_L(x_1,x_2,\cdots,x_n)<\theta_0<\theta_U(x_1,x_2,\cdots,x_n)$$

这表明,当要检验假设时,只要先求出 θ 的一个置信度为 $1-\alpha$ 的置信区间 (θ_L,θ_U),然后考察所求区间 (θ_L,θ_U) 是否包含 θ_0,若是,则接受假设 H_0,否则拒绝假设 H_0。

另一方面,对于任意 $\theta_0\in\Theta$,考察显著性水平为 α 的假设检验问题

$$H_0:\theta=\theta_0;\quad H_1:\theta\neq\theta_0$$

假设此检验问题的接受域为

$$\theta_L(x_1,x_2,\cdots,x_n)<\theta_0<\theta_U(x_1,x_2,\cdots,x_n)$$

即有

$$P_{\theta_0}\{\theta_L(X_1,X_2,\cdots,X_n)<\theta_0<\theta_U(X_1,X_2,\cdots,X_n)\}\geqslant 1-\alpha$$

由 θ_0 的任意性,可知对于任意 $\theta\in\Theta$,都有

$$P_\theta\{\theta_L(X_1,X_2,\cdots,X_n)<\theta<\theta_U(X_1,X_2,\cdots,X_n)\}\geqslant 1-\alpha$$

即 $(\theta_L(X_1,X_2,\cdots,X_n),\theta_U(X_1,X_2,\cdots,X_n))$ 是参数 θ 的一个置信度为 $1-\alpha$ 的置信区间。这表明,要求参数 θ 的一个置信度为 $1-\alpha$ 的置信区间,只要先求出显著性水平为 α 的假设检验问题 $H_0:\theta=\theta_0;H_1:\theta\neq\theta_0$ 的接受域: $\theta_L(x_1,x_2,\cdots,x_n)<\theta_0<\theta_U(x_1,x_2,\cdots,x_n)$,则随机区间 $(\theta_L(X_1,X_2,\cdots,X_n),\theta_U(X_1,X_2,\cdots,X_n))$ 就是 θ 的置信度为 $1-\alpha$ 的置信区间。

如果设 $X\sim N(\mu,2^2)$, μ 未知, $\alpha=0.05$, $n=25$,并且有来自 X 的一个样本的均值 $\bar{x}=4.82$,则参数 μ 的一个置信度为 0.95 的置信区间 $\left(\bar{x}-\dfrac{2}{\sqrt{25}}z_{0.025},\bar{x}+\dfrac{2}{\sqrt{25}}z_{0.025}\right)=$ $(4.036,5.604)$。如考虑检验问题: $H_0:\mu=4.7;H_1:\mu\neq4.7$,由于 $4.7\in(4.036,5.604)$,故接受 H_0。

2. 假设检验中的 P 值

在假设检验的过程中,拒绝或接受原假设的决策是在给定的显著性水平 α 下作出的,即假设检验的拒绝域随显著性水平的给定而确定。这就难免导致同一个检验问题在不同的显著性水平下可能作出相互矛盾的决策。对于一个特定的假设检验问题, α 给出了检验结论可靠性的一个大致范围,但不能对原假设与观测数据之间的不一致程度进行精确测度。

P 值是一个概率值,它是用来拒绝或接受原假设的另一种方法。在原假设为真的假设下, P 值就是所获得的样本结果比实测结果更为极端的概率。因此, P 值称为实际的显著性水平。

对于假设检验的三种不同形式,从下面的图 1.10—图 1.12 中看到 P 值检验与一般检验的区别。

下面来看一个例子。

例 1.40　某厂声称生产的电子元器件的寿命超过行业标准时间 1200 小时,现随机抽取 100 件产品测得其平均寿命为 1265 小时,标准差为 300 小时。在显著性水平 0.05 下,该厂生产的电子元器件的寿命是否显著高于行业标准? 样本均值不低于 1265 小时的

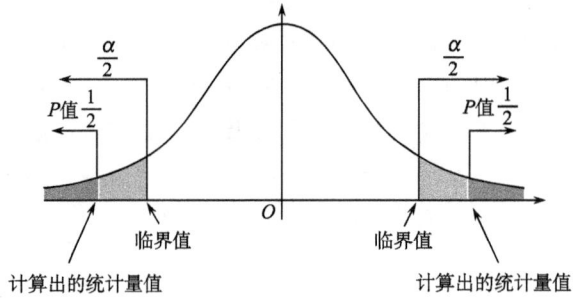

图 1.10　双侧检验情形

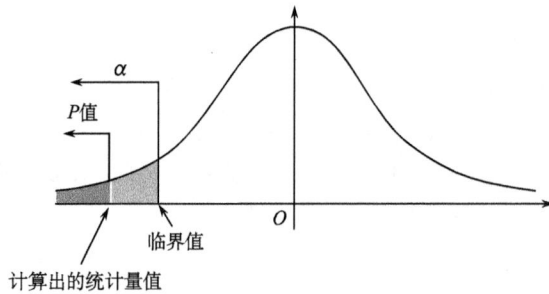

图 1.11　左侧检验情形

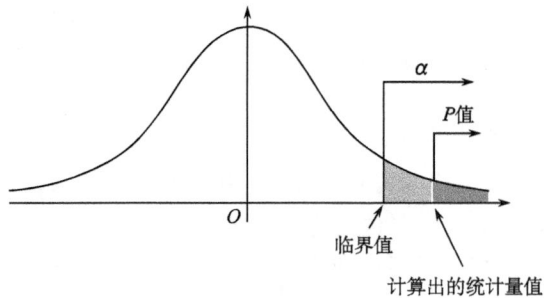

图 1.12　右侧检验情形

概率为多大?

解　由题意可知,$\bar{x}=1265,s=300,n=100$,要检验假设

$$H_0:\mu\leqslant 1200(=\mu_0);\quad H_1:\mu>1200$$

这属于大样本情形,且为右边检验,可知此假设检验的拒绝域为

$$z=\frac{\bar{x}-\mu_0}{s/\sqrt{n}}>z_\alpha$$

经计算得,$z=\dfrac{\bar{x}-\mu_0}{s/\sqrt{n}}=\dfrac{1265-1200}{300/\sqrt{100}}=2.17>z_{0.05}=1.645$,故拒绝原假设。

在 H_0 为真的假设下,样本结果 $\overline{X}$ 比实测结果 1265 更为极端的概率为

$$P\{\overline{X} \geqslant 1265\} = P\{Z \geqslant 2.17\} = 0.015$$

如图 1.13 所示。

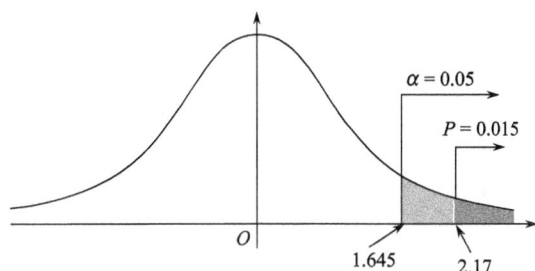

图 1.13 P 值示意图

即样本均值不低于 1265 小时的概率为 0.015,此即 P 值,显然小于显著性水平 0.05。P 值表明,当从均值为 $\mu = 1200$ 的总体中抽样时,所得样本均值的观测值为 $\overline{x} = 1265$ 的概率很小。由此容易看到,P 值越小,否定原假设的理由就越充分。事实上,当显著性水平 $\alpha = 0.015$ 时,也能得到拒绝原假设的结论。因此,P 值为实际的显著性水平。

一般地,利用 P 值作假设检验的步骤:

(1) 根据实际问题的要求,提出原假设 H_0 和备择假设 H_1;

(2) 给定显著性水平 α 和样本容量 n;

(3) 确定检验统计量并利用样本资料计算出 P 值;

(4) 若 P 值 $< \alpha$,则拒绝原假设 H_0,反之则接受原假设 H_0。

计算技术的迅猛发展解决了 P 值的计算问题。因而,统计软件中都会给出假设检验的 P 值,这给假设检验带来了很大方便。

1.4 方 差 分 析

(引起食品口味的影响因素)新星儿童食品公司正在研制一种儿童谷类食品。该公司的产品研发人员认为可能影响儿童谷类食品味道的四种关键因素为:食品中小麦与玉米的比例;甜味剂的类型(白糖、蜂蜜或人工制剂);果味香料(有无);加工时间(长短)。如何寻找出影响这种食品味道的因素,从而研发出最佳口感的儿童谷类食品?一个自然的做法就是在因素的不同属性(定量或定性)下生产食品,然后来检验食品的味道,并在多次重复过程后发现最佳(或尽可能好)口味的原料配置或工艺设置。例如,要获得小麦与玉米的最佳配比,可以让小麦与玉米的比例变动,甜味剂、果味香料和加工时间不变,这样生产出的食品味道仅仅与小麦和玉米的比例有关,通过品尝实践找到小麦与玉米的最佳比例。

方差分析法是对试验数据进行分析的一种常用统计方法。在生产实践和科学试验中,影响某一事物的因素往往很多。例如,化工生产受原料成分和配比、反应温度、压力和时间、催化剂种类及分量、设备及操作技术等的制约;劳动效率受诸如色彩、照明、噪声等

环境因素和组织形式的影响；商品的销售量与商品的品牌、广告与销售的地区等因素有关。这些因素的改变都有可能影响产品的数量和质量，从而影响企业的效益。方差分析是在有关因素中找出有显著影响的那些因素的一种方法。

1923 年，费希尔（R. A. Fisher）在一篇文章中首先使用了"方差分析"。此后，方差分析方法首先应用于生物学和农业实验，其后又应用到许多科学研究和实际问题的解决中，成为一种十分重要的统计分析工具。

事实上，方差分析所分析的并非方差，而是研究数据间的变异，即在可比较的数组中，把总的变异按各自指定的变异来源进行分解的一种技巧。对变异的变量，可以说唯一有效的方法是离差平方和。方差分析方法则是从总离差平方和中分解出可追溯到指定来源的部分离差平方和，这是一个重要的思想。

我们把要考察的指标称为试验指标，如食品口味的评价结果、劳动效率和商品的销售量等。如果在一个问题中有几项试验指标，将分别对每一项试验指标进行分析。影响试验指标的条件称为因素，如食品口味分析中的小麦与玉米的比例，甜味剂的类型；劳动效率分析中的色彩、组织形式等。一般用大写字母 A, B, C 等表示。如果一项试验中只有一个因素在改变，就称为单因素试验；如果只有两个因素在改变，就称为双因素试验。因素所处的状态称为水平。例如，小麦与玉米的特定比例，甜味剂中的白糖、蜂蜜及人工制剂等；又如，行业是否为顾客满意度的影响因素分析中的不同行业，如制造业、零售业和旅游业等。

1.4.1 单因素试验的方差分析

方差分析是检验判断两个或多个正态总体均值间是否存在差异的一个过程，它通过对样本数据离差的分析来推断总体均值之间是否存在差异。下面介绍方差分析在独立样本情况下的应用流程。图 1.14 描绘了从总体中提取独立样本的抽样过程。总体 j 的均值和方差分别为 μ_j 和 σ_j^2，且这两个参数均未知。从每个总体中抽取独立样本，对于每一个独立样本，可以计算得到样本均值 $\bar{x}_j$ 和方差 s_j^2。

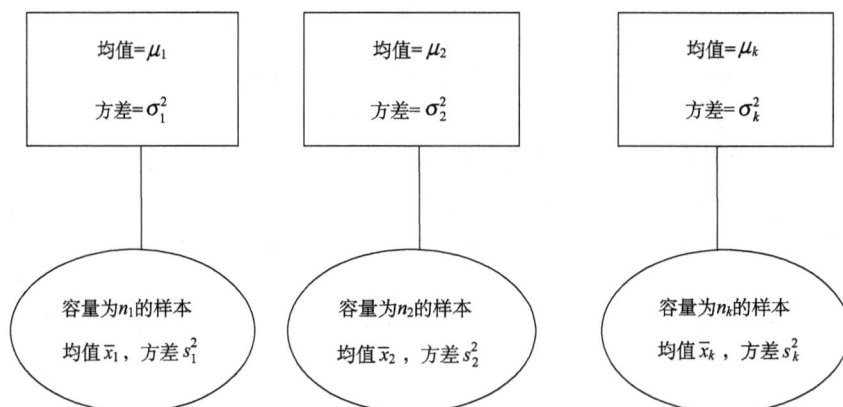

图 1.14　独立样本的抽样方案

1. 问题的提出

测试营销是营销经理评估营销组合中的一个或多个因素变动时消费者的反应。营销经理通过试验确定在不同产品价格、不同包装设计和不同广告战略情况下,营销结果是否存在差异。一般试验可在一个较小的范围内进行,这样有利于改变营销经理希望研究的某些特定因素。

例 1.41(广告战略选择) 沿江食品有限公司新研发了一种固体饮料,该饮料冲调后相当于市场上销售的罐装饮料。该固体饮料具有吸引消费者的三个特点:携带便利、口感纯真和价格低廉,这里的口感纯真是指与同类罐装饮料相比一样或更好;价格低廉是指如冲调与罐装同样容量的饮料则成本较低。营销经理需要知道如何宣传这种新产品,即强调新品的便利性、高品质还是低价格,可以更好地吸引消费者,从而达到目标销售额。为了决定采用何种广告战略,选择了三个不同但市场环境相近的城市试销。在第一个城市推出其产品时,将广告的重点放在宣传固体饮料的携带便利性;在第二个城市,则大力宣传产品的纯真口感;在第三个城市,广告则聚焦在产品的另一个亮点——相对较低的成本。试验人员记录下了营销战略开始后三个城市 20 个星期固体饮料每周的销售额,如表 1.22 所示。由这一数据,营销经理如何判断三种不同广告战略下的销售状况存在差异。这里要求选择的城市市场环境一样,是由于我们仅测度广告战略的影响,否则,测度结果将由于其他因素的影响而偏离实际。

表 1.22　三个不同城市固体饮料的销售额

城市 1,宣传便利性	城市 2,宣传高品质	城市 3,宣传低价格
529	804	672
658	630	531
793	774	443
514	717	596
663	679	602
719	604	502
711	620	659
606	697	689
461	706	675
529	615	512
498	492	691
663	719	733
604	787	698
495	699	776
485	572	561
557	523	572
353	584	469
557	634	581
542	580	679
614	624	532

解　显然数据类型为定距数据。我们的目标是比较三个总体(固体饮料在三个城市的销售额)的均值。这一问题实际上是一个假设检验问题。此问题的假设为

$$H_0 : \mu_1 = \mu_2 = \mu_3 ; \quad H_1 : \mu_1 , \mu_2 , \mu_3 \text{ 不全相等}$$

这里,三个城市销售额总体的均值分别记为 μ_1 , μ_2 , μ_3,即三个城市平均每周的销售额。

显然这样的假设检验在前文的学习中未曾遇到,但假设检验的步骤是明了的,即要通过某一统计量构造一个拒绝原假设的条件,然后根据样本数据判断这一条件是否满足,如满足则拒绝原假设,否则就不能拒绝原假设。

为便于一般性地讨论,将样本数据列于表 1.23。

表 1.23　单因素方差分析样本数据

A_1	A_2	$\cdots$	A_j	$\cdots$	A_k
x_{11}	x_{12}	$\cdots$	x_{1j}	$\cdots$	x_{1k}
x_{21}	x_{22}	$\cdots$	x_{2j}	$\cdots$	x_{2k}
$\vdots$	$\vdots$		$\vdots$		$\vdots$
$x_{n_1 1}$	$x_{n_2 2}$	$\cdots$	$x_{n_j j}$	$\cdots$	$x_{n_k k}$
$\bar{x}_1$	$\bar{x}_2$	$\cdots$	$\bar{x}_j$	$\cdots$	$\bar{x}_k$

这里,A_j 表示因素 A 的第 j 个水平;$\bar{x}_j$ 表示第 j 个样本的均值,即

$$\bar{x}_j = \frac{\sum_{i=1}^{n_j} x_{ij}}{x_j}$$

记 $\bar{x}$ 为所有样本观测值的总平均,即

$$\bar{x} = \frac{\sum_{j=1}^{k} \sum_{i=1}^{n_j} x_{ij}}{n}$$

其中,$n = \sum_{j=1}^{k} n_j$。

试验指标称为因变量(或响因变量),其值称为响应值,待测单元称为试验单元。在本例中,因变量为每周的销售额,试验单元为三个城市中有销售记录的各周,销售数据是响应数据。用于划分各个总体的标准称为因素,每个总体称为因素的水平。本例中因素即为广告战略,有三个水平,分别为便利性、高品质和低价格。

只有一个因素的方差分析称为单因素方差分析。

假设各总体均为正态变量,且各总体的方差相等,但参数均未知,要检验等方差的多个(至少三个)正态总体均值是否相等,解决这类检验问题的统计方法称为方差分析法。

2. 解决问题的基本思路及过程

方差分析的基本思想:若被考察的因素对试验结果没有显著影响,即随机抽取的若干个样本来自同一个正态总体,也即所讨论的各正态总体的均值相等,那么,试验数据的波动可以认为完全由抽样随机误差引起;如果各正态总体的均值不全相等,则表明试验数据的波动除随机误差的影响外,还包含被考察因素效应的影响。如何判断试验数据的波动

程度主要由抽样随机误差引起还是主要由因素效应引起,需要构造一个适当的统计量。将这个统计量分解为两部分,一部分是纯随机误差造成的影响,另一部分是除随机误差的影响外来自于因素效应的影响。然后将这两部分进行比较,如果后者明显大于前者,就说明因素的效应是显著的。

　　1) 检验统计量

　　下面结合例 1.41 和表 1.22 来阐述方差分析的原理。若原假设为真,则三个正态总体的均值全相等。由此,各样本的均值也应该很接近;若原假设不真,则某些样本均值之间将会存在较大差异。衡量各样本均值彼此间接近程度的统计量称为组间差异,用 $S_A = \sum_{j=1}^{k} n_i (\bar{x}_j - \bar{x})^2$ 表示。此式表明,若总体均值相等,则各样本均值也彼此接近,且接近于总体均值,因而,S_A 会很小。事实上,当各样本均值相等时,S_A 达到最小值 0。由此,可以认为,较小的 S_A 能够支持原假设。在例 1.41 中容易算得

$$\bar{x}_1 = 577.55, \quad \bar{x}_2 = 653.00, \quad \bar{x}_3 = 608.65, \quad \bar{x} = 613.07$$

从而,$S_A = 57512.23$。

　　如果样本均值间存在较大差异,那么,肯定有某些样本的均值与总体均值的偏差很大,这将导致 S_A 的值偏大,这时应该拒绝原假设。问题的关键是,S_A 大到什么程度,可以拒绝原假设。例 1.41 中,$S_A = 57512.23$ 是否已大到能拒绝原假设的程度? 为解答这个问题,需要了解每周的销售额之间究竟有多大的差异。这需要一个称为组内差异的统计量来衡量,以 $S_E = \sum_{j=1}^{k} \sum_{i=1}^{n_j} (x_{ji} - \bar{x}_j)^2$ 表示。如果将此式展开,可以看到

$$\begin{aligned} S_E &= \sum_{j=1}^{k} \sum_{i=1}^{n_j} (x_{ji} - \bar{x}_j)^2 \\ &= \sum_{i=1}^{n_1} (x_{i1} - \bar{x}_1)^2 + \sum_{i=1}^{n_2} (x_{i2} - \bar{x}_2)^2 + \cdots + \sum_{i=1}^{n_k} (x_{ik} - \bar{x}_k)^2 \\ &= (n_1 - 1)s_1^2 + (n_2 - 1)s_2^2 + \cdots + (n_k - 1)s_k^2 \end{aligned}$$

这里,s_i^2 表示第 $i(i = 1, 2, \cdots, k)$ 个样本的方差,在本例中 $k = 3$,即 S_E 是 k 个样本的联合方差。

　　易见 S_E 反映了随机误差所造成的数据变异,称 S_E 为误差平方和(或组内平方和)。

　　如以 S_T 表示所有数据的总离差平方和,即 $S_T = \sum_{j=1}^{k} \sum_{i=1}^{n_j} (x_{ji} - \bar{x})^2$,则 $S_T = S_A + S_E$。

　　在运用联合方差检验两总体均值是否相等的检验中,要求两总体的方差相等。在运用 S_E 时,仍然需要这个必要条件,即要求各总体的方差相等,也即

$$\sigma_1^2 = \sigma_2^2 = \cdots = \sigma_k^2$$

本例中,$S_E = 506983.50$。

　　下面计算组间均方和误差均方。定义

　　组间均方:$\mathrm{MS}_A = \dfrac{S_A}{k-1}$;

误差均方：$MS_E = \dfrac{S_E}{n-k}$。

定义检验统计量为两个均方的比例，即检验统计量

$$F = \frac{MS_A}{MS_E}$$

如果因变量服从正态分布，则检验统计量服从 $F(k-1, n-k)$。

2）拒绝原假设的条件或检验的 P 值

计算 F 统计量的目的在于确定 S_A 的值是否大到足以拒绝原假设的程度。在显著性水平 α 下，拒绝原假设的条件

$$F \geqslant F_a(k-1, n-k)$$

$$此检验的 P 值 = P\{F(k-1, n-k) > F\}$$

这里，F 为基于样本数据通过公式 $F = \dfrac{MS_A}{MS_E}$ 计算得到的值。

将上面的讨论用方差分析表如表 1.24 所示。

表 1.24　单因素试验方差分析表

差异来源	平方和	自由度	均方	F 统计量
组间	S_A	$k-1$	MS_A	$F = \dfrac{MS_A}{MS_E}$
误差	S_E	$n-k$	MS_E	
总和	S_T	$n-1$		

在例 1.41 中，$MS_A = 28765.12$，$MS_E = 8894.45$，$F = 3.23$。在显著性水平 0.05 下，$F_a(k-1, n-k) = F_{0.05}(2, 57) = 3.16$。易见，$F \geqslant F_a(k-1, n-k)$ 成立。故拒绝原假设，即有足够的证据表明三个城市每周的平均销售额是不同的。检验的 $P = P\{F(2, 57) > 3.23\} = 0.0468$，小于显著性水平 0.05，故也得到拒绝原假设的结论。

方差分析可以在 excel 中方便实现。例 1.41 由 excel 得到的方差分析表如表 1.25 所示。

表 1.25　方差分析表

差异来源	平方和	自由度	均方	F 统计量	P 值	$F_a(k-1, n-k)$
组间	57512.23	2	28756.12	3.23	0.047	3.16
误差	506983.50	57	8894.45			
总和	564495.70	59				

解释　检验统计量的值 $F = 3.23$，检验的 P 值为 0.047，因而，拒绝原假设。这意味着有理由推出，至少有两个城市的固体饮料的周均销售额不等。能否因此推断广告战略的效果不同呢？如果数据是由受控试验得到，回答是明确的。本例中的数据是营销经理随机为三个城市安排的广告战略，因此，数据是试验数据，故可以认为广告战略是影响销

售额的因素。

需要说明的是,在单因素方差分析中,若数据是从受控试验中获得,则将该试验设计称为完全随机的方差分析设计。

3) 必要条件的检查

方差分析的 F 检验要求因变量必须服从方差相等的正态分布。在应用中,通过各样本的直方图可加以判断。本例的三个样本的直方图显示(图 1.15～图 1.17),没理由拒绝三个总体的方差相等的假设。当然,严谨的方法需要通过检验方可知道方差分析的等方差的条件是否得到满足,如 Bartlett 检验等。

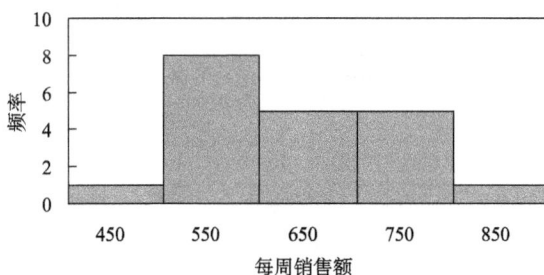

图 1.15　城市 1 的销售额的直方图(便利性)

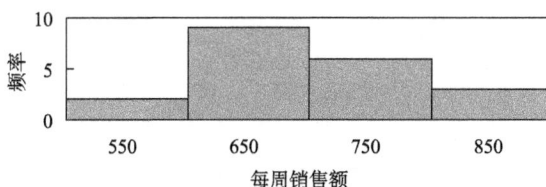

图 1.16　城市 2 的销售额的直方图(高品质)

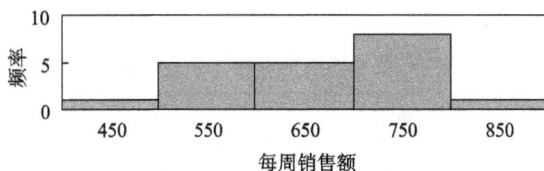

图 1.17　城市 3 的销售额的直方图(低价格)

例 1.42(随机分组设计中的方差分析)　在统计推断中,设计配对样本对两个总体参数之间的关系进行推断,可以减少样本内部差异,从而较为客观地检测出两个总体间的差异。但当总体为三个或以上时,可以将这一思路运用到方差分析中来,称之为随机分组设计,这里的组是指每个总体的观测匹配组,如表 1.26 所示。例如,为了判断薪酬计划是否有效,一位人力资源部的分析人员选择了 15 位从事产品营销的人员,并将他们平均分成3 个组,同时为各组制定不同的奖励计划。这里,组是奖励计划,因变量是营销人员一周的销售量。如果从独立样本获得数据,由于营销人员之间的差异,可能难以判断奖励计划是否存在差异。若营销人员之间确实存在差异,那么需要确定造成差异的来源。例如,假设无论薪酬计划如何,都认为经验丰富的营销人员能够销售更多的产品。那么,将营销人员根据他们的经验分成 5 组,每组 3 人,就可以改善这个试验。将经验最丰富的 3 人纳入第 1 组,接下来的纳入第 2 组,以此类推。由此分到同一组的人员的经验接近。这样设计试验后,分析人员就消除了经验不同对因变量的影响。由此,增加了判断薪酬计划真正差异的可能性。

也可以进行一个所有处理都针对同一个主体的分组试验。例如,可以给同一组人服用 3 个不同品牌的安眠药来判断其效果。这样的试验称为重复测量设计。

表 1.26 随机分组试验设计数据符号

组	处理			
	1	2	⋯	k
1	x_{11}	x_{12}	⋯	x_{1k}
2	x_{21}	x_{22}	⋯	x_{2k}
⋮	⋮	⋮		⋮
b	x_{b1}	x_{b2}	⋯	x_{bk}

这里,n 为样本容量总数,即 $n=k\times b$。

假设

$H_0:\mu_1=\mu_2=\cdots=\mu_k$(即 k 个处理对应的总体的均值相等); H_1:不全相等

检验统计量

$$F=\mathrm{MS}_T/\mathrm{MS}_E$$

检验规则:

当 $F\geqslant F_\alpha(b-1,n-k-b+1)$ 时,拒绝原假设。

方差分析表如表 1.27 所示。

表 1.27 随机分组的方差分析表

差异来源	自由度	平方和	均方	F 统计量
处理	$k-1$	SS_T	$\mathrm{MS}_T=\mathrm{SS}_T/(k-1)$	$F=\mathrm{MS}_T/\mathrm{MS}_E$
组	$b-1$	SS_B	$\mathrm{MS}_B=\mathrm{SS}_B/(b-1)$	$F=\mathrm{MS}_B/\mathrm{MS}_E$
误差	$n-k-b+1$	SS_E	$\mathrm{MS}_E=\mathrm{SS}_E/(n-k-b+1)$	
总和	$n-1$	SS(总)		

例 1.43(药物试验) 随着经济的不断发展,人们的生活水平迅速提高。由于高热、高脂等食品的摄入和不良的生活方式,导致某些年轻人的胆固醇都偏高,这容易引起心脏病。一个制药公司新近研发了 4 种治疗胆固醇的新药。为了确定这些药的疗效之间是否存在差异,公司进行了试验,安排如下:该公司挑选了 4 组,每组 25 人参加试验,每个人的

胆固醇均高于 280。每个小组都是根据组员的年龄和体重来划分的,每一组都被分配了其中的一种药。试验进行了两个月。每个人胆固醇降低量如表 1.28 所示。根据这些结果,该公司是否能够认为这 4 种新药之间的疗效存在差异。设显著性水平为 0.05。

表 1.28 样本数据

组	药物 1	药物 2	药物 3	药物 4
1	6.6	12.6	2.7	8.7
2	7.1	3.5	2.4	9.3
3	7.5	4.4	6.5	10.0
4	9.9	7.5	16.2	12.6
5	13.8	6.4	8.3	10.6
6	13.9	13.5	5.4	15.4
7	15.9	16.9	15.4	16.3
8	14.3	11.4	17.1	18.9
9	16.0	16.9	7.7	13.7
10	16.3	14.8	16.1	19.4
11	14.6	18.6	9.0	18.5
12	18.7	21.2	24.3	21.1
13	17.3	10.0	9.3	19.3
14	19.6	17.0	19.2	21.9
15	20.7	21.0	18.7	22.1
16	18.4	27.2	18.9	19.4
17	21.5	26.8	7.9	25.4
18	20.4	28.0	23.8	26.5
19	21.9	31.7	8.8	22.2
20	22.5	11.9	26.7	23.5
21	21.5	28.7	25.2	19.6
22	25.2	29.5	27.3	30.1
23	23.0	22.2	17.6	26.6
24	23.7	19.5	25.6	24.5
25	28.4	31.2	26.1	27.4

解 这是单因素方差分析。以 μ_1, μ_2, μ_3 和 μ_4 分别记药物 1、药物 2、药物 3 和药物 4 下胆固醇的平均降低量。本例即要检验

$$H_0: \mu_1 = \mu_2 = \mu_3 = \mu_4; \quad H_1: 不全相等$$

容易得到如表 1.29 所示的方差分析结果。

表 1.29　方差分析表

差异来源	平方和	自由度	均方	F 统计量	P 值	$F_a(b-1,n-k-b+1)$
处理	195.95	3	65.32	4.12	0.009	2.73
组	3848.66	24	160.36	10.11	9.7×10^{-15}	1.67
误差	1142.56	72	15.87			
总和	5187.17	99				

由于这一检验的 P 值为 0.009,远小于显著性水平 0.05,故拒绝原假设。

4）不满足必要条件

如果数据不满足正态分布的条件,可以运用非参数方法解决单因素方差分析问题,第 2 章介绍。

5）识别

识别单因素方差分析方法的要素如下。

（1）目标问题:检验三个或以上总体的均值是否相等;

（2）数据类型:定距数据;

（3）试验设计:独立样本。

如果我们的分析包括了因素全部可能的水平,则该方法称为固定效应方差分析;如果研究中包含的水平仅为所有水平的一个随机样本,则这种方法称为随机效应方差分析。例如,例 1.41 讨论的广告战略仅有 3 个水平,因此是一个固定效应试验。为了判断一家大型工厂中的不同机器制造的产品中次品数是否存在差异,从该厂的 30 台机器中随机抽取 5 台进行研究,记录下一周每台机器每天生产中出现的次品数,则该试验属于随机效应试验。因为,从总体中抽取了 5 台机器的随机样本,以此来帮助我们判断 30 台机器的产品次品数是否存在差异。

例 1.44（顾客满意度）　不同行业的顾客满意度之间是否有显著差异？这是一个有趣的话题。某社会问题研究机构为了研究行业是否是影响顾客满意度的因素,随机选取了某地 4 个行业,并获取了顾客的投诉次数（如可以从消费者协会中获取信息）,表 1.30 中的数据为随机选取的月份中的投诉次数。设显著性水平 0.05。

表 1.30　样本数据

零售业	旅游业	航空公司	家电制造业
57	68	31	44
66	39	49	51
49	29	21	65
40	45	34	77
34	56	40	58
53	51		
44			

解　这是一个随机效应的方差分析。事实上,所选择的行业仅是所有行业中的几个,但推断的是整个行业。

本例以投诉次数作为顾客满意度的衡量指标,所谓行业之间的顾客满意度之间无差异,即指行业之间的平均月投诉次数无显著差异。

本问题的假设检验的提法:

H_0:4 个行业的顾客满意度之间无显著差异;

H_1:4 个行业的顾客满意度之间有显著差异。

运用 excel 中单因素方差分析的功能,容易得到如表 1.31 所示的结果。

表 1.31　方差分析表

差异来源	平方和	自由度	均方	F 统计量	P 值	$F_a(k-1,n-k)$
组间	1456.61	3	485.54	3.41	0.039	3.13
组内	2708	19	142.53			
总计	4164.61	22				

由此可见,在 0.05 的显著性水平下,拒绝原假设。即不同行业的顾客满意度有显著差异,或者说,行业为影响顾客满意度的因素。

单因素方差分析,实际上是多个总体均值的假设检验问题,需要满足的条件是被检验的总体为等方差的正态总体。这种检验的统计量为 F,拒绝原假设的条件为

$$F \geqslant F_a(k-1,n-k)$$

这一点与两个总体均值比较的假设检验有所不同,因为,这里的备择假设并不具有双边或单边的特点。

另外,需要说明的是,并不需要各样本的容量相等。

3. 多重比较

在单因素方差分析中,如果拒绝原假设,即对于所分析的总体中,至少有两个均值之间存在差异。那么,我们自然关注是什么因素引起这种差异的出现。例如,上述所选的 4 个行业中哪个行业的顾客满意度最高?再如,超市中商品摆放不同位置将导致不同的平均销量,则哪一种摆放方式导致较高的销量?等等。

有时想从样本均值的最大值或最小值来判断总体均值的最大值或最小值。例如,在一个因素具有 5 个水平的方差分析中,拒绝了原假设,即这 5 个正态总体的均值之间存在明显差异。假设来自于这 5 个总体的样本均值分别为

$$\bar{x}_1=21, \quad \bar{x}_2=18, \quad \bar{x}_3=36, \quad \bar{x}_4=23, \quad \bar{x}_5=16$$

我们想要知道下列哪些结论是正确的,以 $\mu_i(i=1,2,\cdots,5)$ 表示第 i 个总体的均值:

在 5 个总体的均值中,μ_3 最大;

μ_3,μ_4 比其余的 3 个均值大;

在 5 个总体的均值中,μ_5 最小;

μ_2,μ_5 比其余的 3 个均值小。

对于这些结论正确性的判断,需要专门的统计方法,即下文要介绍的多重比较。

下面举例来说明多重比较的运用。

例 1. 45(产品选择) 近年,汽车制造商之间的竞争越来越激励,这使得制造商更为注重汽车的质量。一个度量质量的指标是汽车由于事故而造成的维修费。某汽车制造商面对 4 种不同品牌缓冲器的选择。为了检验这些缓冲器对低速撞击的反应能力,该公司选择每个品牌的缓冲器 10 个分别安装在 40 辆中型车上,这些车以每小时 10 公里的速度撞击试验墙。表 1.32 为维修费用。在 0.05 的显著性水平下,4 种不同品牌缓冲器下的维修费是否存在明显差异?

表 1. 32 维修费

品牌 1	品牌 2	品牌 3	品牌 4
234	374	426	363
196	521	414	297
444	562	332	538
379	438	460	272
610	505	637	499
354	499	426	318
358	518	599	181
548	663	621	412
278	404	429	197
399	375	494	405

解 以 $\mu_1, \mu_2, \mu_3, \mu_4$ 分别表示 4 种不同品牌缓冲器下的平均维修费,则要检验假设
$$H_0: \mu_1 = \mu_2 = \mu_3 = \mu_4; \quad H_1:不全相等$$
容易得到方差分析表 1.33。

表 1. 33 方差分析的 excel 输出结果

差异来源	平方和	自由度	均方	F 统计量	P 值	$F_\alpha(k-1, n-k)$
组间	150883.9	3	50294.63	4.0563	0.0139	2.8663
组内	446368.1	36	12399.11			
总计	597252	39				

由此可见,在 0.05 的显著性水平下,这 4 种不同品牌缓冲器下的平均维修费存在明显差异。那么,品牌之间的差异如何区别?

1) 费希尔的最小显著差法(LSD)

对于数据表 1.32,要对两个总体均值 μ_i 与 μ_j 之间进行比较,可以运用 t 检验法。t 检验统计量为

$$t = \frac{(\bar{X}_i - \bar{X}_j) - (\mu_i - \mu_j)}{\sqrt{MS_E \left(\dfrac{1}{n_i} + \dfrac{1}{n_j} \right)}} \overset{\text{近似}}{\sim} t(n-k)$$

这里，$\mathrm{MS}_E = \dfrac{\sum\limits_{j=1}^{k}\sum\limits_{i=1}^{n_j}(X_{ij}-\overline{X}_j)^2}{n-k}, n = \sum\limits_{j=1}^{k} n_j$。

对于置信度 $1-\alpha, \mu_i - \mu_j$ 的置信区间为

$$(\overline{X}_i - \overline{X}_j) \pm t_{\alpha/2}(n-k)\sqrt{\mathrm{MS}_E\left(\frac{1}{n_i}+\frac{1}{n_j}\right)}$$

定义最小显著差

$$\mathrm{LSD} = t_{\alpha/2}(n-k)\sqrt{\mathrm{MS}_E\left(\frac{1}{n_i}+\frac{1}{n_j}\right)}$$

比较两个总体均值之间是否存在差异的一种简单方法：

若 $|\bar{x}_i - \bar{x}_j| > \mathrm{LSD}$，则可以认为 $\mu_i - \mu_j \neq 0$。

这种判断方法有其缺陷，主要表现在这种方法将增加犯第一类错误的概率。因此，应用邦弗伦尼（Bonferroni）不等式，将每次比较所用的显著性水平 α，转化成针对 g 次$\left(\text{这里}, g = \dfrac{k(k-1)}{2}\right)$比较的共同的显著性水平 $\alpha_B = \dfrac{\alpha}{g} = \dfrac{\alpha}{k(k-1)/2}$。即有下面的基于邦弗伦尼的 LSD 法。

2）基于邦弗伦尼调整的 LSD 法

对于上例，$g = \dfrac{k(k-1)}{2} = \dfrac{4\times(4-1)}{2} = 6$。

如显著性水平为 $\alpha = 0.05$，则 $\alpha_B = \dfrac{\alpha}{g} = \dfrac{\alpha}{k(k-1)/2} = \dfrac{0.05}{6} = 0.0083$。

从而，由于 $\bar{x}_1 = 380.0, \bar{x}_2 = 485.9, \bar{x}_3 = 483.8, \bar{x}_4 = 348.2$，所以有

$$|\bar{x}_1 - \bar{x}_2| = 105.9$$
$$|\bar{x}_1 - \bar{x}_3| = 103.8$$
$$|\bar{x}_1 - \bar{x}_4| = 31.8$$
$$|\bar{x}_2 - \bar{x}_3| = 2.1$$
$$|\bar{x}_2 - \bar{x}_4| = 137.7$$
$$|\bar{x}_3 - \bar{x}_4| = 135.6$$

$\mathrm{MSE} = 12399.11$，t 分布的自由度为 36，若取显著性水平 $\alpha = 0.05$，则 $t_{\alpha/2}(n-k) = t_{0.025}(36) = 2.028$。由此，

$$\mathrm{LSD} = t_{\alpha/2}(n-k)\sqrt{\mathrm{MS}_E\left(\frac{1}{n_i}+\frac{1}{n_j}\right)}$$

$$= 2.028 \times \sqrt{12399.11\times\left(\frac{1}{10}+\frac{1}{10}\right)} = 100.99$$

容易看到，$|\bar{x}_1 - \bar{x}_2|$，$|\bar{x}_1 - \bar{x}_3|$，$|\bar{x}_2 - \bar{x}_4|$ 和 $|\bar{x}_3 - \bar{x}_4|$ 均大于 LSD，即 μ_1 与 μ_2，μ_1 与 μ_3，μ_2 与 μ_4，μ_3 与 μ_4 之间存在明显差异。

如用邦弗伦尼调整的显著性水平来计算，则有显著性水平 $\alpha_B = \dfrac{0.05}{6} = 0.0083$，因为，

这里仅对有差异的 4 对进行比较,这样,$t_{a_B/2}(36)=2.794$。

此时,

$$\text{LSD} = t_{a/2}(n-k)\sqrt{\text{MSE}\left(\frac{1}{n_i}+\frac{1}{n_j}\right)}$$

$$= 2.794 \times \sqrt{12399.11 \times \left(\frac{1}{10}+\frac{1}{10}\right)} = 139.14$$

3) 图基(Tukey) 多重比较法

图基多重比较法首先确定一个临界值,记为 ω。定义

$$\omega = q_a(k,v)\sqrt{\frac{\text{MS}_E}{n_g}}$$

这里,$v=n-k$(n 表示 k 个样本的容量之和);

n_g 表示 k 个样本中每个样本的容量(即要求 k 个样本的容量相等);

α 表示显著性水平;

$q_a(k,v)$ 表示学生氏化后的临界值(由表可查)。

当各总体的样本容量不等时,应用中如各样本容量相差不大,可以如下计算 n_g,即

$$n_g = \frac{k}{\frac{1}{n_1}+\frac{1}{n_2}+\cdots+\frac{1}{n_k}}$$

判断标准:如有某一对样本均值之差大于 ω,则这两个样本所对应总体的均值存在显著差异。

对于上例,

$$k=4$$
$$n_1=n_2=n_3=n_4=n_g=10$$
$$v=n-k=40-4=36$$
$$\text{MS}_E=12399.11$$
$$q_a(k,v)=q_{0.05}(4,36)\approx 3.79$$

从而,$\omega = q_a(k,v)\sqrt{\dfrac{\text{MS}_E}{n_g}}=133.45$。

容易看到,有两个样本的均值之差大于 ω。即 μ_2 与 μ_4,μ_3 与 μ_4 之间差异显著,其余 4 对在 0.05 的显著性水平下差异不显著。

由图基多重比较法可知,品牌 4 与品牌 2 和品牌 3 之间均存在差异。由本例样本可知,品牌 4 的维修费最低,而品牌 4 与品牌 1 无明显差异。因此,可以在品牌 1 和品牌 4 之间作出选择。

一个自然的困惑是,似乎上面介绍的 3 种方法并未有哪一种具有明显优势。据相关文献介绍,具有下列经验可供应用时参考:

在进行方差分析前,如果仅是比较其中的两对或三对,则建议采用基于邦弗伦尼调整的 LSD 法;如要比较所有可能的组合,则建议使用图基多重比较法;如想通过分析仅为明确需要进一步研究的方向,则建议使用费希尔的 LSD 法。

1.4.2 双因素试验的方差分析

1. 双因素等重复试验的方差分析

1) 问题的提出

在 1.4.1 节中,解决了从单因素试验中抽取数据,并对广告战略的三个水平进行方差分析;如果还考虑广告在不同媒体上发布对销售额的影响,那么,就要针对两个影响销售额的因素,即广告战略和广告媒体。这就是所谓的双因素方差分析问题。

例 1.46(销售额的影响因素)　对于固体饮料的销售问题,除考虑营销策略不同之外,公司还决定采用电视和报纸两种媒体中的一种来刊登广告。于是,选择 6 个不同但市场环境相近的城市:在城市 1 和城市 2 中,营销的重点都是便利性,但在城市 1 采用电视广告形式,城市 2 采用报纸广告形式;在城市 3 和城市 4 营销的重点都是高品质,但城市 3 采用电视广告形式,城市 4 采用报纸广告形式;在城市 5 和城市 6 的营销重点都是低价格,但城市 5 采用电视广告形式,而城市 6 采用报纸广告形式。分别记录下每个城市 10 周的销售量,如表 1.34 所示。根据这些资料,能得到什么结论。设显著性水平为 0.05。

表 1.34　样本数据表

A ＼ B		广告战略(B)		
		便利性(B_1)	高品质(B_2)	低价格(B_3)
媒体(A)	电视(A_1)	491	677	575
		712	627	614
		558	590	706
		447	632	484
		479	683	478
		624	760	650
		546	690	583
		444	548	536
		582	579	579
		672	644	795
	报纸(A_2)	464	689	803
		559	650	584
		759	704	525
		557	652	498
		528	576	812
		670	836	565
		534	628	708
		657	798	546
		557	497	616
		474	841	587

解 这里,媒体因素有两个水平,即电视和报纸;广告战略因素有三个水平,即便利性、高品质和低价格。因而,试验数据在两个因素,6 种不同的水平搭配下获取,也称 6 种处理。易见,每一种处理的试验数据个数都相等,这里均为 10。

将每一个处理下的试验数据大于等于 2 的双因素方差分析称为等重复试验的双因素方差分析。其试验数据的一般形式如下:

如有两个因素 A 和 B 作用于试验的指标。因素 A 取 r 个水平 $A_1,A_2,\cdots,A_r$,因素 B 取 s 个水平 $B_1,B_2,\cdots,B_s$。又设因素 A 在水平 A_i 下且因素 B 在水平 B_j 下(记为在水平搭配 (A_i,B_j) 下),试验指标总体服从 $N(\mu_{ij},\sigma^2)$ 分布,$i=1,\cdots,r;j=1,\cdots,s$。如果在因素 A,B 的水平的每对组合 (A_i,B_j),$i=1,\cdots,r;j=1,\cdots,s$ 下都有观测值,则称试验为完全的设计;否则,称为不完全的设计。在因素 A,B 的水平的每对组合 (A_i,B_j) 下的观测次数都相等时,称为平衡的设计(或等重复试验)。现在假设在因素 A,B 的水平的每对组合 $(A_i,B_j)i=1,\cdots,r;j=1,\cdots,s$ 下都作 $t(t\geq2)$ 次试验,得到如表 1.35 的结果。

表 1.35　等重复试验方差分析试验数据表

因素 B \ 因素 A	B_1	B_2	$\cdots$	B_s
A_1	$x_{111},x_{112},\cdots,x_{11t}$	$x_{121},x_{122},\cdots,x_{12t}$	$\cdots$	$x_{1s1},x_{1s2},\cdots,x_{1st}$
A_2	$x_{211},x_{212},\cdots,x_{21t}$	$x_{221},x_{222},\cdots,x_{22t}$	$\cdots$	$x_{2s1},x_{2s2},\cdots,x_{2st}$
$\vdots$	$\vdots$	$\vdots$		$\vdots$
A_r	$x_{r11},x_{r12},\cdots,x_{r1t}$	$x_{r21},x_{r22},\cdots,x_{r2t}$	$\cdots$	$x_{rs1},x_{rs2},\cdots,x_{rst}$

并设

$$x_{ijk} \sim N(\mu_{ij},\sigma^2), \quad i=1,\cdots,r; \quad j=1,\cdots,s; \quad k=1,2,\cdots,t,$$

x_{ijk} 之间相互独立。这里,μ_{ij},σ^2 均为未知参数。

实际上,对于例 1.46,面对三个问题,一是不同的媒体对销售额的影响是否一样;二是不同的广告战略对销售额是否有影响;三是媒体和广告战略的不同组合是否影响销售额。这些属假设检验问题,但显然不同于前述的类型。

两因素水平不同的组合意味着对应不同的总体,如因素 A 的 r 个水平对应着 r 个方差相等的正态总体;因素 B 的 s 个水平对应着 s 个方差相等的正态总体;因素 A 的 r 个水平和因素 B 的 s 个水平的 $r\times s$ 个组合则对应着 $r\times s$ 个方差相等的正态总体。方差相等的正态分布是进行方差分析必须假设的条件。

2) 假设检验的提法

对于表 1.35 的数据,可以提出如下假设。

对于因素 A 的水平间差异的检验

$$H_0:\mu_{A_1}=\mu_{A_2}=\cdots=\mu_{A_r}; \quad H_1:\mu_{A_1},\mu_{A_2},\cdots,\mu_{A_r} \text{ 不全相等}$$

这里,假设因素 A 的水平 $A_1,A_2,\cdots,A_r$ 下对应的因变量分别服从正态分布 $N(\mu_{A_1},\sigma_A^2)$,$N(\mu_{A_2},\sigma_A^2),\cdots,N(\mu_{A_r},\sigma_A^2)$。

对于因素 B 的水平间差异的检验

$$H_0:\mu_{B_1}=\mu_{B_2}=\cdots=\mu_{B_s};\quad H_1:\mu_{B_1},\mu_{B_2},\cdots,\mu_{B_s}\text{ 不全相等}$$

这里,假设因素 B 的水平 $B_1,B_2,\cdots,B_s$ 下对应的因变量分别服从正态分布 $N(\mu_{B_1},\sigma_B^2)$,$N(\mu_{B_2},\sigma_B^2),\cdots,N(\mu_{B_r},\sigma_B^2)$。

对于因素 A 和因素 B 的交互作用的检验:

$$H_0:\mu_{A_1\times B_1}=\mu_{A_1\times B_2}=\cdots=\mu_{A_1\times B_s}=\mu_{A_2\times B_1}=\mu_{A_2\times B_2}=\cdots=\mu_{A_2\times B_s}=\cdots=\mu_{A_r\times B_1}=\mu_{A_r\times B_2}=\cdots=\mu_{A_r\times B_s};\quad H_1:\text{不全相等}。$$

这里,假设因素 A 的水平 $A_1,A_2,\cdots,A_r$ 和因素 B 的水平 $B_1,B_2,\cdots,B_s$ 的所有不同组合下对应的因变量分别服从正态分布 $N(\mu_{A_1\times B_1},\sigma_{A\times B}^2),N(\mu_{A_1\times B_2},\sigma_{A\times B}^2),\cdots,N(\mu_{A_1\times B_s},\sigma_{A\times B}^2);N(\mu_{A_2\times B_1},\sigma_{A\times B}^2),N(\mu_{A_2\times B_2},\sigma_{A\times B}^2),\cdots,N(\mu_{A_2\times B_s},\sigma_{A\times B}^2);\cdots;N(\mu_{A_r\times B_1},\sigma_{A\times B}^2),N(\mu_{A_r\times B_2},\sigma_{A\times B}^2),\cdots,N(\mu_{A_r\times B_s},\sigma_{A\times B}^2)$。

对于例 1.46,作假设检验:

对于广告媒体下的差异检验

$$H_0:\mu_{A_1}=\mu_{A_2};\quad H_1:\mu_{A_1}\neq\mu_{A_2}$$

这里,μ_{A_1},μ_{A_2} 表示分别在电视上和报纸上做广告下的浓缩果汁的平均销售额。

对于广告战略下的差异检验

$$H_0:\mu_{B_1}=\mu_{B_2}=\mu_{B_3};\quad H_1:\mu_{B_1},\mu_{B_2},\mu_{B_3}\text{ 不全相等}$$

这里,$\mu_{B_1},\mu_{B_2},\mu_{B_3}$ 表示分别宣传便利性、高质量和低价格下的浓缩果汁的平均销售额。

对于媒体和广告战略的交互作用下的差异检验

$$H_0:\mu_{A_1\times B_1}=\mu_{A_1\times B_2}=\mu_{A_1\times B_3}=\mu_{A_2\times B_1}=\mu_{A_2\times B_2}=\mu_{A_2\times B_3};$$
$$H_1:\mu_{A_1\times B_1},\mu_{A_1\times B_2},\mu_{A_1\times B_3},\mu_{A_2\times B_1},\mu_{A_2\times B_2},\mu_{A_2\times B_3}\text{ 不全相等}$$

3) 检验统计量及其分布

下面记

$$\bar{x}=\frac{1}{rst}\sum_{i=1}^{r}\sum_{j=s}^{s}\sum_{k=1}^{t}x_{ijk}$$

$$\bar{x}_{ij.}=\frac{1}{t}\sum_{k=1}^{t}x_{ijk},\quad i=1,2,\cdots,r;\quad j=1,2,\cdots,s$$

$$\bar{x}_{i..}=\frac{1}{st}\sum_{j=1}^{s}\sum_{k=1}^{t}x_{ijk},\quad i=1,2,\cdots,r$$

$$\bar{x}_{.j.}=\frac{1}{rt}\sum_{i=1}^{r}\sum_{k=1}^{t}x_{ijk},\quad j=1,2,\cdots,s$$

$$S_A=st\sum_{i=1}^{r}(\bar{x}_{i..}-\bar{x})^2$$

$$S_B=rt\sum_{j=1}^{s}(\bar{x}_{.j.}-\bar{x})^2$$

$$S_E = \sum_{i=1}^{r} \sum_{j=1}^{s} \sum_{k=1}^{t} (x_{ijk} - \bar{x}_{ij.})^2$$

$$S_{A \times B} = t \sum_{i=1}^{r} \sum_{j=1}^{s} (\bar{x}_{ij.} - \bar{x}_{i..} - \bar{x}_{.j.} + \bar{x})^2$$

这里,S_E 称为误差平方和,S_A,S_B 分别称为因素 A 和因素 B 的效应平方和,$S_{A \times B}$ 称为因素 A 和因素 B 的交互效应平方和;称 $\mathrm{MS}_A = \dfrac{S_A}{r-1}$,$\mathrm{MS}_B = \dfrac{S_B}{s-1}$,$\mathrm{MS}_{A \times B} = \dfrac{S_{A \times B}}{(r-1)(s-1)}$,$\mathrm{MS}_E = \dfrac{S_E}{rs(t-1)}$为均方。

类似 1.4.1 节的分析,三个假设检验下的检验统计量分别为

$$F_A = \frac{\mathrm{MS}_A}{\mathrm{MS}_E}, \quad F_B = \frac{\mathrm{MS}_B}{\mathrm{MS}_E}, \quad F_{A \times B} = \frac{\mathrm{MS}_{A \times B}}{\mathrm{MS}_E}$$

可以证明,在原假设成立的条件下

$$F_A = \frac{\mathrm{MS}_A}{\mathrm{MS}_E} \sim F(r-1, rs(t-1))$$

$$F_B = \frac{\mathrm{MS}_B}{\mathrm{MS}_E} \sim F(s-1, rs(t-1))$$

$$F_{A \times B} = \frac{\mathrm{MS}_{A \times B}}{\mathrm{MS}_E} \sim F((r-1)(s-1), rs(t-1))$$

4) 拒绝原假设的条件

在显著性水平 α 下,三个假设检验拒绝原假设的条件分别为

$$F_A = \frac{\mathrm{MS}_A}{\mathrm{MS}_E} \geqslant F_\alpha(r-1, rs(t-1))$$

$$F_B = \frac{\mathrm{MS}_B}{\mathrm{MS}_E} \geqslant F_\alpha(s-1, rs(t-1))$$

$$F_{A \times B} = \frac{\mathrm{MS}_{A \times B}}{\mathrm{MS}_E} \geqslant F_\alpha((r-1)(s-1), rs(t-1))$$

上述结果总结如表 1.36 所示。

表 1.36　双因素等重复试验的方差分析表

差异来源	平方和	自由度	均方	F 统计量
因素 A	S_A	$r-1$	$\mathrm{MS}_A = \dfrac{S_A}{r-1}$	$F_A = \dfrac{\mathrm{MS}_A}{\mathrm{MS}_E}$
因素 B	S_B	$s-1$	$\mathrm{MS}_B = \dfrac{S_B}{s-1}$	$F_B = \dfrac{\mathrm{MS}_B}{\mathrm{MS}_E}$

续表

差异来源	平方和	自由度	均方	F 统计量
交互作用	$S_{A \times B}$	$(r-1)(s-1)$	$\mathrm{MS}_{A \times B} = \dfrac{S_{A \times B}}{(r-1)(s-1)}$	$F_{A \times B} = \dfrac{\mathrm{MS}_{A \times B}}{\mathrm{MS}_E}$
误差	S_E	$rs(t-1)$	$\mathrm{MS}_E = \dfrac{S_E}{rs(t-1)}$	
总和	S_T	$rst-1$		

对于例 1.46,容易得到方差分析表 1.37。

表 1.37 双因素等重复试验的方差分析表

差异来源	平方和	自由度	均方	F 统计量	F 临界值	P 值
因素 A (广告媒体)	13172.02	1	13172.02	$F_A = 1.42$	4.02	0.24
因素 B (广告战略)	98838.63	2	49419.32	$F_B = 5.33$	3.17	0.01
交互作用	1609.63	2	804.82	$F_{A \times B} = 0.09$	3.17	0.92
误差	501136.70	54	9280.31			
总和	614757.00	59				

由方差分析表可知,在报纸上做广告和在电视上做广告,平均销售额并无显著差异;三种不同的营销策略的平均销售额有显著差异;不同的广告媒体与不同的营销策略的组合下的平均销售额无显著差异。

5) 结论

对于显著性水平 0.05,查附表 4 得 $F_{0.05}(1,54) = 4.02$,$F_{0.05}(2,54) = 3.17$。根据拒绝原假设的条件,易知,$F_A < F_a(r-1, rs(t-1))$,$F_B > F_a(s-1, rs(t-1))$,$F_{A \times B} < F_a((r-1)(s-1), rs(t-1))$,即在电视上做广告和在报纸上做广告此款固体饮料的销售额并无显著差异;同样广告媒体与广告战略的不同组合也并未表现在销售额上有显著差异;但不同的广告战略下销售额有显著差异。

因此,对该生产企业来讲,在电视和报纸上选择一个价格较低的媒体,采取宣传产品的高品质(从样本数据可以看到,顾客更倾向于产品的品质)为主,附带宣传此产品的携带便利性和低廉的价格的营销策略,将会使企业获得较大的销售额。

例 1.47(析因试验) 当产品出现次品时需要寻找造成这一结果的原因所进行的试验称为析因实验。某制造厂质量部门设计了一个析因试验以确定部件的缺陷数是否与生产的两台机器和原材料的转载系统有关,其中原材料的转载有人工转载和自动转载两种形式。表 1.38 给出了两次试验下的有缺陷部件的数量。对于显著性水平 0.05,检验机器、转载系统以及两者的交互作用对产品缺陷数的影响是否显著。

表 1.38　析因试验数据

因素 B 因素 A		转载系统	
		人工	自动
机器	I	30,34	30,26
	II	20,22	24,28

解　这属于可重复的双因素方差分析问题。这里要做三个假设检验,即

H_{01}:不同机器的平均次品数无显著差异;

H_{11}:不同机器的平均次品数有差异;

H_{01}:不同转载系统造成的平均次品数无显著差异;

H_{11}:不同转载系统造成的平均次品数有差异;

H_{01}:机器与转载系统的不同组合对平均次品数的影响不显著;

H_{11}:机器与转载系统的不同组合对平均次品数的影响显著。

由表 1.38 计算的方差分析的 excel 输出结果如表 1.39 所示。

表 1.39　方差分析表

差异来源	平方和	自由度	均方	F 统计量	F 临界值	P 值
样本	84.5	1	84.5	13	7.71	0.02
列	0.5	1	0.5	0.08	7.717	0.80
交互	40.5	1	40.5	6.23	7.71	0.07
内部	26	4	6.5			
总和	151.5	7				

由方差分析表 1.39 可知,部件缺陷数的差异仅由不同的机器引起,而与原材料的转载系统及两者的交互作用无关。因此,可以进一步查找机器造成部件缺陷数的原因。

2. 双因素无重复试验的方差分析

1) 问题的提出

在上面的分析中,考虑了双因素间有交互作用的情况。为了检验因素之间的交互作用是否显著,对于两个因素水平的每一组合至少要试验两次。如在实际中已知因素之间无交互作用,或交互作用对试验指标的影响很弱,则可以忽略交互作用。此时上面讨论的模型可以简化,同时试验的次数(对因素水平的每一组合)也可以是一次。假设试验结果如表 1.40 所示。

表 1.40　无重复试验的双因素方差分析试数据

因素 B 因素 A	B_1	B_2	⋯	B_s
A_1	x_{11}	x_{12}	⋯	x_{1s}
A_2	x_{21}	x_{22}	⋯	x_{2s}
⋮	⋮	⋮		⋮
A_r	x_{r1}	x_{r2}	⋯	x_{rs}

2）假设的提出

对于表 1.40 类型的试验数据，提出如下假设：

对于因素 A 的水平间差异的检验

$$H_0:\mu_{A_1}=\mu_{A_2}=\cdots=\mu_{A_r}; \quad H_1:\mu_{A_1},\mu_{A_2},\cdots,\mu_{A_r} \text{ 不全相等}$$

这里，假设因素 A 的水平 $A_1,A_2,\cdots,A_r$ 下对应的因变量分别服从正态分布 $N(\mu_{A_1},\sigma_A^2)$，$N(\mu_{A_2},\sigma_A^2),\cdots,N(\mu_{A_r},\sigma_A^2)$。

对于因素 B 的水平间差异的检验

$$H_0:\mu_{B_1}=\mu_{B_2}=\cdots=\mu_{B_s}; \quad H_1:\mu_{B_1},\mu_{B_2},\cdots,\mu_{B_s} \text{ 不全相等}$$

这里，假设因素 B 的水平 $B_1,B_2,\cdots,B_s$ 下对应的因变量分别服从正态分布 $N(\mu_{B_1},\sigma_B^2)$，$N(\mu_{B_2},\sigma_B^2),\cdots,N(\mu_{B_r},\sigma_B^2)$。

3）检验统计量

下面记

$$\bar{x}=\frac{1}{rs}\sum_{i=1}^{r}\sum_{j=1}^{s}x_{ij}$$

$$\bar{x}_{i.}=\frac{1}{s}\sum_{j=1}^{s}x_{ij}, \quad i=1,2,\cdots,r$$

$$\bar{x}_{.j}=\frac{1}{r}\sum_{i=1}^{r}x_{ij}, \quad j=1,2,\cdots,s$$

$$S_A=s\sum_{i=1}^{r}(\bar{x}_{i.}-\bar{x})^2$$

$$S_B=r\sum_{j=1}^{s}(\bar{x}_{.j}-\bar{x})^2$$

$$S_E=\sum_{i=1}^{r}\sum_{j=1}^{s}(x_{ij}-\bar{x}_{i.}-\bar{x}_{.j}+\bar{x})^2$$

则相应的方差分析表如表 1.41 所示。

表 1.41　无重复试验的双因素方差分析表

差异来源	平方和	自由度	均方	F 统计量
因素 A	S_A	$r-1$	$MS_A=\dfrac{S_A}{r-1}$	$F_A=\dfrac{MS_A}{MS_E}$
因素 B	S_B	$s-1$	$MS_B=\dfrac{S_B}{s-1}$	$F_B=\dfrac{MS_B}{MS_E}$
误差	S_E	$(r-1)(s-1)$	$MS_E=\dfrac{S_E}{(r-1)(s-1)}$	
总和	S_T	$rs-1$		

4）拒绝原假设的条件

在显著性水平 α 下，两个假设检验的拒绝原假设的条件分别为

$$F_A \geqslant F_\alpha(r-1,(r-1)(s-1)) \quad 和 \quad F_B \geqslant F_\alpha(s-1,(r-1)(s-1))$$

例 1.48（销售量的影响因素）　某咨询公司的市场研究部为研究品牌与地区对洗衣机销售量的影响，随机选择了洗衣机的 4 个品牌和其销售的 5 个地区，得到某一时段内的销售量资料，如表 1.42 所示，则在显著性水平 $\alpha=0.05$ 下，品牌与销售地区对洗衣机的销售量有无显著影响？

表 1.42　试验数据　　　　　　（单位：台）

地区 B \ 品牌 A	B_1	B_2	B_3	B_4	B_5
A_1	323	340	347	360	355
A_2	332	336	368	343	361
A_3	308	344	323	358	328
A_4	295	262	281	285	294

解　这属于双因素的无重复试验的方差分析问题。这一检验问题的假设为

H_{01}：4 个品牌在同一地区的市场占有率无显著差异；

H_{11}：4 个品牌在同一地区的市场占有率有显著差异；

H_{02}：同一品牌在不同地区的平均销量无显著差异；

H_{12}：同一品牌在不同地区的平均销量有显著差异。

由表 1.42，可得计算结果如表 1.43 所示。

表 1.43　方差分析表

差异来源	平方和	自由度	均方	F 统计量	F 临界值	P 值
品牌 A	$S_A=13464.55$	3	$MS_A=4488.18$	$F_A=20.49$	3.49	5.16×10^{-5}
地区 B	$S_B=1409.80$	4	$MS_B=352.45$	$F_B=1.61$	3.26	0.24
误差	$S_E=2628.20$	12	$MS_E=219.02$			
总和	$S_T=17502.55$	19				

查附表 4 得

$$F_\alpha(r-1,(r-1)(s-1))=F_{0.05}(3,12)=3.49$$
$$F_\alpha(s-1,(r-1)(s-1))=F_{0.05}(4,12)=3.26$$

因为 $F_A>F_{0.05}(3,12)$，$F_B<F_{0.05}(4.12)$，故在显著性水平 $\alpha=0.05$ 下，品牌对洗衣机的销售量有显著影响，地区对洗衣机的销售量无显著影响。

当然，也可以根据检验的 P 值判断。

3. 应用举例

例 1.49（产品定价）　产品定价是一个无精确解的问题。但新产品的初始价格对产品的销售具有重要影响。舒美净家化公司新近研发了一款具有保健作用的牙膏，其定价

问题尚未解决。公司经过广泛的市场分析和测算后认为拟将该产品售价定为 20 元,但又不能完全确定若将价格定为 18 元或 22 元是否会对销售量造成明显影响。为此,公司委托某咨询公司帮助定价决策。咨询公司组织了一项定价试验,其选择了某连锁超市的 60 家门店销售此款牙膏,其中 20 家以 18 元、20 家以 20 元和 20 家以 22 元销售。当然,要求选择的 60 家门店的市场环境类似。一周的销售额如表 1.44 所示,则该公司能得到什么结论?假设显著性水平为 0.05。

表 1.44 定价试验的样本数据

定价 18 元的 20 家分店销售额	定价 20 元的 20 家分店的销售额	定价 22 元的 20 家分店的销售额
181	186	113
157	176	141
190	172	164
127	126	159
110	91	152
146	139	140
116	105	110
171	180	96
170	134	137
167	168	166
144	157	103
141	148	96
160	175	148
128	158	152
175	134	129
197	210	176
186	106	145
146	174	122
131	133	99
129	158	117

解 这属于单因素 3 个水平的方差分析问题,因素为定价,水平分为 18 元、20 元和 22 元。提出假设

H_0:3 种不同定价下的周平均销售额无差异;

H_1:至少有两种价格下的周平均销售额不等

运用 excel 表,容易得到此问题的方差分析表如表 1.45 所示。

表 1.45 方差分析表

差异来源	平方和	自由度	均方	F 统计量	F 临界值	P 值
组间	5010.63	2	2505.32	3.41	3.16	0.04
误差	41897.55	57	735.04			
总和	46908.18	59				

由于检验的 P 值小于显著性水平 0.05,故我们拒绝原假设,即不同定价下的周平均销售额有显著差异。

例 1.50(最佳组合) 某种火箭使用 4 种燃料和 3 种推进器进行射程试验。在每种燃料与每种推进器的组合下火箭各发射两次,射程数据如表 1.46 所示。

表 1.46 火箭射程数据

A(燃料) \ B(推进器)	B_1	B_2	B_3	$T_{i..}$
A_1	58.2,52.6	56.2,41.2	65.3,60.8	334.3
A_2	49.1,42.8	54.1,50.5	51.6,48.4	296.5
A_3	60.1,58.3	70.9,73.2	39.2,40.7	342.4
A_4	75.8,71.5	58.2,51.0	48.7,41.4	346.6
$T_{.j.}$	468.4	455.3	396.1	1319.8

试在显著性水平 $\alpha=0.05$ 下,检验不同燃料(因素 A)、不同推进器(因素 B)下射程是否有显著差异？交互作用是否显著？

解 利用上面的计算公式,可得方差分析表 1.47。

表 1.47 方差分析表

方差来源	平方和	自由度	均方	F 统计量
因素 A	261.67500	3	87.2250	$F_A=4.42$
因素 B	370.98083	2	185.4904	$F_B=9.39$
交互作用 $A\times B$	1768.69250	6	294.7821	$F_{A\times B}=14.9$
误差	236.9500	12	19.7458	
总和	2638.29833	23		

查 F 分布表,可得 $F_{0.05}(3,12)=3.49$, $F_{0.05}(2,12)=3.89$, $F_{0.05}(6,12)=3.00$。因而有 $F_{0.05}(3,12)=3.49 < F_A$, $F_{0.05}(2,12)=3.89 < F_B$,故在水平 $\alpha=0.05$ 下,可以认为燃料和推进器这两个因素对射程的影响是显著的;同时也看到,交互作用也是显著的。由表 1.46 知, A_4 与 B_1 或 A_3 与 B_2 的搭配都使火箭射程较之其他水平的搭配要远得多,在实践中可以有目的地选择最优的搭配。

1.5 本 章 小 结

参数统计推断中的两个基本问题是参数的估计问题和参数的假设检验问题。

估计问题可以分为参数的点估计和区间估计。点估计常用的方法有矩估计法和最大似然估计法,这两种估计方法都有直观意义。因为点估计量是一个随机变量,对于不同的样本值,一般得到同一参数不同的估计值。所以,需要某种标准去衡量参数点估计量的好坏。本章介绍了无偏性、有效性和相合性三个标准。相合性是对估计量的一个基本要求，不具备相合性的估计量认为是不好的估计量。

由于点估计不能反映估计的精度，所以有了区间估计概念的引入。置信区间是一个随机区间，它覆盖未知参数，具有预先给定的高概率（即置信度）。

参数统计推断的另一个问题是根据样本资料对总体分布的未知参数进行推断，即参数的假设检验。在参数假设检验问题的研究中，主要是如何构造检验统计问题的拒绝域。

我们给出了置信区间和假设检验之间的关系，这样有利于读者理解区间估计和假设检验的内涵。

在实践中，试验的指标往往受到一种或多种因素的影响。方差分析就是通过对试验数据进行分析，检验方差相同的多个（多于 2 个）正态总体的均值是否相等，用以判断各因素对试验指标的影响是否显著。

单因素方差的基本思想是，通过将观察数据的总偏差平方和进行分解，利用假设检验的理论和方法，检验因素的各个水平所对应的试验结果有无显著差异，也就是检验各个水平所对应的样本数据是否来自同一正态总体。由于先前假设各正态总体的方差相等，所以，就是要检验因素各水平对应的正态总体的均值是否相等的问题。

双因素方差分析的基本思想与单因素方差的基本思想类似。只是双因素方差分析更为复杂一些，特别是因素之间有交互作用时的方差分析。

本章在双因素方差分析的讨论中，先讨论了有交互作用时的方差分析，而将无交互作用作为有交互作用的特殊情况来处理。因为有交互作用的情况是客观存在的，所以问题的引入就显得较为自然。

方差分析事实上并非真正对方差进行分析，而是利用偏差平方和度量数据的变异程度。正如 Snedecor 所言："它是从可比组的数据中分解出可追溯到某些指定来源的变异的一种技巧。"

问题与思考

1. 为什么说一个总体对应一个随机变量？

2. 如何理解抽样分布？

3. 区间估计中置信度的实际涵义是什么，估计精度与置信度之间的关系。

4. 假设检验中的显著性水平的意义是什么？

5. 如何理解假设检验中的 P 值在统计推断中的意义？

6. 何谓方差分析，其研究内容是什么？

7. 方差分析有哪些类型，各有何特点？

8. 方差分析中有何基本假定，其基本思想是什么？

9. 简述方差分析的一般步骤。

第 2 章　非参数统计分析

近年,员工流动率增加与用工成本的提高是许多企业面临的一个困难。事实上,招聘新员工及其培训的支出,流动员工对企业正常运作的影响等都是现实且需要解决的问题。公司显然愿意在可承受的条件下设法留住素质较高的员工。吕启通公司的人力资源总监为了建立适合本公司的用人机制,比较了流动员工的工作时间与专业背景之间的关系。为此,从 5 年前进入该公司的员工中随机选择了 18 位经管类专业的员工和 15 位理工类专业的员工组成一个随机样本。每一个员工的工作时间(以月记)如表 2.1 所示。其中,仍在本公司工作的员工的工作时间(单位:月)以 60 计算。以此样本,人力资源总监能否得出经管类专业的员工与理工类专业的员工在工作时间上存在差异的结论。假设作出决策犯第一类错误的概率容许不超过 0.05。

表 2.1　工作时间　　　　　　　　　　　　　　　　　(单位:月)

经管类员工	11	19	6	60	8	16	43	5	60
	17	9	12	23	28	38	60	4	25
理工类员工	31	60	18	59	23	29	60	27	17
	13	40	35	23	16	10			

参数假设检验,就是在总体的分布已知,未知的仅仅是总体分布中的某些参数的情况下,利用样本信息对这些未知参数进行推断的过程。事实上,参数假设检验的理论和方法都是建立在总体为正态分布的情形,对于非正态总体参数的推断,并无太多的办法,即使对于一些常用分布参数的推断也是困难重重。在应用中一种常用的方法是抽取足够多的样本,即在所谓的大样本情形下对总体参数进行推断。然而,足够多的样本并不容易实现。事实上,人们对于总体的认识是十分有限的,有时连总体是离散的还是连续的都难以辨别。另外,基于定性数据来推断总体的特征,似乎也没有很有效的方法。在初等统计学中,仅是对总体比例的推断进行简单分析,仍有许多问题有待解决。由此可见,参数检验在实际应用中有很大的局限性。因此,对于大量的现实问题,需要发展新的有效的方法去解决。也就是在对总体作较少假设的条件下,对总体的特征进行推断。这既符合实际,又可解决大量的实际问题,因而,具有重要的价值。

在参数检验中,首先要明确解决的问题,即提出假设;然后,构造检验统计量;再者,建立检验规则;最后,利用样本数据判断检验规则是否成立,由此来对提出的假设作出选择。对于未知总体的分布进行推断,称之为非参数统计分析。下面来介绍一些常用的非参数统计检验方法。

2.1　符　号　检　验

在人们的日常生活中,一个普遍关注的问题是收入。国家的某些部门每年都要发布居民的收入情况,例如,人均可支配收入达到 a 万元,比去年增长 $b\%$。随之,就会听到很多质疑声,即其收入并未达到 a 万元,其收入并未比去年有所增加等。实际上,这里的 a 万元,仅是总体均值的一个估计值。由于均值是一组数据总体水平的一个度量,所以其中的每个个体值与其有差异。如果一组数据中的个体差异较小,则这组数据的均值将有很好的代表性。否则,数据之间的波动性很大,即方差较大,均值的代表性就很差。统计学中用于描述数据中心位置的还有中位数和众数。因此,如果均值的代表性较差时,中位数将是一个有益的补充。

当无多少总体的信息,也即样本所反映的信息较少时,需要对样本信息充分挖掘,其中,数据对比所产生的符号和数据之间比较的次序都能提供有用的信息。关于数据比较的符号问题,下面介绍符号检验。

2.1.1　两个总体分布是否相同的符号检验

现实生活中,人们对某一种商品的偏好是一种常见现象,这一现象给生产商提供了信息,即生产商可以从中获得可以为其带来利益的产品的特性、功能以及品牌等信息,从而,可以生产出满足消费者偏好的产品。这种现象可以将总体中的个体分为两类,一类是我们关心的,其余可以看成一类。这样,所关心类的出现次数就可以用二项分布来描述。如市场中两种品牌的洗发水 A 和 B,我们关注消费者对两种品牌偏好程度的差异;或者有 A,B,C 等若干种品牌的洗发水,我们仅对关注品牌 A 的消费者比例感兴趣;在人力资源管理中,实行一种新的激励措施能否提高员工绩效,等等。

1. 小样本情形

设从总体 $F(x)$ 与 $G(x)$ 中抽取容量同为 n 的两个样本 $X_1,X_2,\cdots,X_n$ 和 $Y_1,Y_2,\cdots,Y_n;x_1,x_2,\cdots,x_n$ 与 $y_1,y_2,\cdots,y_n$ 为相应的样本观测值,$n\leqslant 20$。

1) 假设的提出

$$H_0:F(x)=G(x);\quad H_1:F(x)\neq G(x) \tag{2.1}$$

这里,H_1 表示总体 X 和总体 Y 的分布不同。这是一个双边检验问题。

设这两个样本相互独立。当 H_0 成立时,两个样本应来自同一个总体,由对称性知,$P\{X_i-Y_i>0\}$ 与 $P\{X_i-Y_i<0\}$ 应该相等。因此可利用 $x_i-y_i>0$ 或 $x_i-y_i<0$ 的个数来建立一个判断标准。若记 $x_i-y_i>0$ 时第 i 个符号为(+)号;记 $x_i-y_i<0$ 时第 i 个符号为(-)号;若相等则记为(0);并用 S^+ 和 S^- 分别表示(+)和(-)号的个数,那么当 H_0 成立时,S^+ 和 S^- 由于随机误差的存在不可能完全相等,但如果两者相差太大,就要怀疑原假设 H_0 的正确性了。

2) 检验统计量

以二项分布为理论依据而得到的符号检验给出了判断规则。引入符号检验统计量

$$S = \min(S^-, S^+) \sim b\left(m, \frac{1}{2}\right)$$

记 $m = s^- + s^+$。

3）检验规则

对于显著性水平 α，此检验拒绝原假设的条件：$s \leqslant s_{m,\alpha}$。这里，s 和 $s_{m,\alpha}$ 分别表示检验统计量的观测值和检验的临界值，$s_{m,\alpha}$ 由附表 5 可查。

这一检验的 P 值 $= 2P\{S \leqslant s\}$，因此，当 P 值 $< \alpha$ 时，拒绝原假设。这里 $P\{S \leqslant s\} = \sum_{x \leqslant s} C_m^x (0.5)^m$，在 excel 中可调用函数 BINOMDIST 计算此概率值。

可以看到，简单、直观，且无须知道被检验总体的分布形式是符号检验的优点，但较为粗糙，并且需要成对数据。但在精度要求不太高的场合，也是一种可用方法。

2. 大样本情形

当样本容量超过 30 时，可以将二项分布用正态分布来近似。此时，近似正态总体的均值 $\mu_0 = 0.5n$，标准差 $\sigma = \sqrt{0.25n}$。从而有检验统计量

$$Z = \frac{S - \mu_0}{\sigma} \sim N(0,1)$$

拒绝原假设的条件：$|z| \geqslant z_{\alpha/2}$。

与双边检验对应的还有单边检验，即有左边和右边检验，其假设的提法如下。

左边检验

$$H_0 : F(x) = G(x) ; \quad H_1 : F(x) \text{ 在 } G(x) \text{ 的左边}$$

这里的 H_1 表示总体 X 的分布函数位置在总体 Y 的分布函数左边，而这两个总体分布的其他方面一样。

右边检验

$$H_0 : F(x) = G(x) ; \quad H_1 : F(x) \text{ 在 } G(x) \text{ 的右边}$$

对于单边检验问题，检验统计量

$$S \sim b\left(m, \frac{1}{2}\right)$$

拒绝原假设的条件：

（1）小样本情形。

当 P 值 $= P\{S \leqslant s\} < \alpha$ 时，拒绝原假设；否则，接受原假设。

（2）大样本情形。

对于左边检验，拒绝原假设的条件为 $z \leqslant -z_\alpha$，或 $P\{Z \leqslant z\} < \alpha$；对于右边检验，拒绝原假设的条件为 $z \geqslant z_\alpha$ 或 $P\{Z \geqslant z\} < \alpha$。其中，$z = \frac{s - \mu_0}{\sigma}$。

例 2.1　甲乙两人检测同一物体中的某成分含量，各检测了 20 次，数据如表 2.2 所示，则两人的测量结果有无显著差异？假设显著性水平为 0.10。

表 2.2　检测数据

甲	14.7	15.0	15.2	14.8	15.5	14.6	14.9	14.8	15.1	15.0
乙	14.6	15.1	15.4	14.7	15.2	14.7	14.8	14.6	15.2	15.0
符号	+	−	−	+	+	−	+	+	−	0
甲	14.7	14.8	14.7	15.0	14.9	14.9	15.2	14.7	15.4	15.3
乙	14.6	14.6	14.8	15.3	14.7	14.6	14.8	14.9	15.2	15.0
符号	+	+	+	−	+	+	+	−	+	+

解　分别以 $F(x)$ 和 $G(x)$ 表示甲乙两人检测数据的分布函数,则要检验

$$H_0 : F(x) = G(x); \quad H_1 : F(x) \neq G(x)$$

容易看到, $s^+ = 12$, $s^- = 7$, $s = 7$, P 值 $= 2P\{S \leqslant 7\} = 0.18 > 0.10$, 故不能拒绝原假设, 即可以认为甲乙两人检测的数据无显著差异。

例 2.2(培训效果)　某公司有计划地对员工进行培训,以提高生产与运营效率。生产部最近拟对一种旨在提高员工工作效率的方法进行试验(即缩短操作时间)。为此,随机抽取 18 名工人进行总计 3 个小时的培训,18 个工人培训前后完成同一工作的时间如表 2.3 所示。试检验这一培训能否提高工作效率($\alpha = 0.05$)?

表 2.3　工作时间　　　　　　　　　　　　　　　(单位:秒)

培训后的工作时间	148	146	136	139	137	139	140	145	143
培训前的工作时间	147	148	139	142	140	139	142	142	148
符号	+	−	−	−	−	0	−	+	−
培训后的工作时间	137	135	148	133	136	135	139	137	135
培训前的工作时间	144	145	146	141	136	138	136	140	139
符号	−	−	+	−	0	−	+	−	−

解　此题用二项分布。

以 $F(x)$ 与 $G(x)$ 分别表示培训前后完成此项工作所需时间的分布函数。提出假设

$$H_0 : F(x) = G(x); \quad H_1 : F(x) > G(x)$$

$F(x) > G(x)$ 表示培训后的工作效率高于培训前的工作效率。这里, $s^+ = 4$, $s^- = 12$, $s = \min(s^+, s^-) = 4$, $m = 16$。

由于 $P\{S \leqslant s\} = \sum_{x \leqslant s} C_m^x (0.5)^m = \sum_{x=0}^{4} 0.5^{16} = 0.038 < 0.05$, 故拒绝原假设。即培训后的工作效率高于培训前的工作效率。

例 2.3(消费者偏好)　某公司新近研制了一种沐浴露,为了检验市场的反应,该公司市场部在其稳定的消费者中随机抽取购买了这一新产品的 84 位消费者,并请这一样本消费者对新旧两种沐浴露进行比较,即通过打分来表达其偏好程度,偏好体现对产品的价格、功能、包装等的综合评价(表 2.4)。采用 5 分制,打分高表示喜欢的程度高。在显著性水平 0.05 下,问新沐浴露是否更受消费者偏爱?

表 2.4　打分结果

新产品	5	2	4	5	1	4	5	2	2	3	4	3
旧产品	3	4	1	4	3	4	2	4	2	1	3	4
符号	+	−	+	+	−	0	+	−	0	+	+	−
新产品	3	3	5	2	4	4	1	5	5	4	2	3
旧产品	1	3	2	1	4	2	1	4	3	2	4	3
符号	+	0	+	+	0	+	0	+	+	+	−	0
新产品	2	4	5	4	2	4	3	2	5	4	4	3
旧产品	3	5	2	1	3	3	1	4	4	2	1	2
符号	−	−	+	+	−	+	+	−	+	+	+	+
新产品	4	2	1	5	3	4	3	2	3	4	5	3
旧产品	2	2	3	3	2	1	5	4	2	2	5	1
符号	+	0	−	+	+	+	−	−	+	+	0	+
新产品	3	4	2	3	4	5	5	3	4	2	3	2
旧产品	1	5	4	1	2	3	4	1	1	3	5	3
符号	+	−	−	+	+	+	+	+	+	−	−	−
新产品	4	3	4	5	3	4	5	5	4	3	3	4
旧产品	3	1	5	5	2	2	4	3	5	4	2	3
符号	+	+	−	0	+	+	+	+	−	−	+	+
新产品	5	3	4	5	3	2	5	5	4	3	4	4
旧产品	3	1	4	4	4	1	3	4	2	5	2	3
符号	+	+	0	+	−	+	+	+	+	−	+	+

解　此题用正态分布。

以 $F(x)$ 与 $G(x)$ 分别表示消费者对旧产品和新产品偏好评分的分布函数。提出假设

$$H_0:F(x)=G(x);\quad H_1:F(x)<G(x)$$

由上表数据或计算后可得，$s^+=52$，$s^-=22$，$s=\min(s^+,s^-)=22$，$m=74$，$\mu_0=0.5m=37$，$\sigma^2=0.25m=18.5$。从而

$$z=\frac{s-\mu_0}{\sigma}=\frac{22-37}{\sqrt{18.5}}=-3.49$$

查附表 1 知 $z_{0.05}=1.645$，故 $z<-z_\alpha$。所以拒绝原假设，即消费者更偏好新产品。

这是配对样本检验总体分布的问题。类似的问题：政策实施前后效应比较；超市促销活动的效果等。

2.1.2 总体中位数 M_e 的检验

例 2.4(均值还是中位数更具代表性) 均值是代表一组数据总体水平的常用指标，但是，当这一组数据中各个体之间差异较大时，均值的代表性就不好。某地相关部门资料表明，2013 年该市高级技师年收入的中位数为 82000 元。现有该市机械行业一个由 18 名高级技师的年薪组成的随机样本，数据如表 2.5 所示。

表 2.5 18 名高级技师的年薪数据

79891	90103	83179	78980	82000	83219	85103	82210	86395
85023	83090	85000	82990	84011	84026	82000	76091	83009

试问该地机械行业高级技师年薪的中位数是否高于该地高级技师年薪的中位数？假设显著性水平为 0.05。

这是一个小样本情形，但未知总体的分布。在描述统计中，描述单一总体中心位置的参数有中位数和均值，总体均值的点估计为样本均值，而总体中位数的点估计为样本中位数。

对单峰对称数据而言，两者差异不大，然而对于非对称分布，中位数是对总体中心位置较稳健的估计，则有假设

$$H_0:M_e \leqslant 82000; \quad H_1:M_e > 82000$$

若原假设为真，则数据中应各有相同数目的数据位于 82000 的两边。用 S^+,S^- 分别表示大于和小于 82000 的数据的个数，记 $m=s^+ + s^-$，这里小写表示大写变量（随机变量）的观测值。

S^+ 过大或过小，都表示 82000 非总体的中心。令 $S=\min(S^+,S^-)$，则原假设检验问题为

$$H_0:P=0.5; \quad H_1:P \neq 0.5$$

这里的 P 表示总体中大于 82000 的数据所占比例，从而应有 $S \sim b(m,0.5)$，则在显著性水平 α 下检验的 P 值为 $2P\{S \leqslant s\}$。如 P 值小于显著性水平就拒绝原假设，否则不能拒绝。s 为 S 的观测值。

对于本例，有

$$2P\{S \leqslant 3\} = 2\sum_{i=1}^{3} C_{16}^i 0.5^{16} = 0.0213 < 0.05$$

故拒绝原假设，即认为该市机械行业高级技师年薪的中位数高于该市高级技师年薪的中位数 82000 元。

对于大样本情形（一般要求样本不少于 30），可以使用二项分布的正态近似进行检验，即当 $S \sim b(m,0.5)$ 时，有 $S \sim N(m/2,m/4)$。从而有

$$Z = \frac{S-m/2}{\sqrt{m/4}} \sim N(0,1)$$

当 n 不够大时,可用下式修正

$$Z = \frac{S - m/2 + c}{\sqrt{m/4}} \sim N(0,1)$$

一般地,当 $s \leqslant m/2$ 时,$c = -1/2$,否则,$c = 1/2$。这里 s 为 S 的观测值。

由此可以根据假设检验的不同问题得到拒绝域。

例 2.5(房价问题)　房价是目前关注的一个热点问题,或许在一个较长时间内仍被广泛关注。某地有关部门发布消息声称当地新建住宅均价的中位数为 7300 元/平方米。现有一个由 60 个新开住宅楼盘均价组成的样本,其中有 35 个楼盘均价超过 7300 元,22个楼盘均价小于 7300 元,3 个楼盘均价刚好等于 7300 元。利用此样本能否证实该地新建住宅均价的中位数为 7300 元/平方米的信息?假设容许犯第一类错误的概率不超过 0.05。

解　如果当地新开住宅楼盘均价的中位数为 7300 元,那么,将有一半楼盘的均价小于 7300 元。

以 M_e 表示该地所有新开楼盘均价的中位数,则有假设

$$H_0 : M_e = 7300; \quad H_1 : M_e \neq 7300$$

用 S^+, S^- 分别表示大于和小于 7300 的数据的个数,记 $m = s^+ + s^-$,这里小写表示大写变量(随机变量)的观测值。S^+ 过大或过小,都表示 7300 非总体的中位数。令 $S = \min(S^+, S^-)$,则 $S \sim b(m, 1/2)$。本例中,$m = 57$,S 的观测值为 22。

以 P 表示该地所有新开楼盘中均价小于 7300 元的楼盘数占比,则本例的问题相当于检验

$$H_0 : P = 0.5; \quad H_1 : P \neq 0.5$$

这是一个大样本问题,故检验统计量

$$Z = \frac{S - \dfrac{m}{2} - \dfrac{1}{2}}{\sqrt{\dfrac{m}{4}}} \sim N(0,1)$$

检验规则:

拒绝原假设的条件:$|z| \geqslant z_{\alpha/2}$。这里,

$$z = \frac{22 - \dfrac{57}{2} - \dfrac{1}{2}}{\sqrt{\dfrac{57}{4}}} = -1.85$$

易见,$|z| = 1.85 > z_{0.025} = 1.96$,故拒绝原假设,即当地新开楼盘均价的中位数不等于 7300 元。实际上,可以对总体的中位数做左边检验,即检验该地新开楼盘均价的中位数是否大于 7300 元。经过检验,拒绝原假设,即该地新开楼盘均价中位数大于 7300 元。

2.1.3　数据序列的趋势存在性检验

关注某一事物的发展趋势是一个实际问题。回归分析可以利用样本数据拟合曲线趋

势,这是一个实践问题,而非理论问题。我们现在关注的是其趋势,并非仅仅是直线趋势,即关注现象某一趋势的存在性问题。Cox 与 Staut 在 1955 年提出了一种不依赖于趋势结构的快速判断趋势是否存在的方法,其理论基础为符号检验。直接利用数据的特征判断趋势。若数据有上升趋势,那么排在后面的数值比排在前面的数值显著得大,反之则显著得小。这样可以通过构造成对数据来反映前后数据的差异。为保证数的对称分布,前后两个数的间隔固定;另外要保证数对不受局部干扰,前后两个数的间隔应有一定的幅度。

下面介绍 Cox-Staut 方法。以双边假设检验为例。

设有相互独立的随机变量序列 $X_1, X_2, \cdots, X_n$ 的一组观测值 $x_1, x_2, \cdots, x_n$ 以某种顺序排列。例如,以观察的时间顺序获得的数据排列。我们想要了解这个数据序列是否存在趋势。

假设的提法

$$H_0:\text{数据序列无趋势}; \quad H_1:\text{数据序列有增长或减少趋势}$$

设在原假设下,$X_1, X_2, \cdots, X_n$ 具有相同的分布。令

$$c = \begin{cases} \dfrac{n}{2}, & n \text{ 为偶数} \\ \dfrac{n+1}{2}, & n \text{ 为奇数} \end{cases}$$

将随机变量序列进行配对分组 (x_i, x_{i+c})。当 n 是偶数时共有 c 对,当 n 是奇数时共有 $c-1$ 对(此时去掉原序列中间的那个数据)。

记 $d_i = x_i - x_{i+c}$。以 S^+ 表示正 d_i 的个数,S^- 为负 d_i 的个数,如果 $d_i = 0$ 则不计数。显然它们为随机变量。如由样本数据得知 S^+ 的观测值为 s^+,S^- 的观测值为 s^-,记 $m = s^+ + s^-$,这里小写的 s 表示随机变量 S 的取值。

检验统计量

$$S = \min(S^+, S^-)$$

在原假设为真的条件下,S 服从二项分布 $b\left(m, \dfrac{1}{2}\right)$。

易见,当 S 的取值过小表明数据序列有趋势。

检验规则如表 2.6 所示。

表 2.6　检验规则

检验类型	H_0	H_1	检验统计量	P 值
右边检验	无趋势	有上升趋势	S	$P\{S \leqslant s\}$
左边检验	无趋势	有下降趋势	S	$P\{S \leqslant s\}$
双边检验	无趋势	有趋势	$S = \min(S^+, S^-)$	$2P\{S \leqslant s\}$

这里,s 是 S 的观测值。

小样本时,用二项分布;在大样本时,用近似正态统计量,其中,当检验统计量的观测值小于 $m/2$ 时,用统计量

$$Z = \frac{S - \dfrac{m}{2} + \dfrac{1}{2}}{\sqrt{\dfrac{m}{4}}}$$

当检验统计量的观测值大于 $m/2$ 时,用统计量

$$Z = \frac{S - \dfrac{m}{2} - \dfrac{1}{2}}{\sqrt{\dfrac{m}{4}}}$$

对于显著性水平 α,P 值小之拒绝原假设,否则不能拒绝。

例 2.6(生产费用)　某公司有一个连续 50 个月的生产某种产品的平均生产费用数据(单位:元),如表 2.7 所示。

表 2.7　样本数据

1	2	3	4	5	6	7	8	9	10
13.50	13.45	13.52	13.24	13.60	13.48	13.80	13.39	13.73	13.61
11	12	13	14	15	16	17	18	19	20
13.79	13.41	13.62	13.77	13.89	13.70	13.73	13.44	13.69	14.01
21	22	23	24	25	26	27	28	29	30
13.79	13.58	13.61	13.33	13.46	13.52	13.25	13.28	13.11	13.09
31	32	33	34	35	36	37	38	39	40
13.49	13.41	13.34	13.52	13.67	13.09	13.36	13.33	13.04	13.10
41	42	43	44	45	46	47	48	49	50
13.13	13.16	12.96	12.93	13.07	13.32	13.17	12.99	13.18	13.01

这种产品的平均生产费用是否存在统计学意义上的趋势？设显著性水平为 0.05。

解　检验假设

H_0:平均生产费用序列无趋势;　　H_1:平均生产费用序列呈现上升或下降趋势

第一步:构造数据序列、数据组并计算差额。令

$$d_i = x_i - x_{i+c}, \quad i = 1, 2, \cdots, c$$

这里,$n = 50$,故 $c = 25$。计算结果如表 2.8 所示。

表 2.8　计算结果

d_1	d_2	d_3	d_4	d_5	d_6	d_7	d_8	d_9
−0.02	0.2	0.24	0.13	0.51	−0.01	0.39	0.05	0.21
d_{10}	d_{11}	d_{12}	d_{13}	d_{14}	d_{15}	d_{16}	d_{17}	d_{18}
−0.06	0.7	0.05	0.29	0.73	0.79	0.57	0.57	0.48
d_{19}	d_{20}	d_{21}	d_{22}	d_{23}	d_{24}	d_{26}		
0.76	0.94	0.47	0.41	0.62	0.15	0.45		

第二步:统计差额的正负个数。

以 S^+ 表示 d_i 为正的个数,以 S^- 表示 d_i 为负的个数。容易计算得到

$$s^+ = 22, \quad s^- = 3$$

第三步:检验的拒绝域。

令 $S = \min(S^+, S^-)$,则 $S \sim b(25, 0.5)$,$s = 3$。

由于 $2P\{S \leqslant s\} = 2\sum_{k=0}^{3} C_{25}^k 0.5^{25} = 0.00016 < 0.05$,故拒绝原假设,即此产品的平均生产费用序列存在趋势。事实上,容易检验,此产品的平均生产费用存在递减趋势。

2.1.4 威尔科克森符号秩和检验

符号检验仅利用了成对数据的符号信息,而对数据的次序信息并未利用。威尔科克森(Wilcoxon)符号秩和检验在一定程度上弥补了这一不足。

步骤:

(1) 计算带正负号的差数;

(2) 将差数取绝对值并按大小顺序排列且赋秩,对于相邻的等值,等级取两者序号的平均值;

(3) 将正负号的等级相加,用 T_+ 和 T_- 分别表示,并取较小的 $T = \min(T_+, T_-)$ 为检验统计量;

(4) 以 m 记正负号的总个数,则对于显著性水平 α,对于检验问题,H_0:两者无差异;H_1 两者有差异,则检验规则为:当观测值 $T \leqslant T_L$(临界值)时拒绝原假设。

当样本容量超过 30 时,此时 T 近似服从正态分布,其均值和方差分别为

$$E(T) = \frac{n(n+1)}{4}; \quad D(T) = \frac{n(n+1)(2n+1)}{24}$$

此时检验统计量为标准正态分布 $Z = \dfrac{T - E(T)}{\sqrt{D(T)}}$。可以根据检验问题的不同类型,给出拒绝原假设的条件。

例 2.7(性别与薪水) 性别歧视问题常常作为一种话题,但实践中并无一个权威的结论。在一项性别是否影响 MBA 毕业生薪水的试验中,随机访问了 25 对毕业生。每一对毕业生都有一个男生和一个女生组成,根据他们的平均绩点、所修课程、年龄和入学前的工作经验等来配对。表 2.9 记录了所访问的每一对学生所获得的最高薪水。根据这些信息,是否有足够的证据可以得出男性和女性 MBA 毕业生的薪水有差别的结论?设显著性水平为 0.05。

表 2.9 样本数据

男性	29233	28733	29541	29058	31149	29141	29739	33529	33938
女性	29981	29689	30916	30300	31772	30647	30943	31598	32811
差值	−748	−956	−1375	−1242	−623	−1506	−1204	1931	1127
|差值|	748	956	1375	1242	623	1506	1204	1931	1127
秩	7	9	17	15	6	19	14	24	11

续表

男性	32239	32661	31176	34375	34454	32184	34570	34097	36458
女性	32754	32698	32223	32404	32578	34053	34823	35044	34783
差值	−515	−37	−1047	1971	1876	−1869	−253	−947	1675
|差值|	515	37	1047	1971	1876	1869	253	947	1675
秩	5	1	10	25	23	22	3	8	21
男性	33321	34860	36207	33660	36758	34800	37701		
女性	34870	34806	35062	34905	36399	36186	36502		
差值	−1549	54	1145	−1245	359	−1386	1199		
|差值|	1549	54	1145	1245	359	1386	1199		
秩	20	2	12	16	4	18	13		

解 提出假设

H_0:男性和女性 MBA 毕业生的薪水无差别；

H_1:男性和女性的 MBA 毕业生的薪水有差别

由上表计算得到:$T_+ = 125$;$T_1 = 190$,由此,$T = 190$;查附表 6 得,$T_L = 90$,$T_U = 235$,故 $T_L < T < T_U$,因此不能拒绝原假设,男性和女性 MBA 毕业生的薪水无明显差别。

上面的检验法要求数据成对,如果将这一条件放宽,则有下面的秩和检验法。

2.2 秩和检验法

对于两个总体的比较问题,上述方法都是基于成对数据,对于非成对数据下的两个总体的比较,有威尔科森秩和检验法。

设从总体 $F(x)$ 和 $G(x)$ 中分别独立地抽取容量为 n_1 和 n_2 的样本 $X_1, X_2, \cdots, X_{n_1}$ 与 $Y_1, Y_2, \cdots, Y_{n_2}$,样本观测值为 $x_1, x_2, \cdots, x_{n_1}$ 与 $y_1, y_2, \cdots, y_{n_2}$。要检验假设

$$H_0: F(x) = G(x); \quad H_1: F(x) \neq G(x)$$

同样也有左边检验和右边检验问题。

为讨论方便,不妨设 $n_1 \leqslant n_2$。将两个样本观测值合在一起按由小到大的顺序排列,并用 $1, 2, \cdots, n_1 + n_2$ 编号,规定每个数据在排列中所对应的序号称为该数的秩,对于相同的数值则用它们的序数的平均值来作秩。将容量较小样本的各观测值的秩之和记为 T,以 T 作为检验统计量。如原假设成立,则两个样本观测值可以看成来自于同一个总体的容量为 $n_1 + n_2$ 的样本值,因而容量较小的样本观测值中各元素的秩,应该随机地、分散地在自然数 $1, 2, \cdots, n_1 + n_2$ 中取值。一般来说它们不应过分集中取较小的或过分集中取较大的值。

考虑到

$$\frac{1}{2} n_1(n_1 + 1) \leqslant T \leqslant n_1 n_2 + \frac{1}{2} n_1(n_1 + 1)$$

即知当原假设为真时,秩和 T 一般不应取太靠近上述不等式两端的值。因而当 T 取过分小或过分大的值时,就拒绝原假设。

检验规则:

对于显著性水平 α 下的临界值 T_1,T_2,由 $P\{T_1<T<T_2\}=1-\alpha$ 可知,若 $T_1<T<T_2$,则接受原假设,否则拒绝原假设。

一般满足 $P\{T_1<T<T_2\}=1-\alpha$ 的 T_1,T_2 未必存在,因此在查附表时,T_1 为满足 $P\{T\leqslant T_1\}\leqslant\dfrac{\alpha}{2}$ 的最大整数,而 T_2 为满足 $P\{T\geqslant T_2\}\leqslant\dfrac{\alpha}{2}$ 的最小整数。

理论上,可以导出

$$E(T)=\frac{n_1(n_1+n_2+1)}{2}$$

$$D(T)=\frac{n_1 n_2(n_1+n_2+1)}{12}$$

当样本容量 $n_1,n_2\geqslant10$ 时,在 H_0 为真的条件下,检验统计量 T 近似服从均值为 $E(T)=\dfrac{n_1(n_1+n_2+1)}{2}$,方差为 $D(T)=\dfrac{n_1 n_2(n_1+n_2+1)}{12}$ 的正态分布。因而,当 $n_1,n_2\geqslant10$ 时,检验统计量

$$Z=\frac{T-E(T)}{\sqrt{D(T)}}$$

检验规则:

对于双边检验,拒绝原假设的条件:$|z|\geqslant z_{\alpha/2}$;

对于左边检验,拒绝原假设的条件:$z\leqslant -z_\alpha$;

对于右边检验,拒绝原假设的条件:$z\geqslant z_\alpha$。

例 2.8(质量管理)　某公司拟对其供应零部件的两个供应商 A 和 B 的产品质量进行比较。现有历史数据(次品率)如表 2.10 所示。问 A 和 B 两供应商的产品质量之间有无明显差异,设显著性水平为 0.05。

表 2.10　次品率　　　　　　　　　　(单位:%)

| A | 7.0 | 3.5 | 9.6 | 8.1 | 6.2 | 5.1 | 10.4 | 4.0 | 2.0 | 10.5 | | | |
| B | 5.7 | 3.2 | 4.2 | 11.0 | 9.7 | 6.9 | 3.6 | 4.8 | 5.6 | 8.4 | 10.1 | 5.5 | 12.3 |

解　分别以 μ_A,μ_B 记供应商 A 和 B 所提供的产品次品率总体的均值。检验假设

$$H_0:\mu_A=\mu_B; \quad H_1:\mu_A\neq\mu_B$$

这里,$n_1=10,n_2=13$。容易得到检验统计量 T 的值为 $116,E(T)=120,D(T)=260$。由于样本的容量均不小于 10,所以检验统计量近似为标准正态分布,即 $T\sim N(120,260)$,从而检验统计量 Z 的取值为 $z=\dfrac{116-120}{\sqrt{260}}=-0.25<1.96$,故可以认为两个公司提供的产品的次品率无明显差异。

实际中,会出现某些观测值相等的情形,这就是所谓的结。处理如下:

对于观测值相等的样本数据的秩定义为序号的均值。例如,得到的样本观测值按从小到大排成 $1,2.5,3,3,3,3,4.2,4.2,5$。4 个样本观测值 3 的秩均为 $(3+4+5+6)/4=4.5$;两个观测值 4.2 的秩则均为 $(7+8)/2=7.5$。这里出现两个秩相同的组。

将两个样本的 $n=n_1+n_2$ 个元素按自小到大的次序排列,若出现 k 个秩相同的组,设其中有 t_i 个数的秩为 a_i,$i=1,2,\cdots,k$,$a_1<a_2<\cdots<a_k$,则当原假设为真时,检验统计量 T(样本容量较小的样本各数据的秩和)的均值和方差分别为

$$E(T)=\frac{n_1(n_1+n_2+1)}{2}$$

$$D(T)=\frac{n_1 n_2\left[n(n^2-1)-\sum\limits_{i=1}^{k}t_i(t_i^2-1)\right]}{12n(n-1)}$$

当 k 不大时,仍可近似使用附表 7 给定的临界值作判断;当样本容量 $n_1,n_2\geqslant10$,且 k 不大时,在 H_0 为真的条件下,检验统计量 T 近似服从均值为 $E(T)=\frac{n_1(n_1+n_2+1)}{2}$,方差为

$$D(T)=\frac{n_1 n_2\left[n(n^2-1)-\sum\limits_{i=1}^{k}t_i(t_i^2-1)\right]}{12n(n-1)}$$

的正态分布。此时,检验统计量为

$$Z=\frac{T-E(T)}{\sqrt{D(T)}}=\frac{T-\dfrac{n_1(n_1+n_2-1)}{2}}{\sqrt{\dfrac{n_1 n_2\left[n(n^2-1)-\sum\limits_{i=1}^{k}t_i(t_i^2-1)\right]}{12n(n-1)}}}$$

检验规则:

对于双边检验,拒绝原假设的条件:$|z|\geqslant z_{a/2}$;

对于左边检验,拒绝原假设的条件:$z\leqslant-z_a$;

对于右边检验,拒绝原假设的条件:$z\geqslant z_a$。

这里,z 为检验统计量 Z 的观测值。

我们看到,秩和检验并不要求数据成对,因而从某种程度上弥补了符号检验的不足。

例 2.9(结果验证) 为了验证某种结果,可以通过增加试验次数来实现。某公司质量管理部想要验证某一产品的质量指标是否稳定,为此,在不同的时段内随机抽取产品进行检验,数据如表 2.11 所示。

表 2.11 样本数据

| 第一时段 | 82 | 73 | 91 | 84 | 77 | 98 | 81 | 79 | 87 | 85 | |
| 第二时段 | 80 | 76 | 92 | 86 | 74 | 96 | 83 | 79 | 80 | 75 | 79 |

如果两个时段产品的质量指标有差异,则两个时段的数据可以看成来自于仅均值有差异的两个总体的样本。因此,此问题相当于检验

$$H_0: \mu_1 = \mu_2; \quad H_1: \mu_1 \neq \mu_2$$

这里,μ_1, μ_2 分别为两总体的均值。假设显著性水平为 0.05。

解　将两个样本数据混合起来,并按从小到大的次序排列,可以得到各个数据的秩,如表 2.12 所示。

表 2.12　计算用数据

数据	<u>73</u>	74	75	76	<u>77</u>	<u>79</u>	79	79	80	80	<u>81</u>
秩	1	2	3	4	5	7	7	7	9.5	9.5	11
数据	<u>82</u>	83	<u>84</u>	<u>85</u>	86	<u>87</u>	<u>91</u>	92	96	<u>98</u>	
秩	12	13	14	15	16	17	18	19	20	21	

这里,有下划线的数据表示第一时段获取的样本观测值;$n_1 = 10$,$n_2 = 11$,$n = 21$。计算得到,T 的观测值为 121,$E(T) = 110$。又 $k = 2$,故容易得到 $D(T) = 201$。由于两个样本的容量均不小于 10,故检验统计量可以取标准正态分布。由上述数据,得到检验统计量的观测值 $z = 0.776 < z_{0.025} = 1.96$,故不能拒绝原假设,即质量处于稳定状态。

2.3　多个样本的检验

2.3.1　克鲁斯凯-沃利斯单向方差秩检验

克鲁斯凯-沃利斯(Kruskal-Wauis)单向方差秩检验,简称 K-W 检验。

此方法是检验 k 个独立样本是否来自同分布总体的最常用的非参数假设检验方法。该方法只要求样本独立,而不受总体分布的性质和方差是否相等的限制。

适用条件:

问题的目标是比较两个或两个以上的总体;

构成总体的数据是定序数据或不服从正态分布的定距数据;

样本相互独立。

易见,K-W 方法可以看成单因素方差分析的拓展。在单因素方差分析中,要求分析的各总体服从正态分布且具有相同的方差,这是一个很强的条件,在实践中往往难以满足。K-W 方法仅仅要求样本数据带有顺序即可,并未对总体有更多的要求,因此,更具有实际应用价值。

K-W 检验的步骤如下:

(1) 假设的提法

$$H_0: k \text{ 个总体无显著差异}; \quad H_1: k \text{ 个总体有显著差异}$$

(2) 确立检验统计量。

将各样本的观测值按大小顺序排列,确定它们的秩。若观测值相同,则用各观测值的

平均秩代替。若原假设为真,则各个样本的秩和应比较接近。因此,若各个样本的秩和差异较大,则拒绝原假设。这里样本总量为 $n = \sum_{i=1}^{k} n_i$,其中 $n_i(i=1,2,\cdots,k)$ 表示第 i 个样本的容量。

检验统计量

$$H = \frac{12}{n(n+1)} \sum_{i=1}^{k} \frac{T_i^2}{n_i} - 3(n+1)$$

这里,T_i 表示第 i 个样本的秩和。

由此可见,H 值越小,说明各样本的秩和差异越小;反之,则说明各样本的秩和差异越大。

若 k 个独立样本的观测值中有相同的值,可用 H 的修正值

$$H^* = \frac{H}{1 - \dfrac{\sum_{i=1}^{m}(t_i^3 - t_i)}{n^3 - n}}$$

这里,t_i 表示第 i 个秩中包括的相同观测值个数;m 为出现相同秩的组数。

(3) 检验规则。

(i) 当 k 个样本的容量都不超过 5,且 $k=3$ 时,可利用克鲁斯凯-沃利斯单向方差秩检验的临界值表判断(见附表 8)。即若 $H \geqslant \chi_\alpha^2, k-1$,则拒绝原假设。

(ii) 当 k 个样本的容量都大于 5 时,H 近似服从自由度为 $k-1$ 的 χ^2 分布。若 $H \geqslant \chi_\alpha^2(k-1)$,则拒绝原假设,否则接受原假设。

例 2.10(不同学校学生存在差异吗?) 某公司从 3 所大学招聘管理人员。为了公司人才战略的科学制订,公司需要对招聘大学生的表现等级(这里指能力、绩效、纪律等综合评价)进行评估。为此,人力资源部门整理了雇员的年度表现等级(表 2.13),试图分析从 3 所大学招聘的管理人员的表现是否存在差异。数据由 7 名来自于 A 大学、6 名来自于 B 大学和 7 名来自于 C 大学的毕业生的表现等级组成,且设这三个样本相互独立,每个雇员的等级分以 0—100 分记,数值越大表明表现越好(显著性水平为 0.01)。

表 2.13　20 名大学毕业生的表现等级得分

A 大学	B 大学	C 大学
25	60	50
73	20	74
63	30	62
85	15	80
95	40	90
93	35	76
86		75

解　建立假设

H_0：来自 3 所大学的雇员的表现无显著差异；

H_1：来自 3 所大学的雇员的表现有显著差异

计算统计量的值如表 2.14 所示。

表 2.14　计算表

A 大学	B 大学	C 大学
25(3)	60(8)	50(7)
73(11)	20(2)	74(12)
63(10)	30(4)	62(9)
85(16)	15(1)	80(15)
95(20)	40(6)	90(18)
93(19)	35(5)	76(14)
86(17)		75(13)
$n_1=7$	$n_2=6$	$n_3=7$
$T_1=96$	$T_2=26$	$T_3=88$

注：括号中的数字表示秩。

易知 $n=20,k=3$，从而

$$H=\frac{12}{n(n+1)}\sum_{i=1}^{k}\frac{T_i^2}{n_i}-3(n+1)=9.44$$

由于 $n_i>5$，查附表 3 得，$\chi_{0.01}^2(2)=9.21$，由于 $H>9.21$，故拒绝原假设，来自 3 所大学的雇员的表现有显著差异。

由样本数据可以看到，来自于 B 大学雇员的表现等级明显低于 A 大学和 C 大学。因此，此公司有理由减少从 B 大学招聘员工的人数或需要更为深入地评估 B 大学的毕业生。

例 2.11（品牌差异）　某部门对 3 种品牌的奶粉进行综合评价。为此组织有关人员对其进行打分，0 分表示综合品质最差，100 分表示综合品质最好。评分结果如表 2.15 所示。使用 K-W 检验来说明这 3 种品牌奶粉的综合品质有无显著差异（显著性水平为 0.05）。

表 2.15　样本数据

品牌 A	品牌 B	品牌 C
81	81	88
84	83	89
85	85	87
82	86	85
80		86

这里,从品牌 A 的 5 个批次中各抽取 1 罐;从品牌 B 的 4 个批次中各抽取 1 罐,从品牌的 5 个批次中各抽取 1 罐,分别组成样本进行综合评估。

解 建立假设

H_0:3 种品牌奶粉的综合品质无显著差异;

H_1:3 种品牌奶粉的综合品质有显著差异

计算统计量的值如表 2.16 所示。

表 2.16 计算表

品牌 A	品牌 B	品牌 C
81(2.5)	81(2.5)	88(13)
84(6)	83(5)	89(14)
85(8)	85(8)	87(12)
82(4)	86(10.5)	85(8)
80(1)		86(10.5)
$n_1=5$	$n_2=4$	$n_1=5$
$T_1=21.5$	$T_2=26$	$T_3=57.5$

注:括号里的数字为秩。

可以算得 $n=14, H=7.726$。

由于在 3 个样本中有些观测值相等,所以要对 H 进行修正。

在上表中有 3 个得分相同的组,即

$$81,81,t^3-t=2^3-2=6$$
$$85,85,85,t^3-t=3^3-3=24$$
$$86,86,t^3-t=2^3-2=6$$

$$H^*=\frac{h}{1-\frac{\sum_{i=1}^{k}(t_i^3-t_i)}{n^3-n}}=7.28$$

查附表 8 得临界值为 5.67,故拒绝原假设,即这 3 种品牌奶粉的综合品质有显著差异。从秩和的角度来看,C 品牌奶粉的综合品质最好。由此可以为消费者提供选择指南。

注 对于两个总体情形,K-W 检验仅能检验两个总体之间是否存在差异,但不能确定一个总体的位置在另一个总体的左侧或右侧,这需要利用秩和检验法解决。

2.3.2 费里德曼双向方差分析

K-W 检验适用于 k 个样本分别独立地取自于相应总体的情形。如果 k 个样本间有关系,且观测值是定序数据或定距数据但非来自于正态总体,如表 2.17 所示,则可用费里德曼(Friedman)双向方差分析来检验 k 个样本是否来自同分布总体。

适应范围：

问题的目标是比较两个或两个以上的总体；

定序数据或非正态分析的定距数据；

数据来源于随机分组试验。

表 2.17　费里德曼双向方差分析观测值

区组＼处理	1	2	…	j	…	k
1	X_{11}	X_{12}	…	X_{1j}	…	X_{1k}
2	X_{21}	X_{22}	…	X_{2j}	…	X_{2k}
⋮	⋮	⋮		⋮		⋮
i	X_{i1}	X_{i2}	…	X_{ij}	…	X_{ik}
⋮	⋮	⋮		⋮		⋮
b	X_{b1}	X_{b2}	…	X_{bj}	…	X_{bk}
秩和	T_1	T_2	…	T_j	…	T_k

费里德曼检验的步骤如下：

（1）假设检验的提法

H_0：k 种处理的效果无显著差异；　H_1：至少有两种处理的效果有显著差异

（2）检验统计量

$$F_r = \frac{12}{bk(k+1)} \sum_{j=1}^{k} T_j^2 - 3b(k+1)$$

这里，b：区组数，即行数；k：处理的种类，即列数；T_j：第 j 列中的秩和。

对每一个样本（n_j）经过不同处理所获得的观测值 $x_{i1}, x_{i2}, \cdots, x_{ik}$ 按从大到小或从小到大排列并赋予秩。

（3）检验规则。

（i）在 b, k 不是特别小的情况下，F_r 近似服从自由度为 $k-1$ 的 χ^2 分布，在显著性水平 α 下，若 $F_r < \chi_\alpha^2(k-1)$，接受原假设，否则拒绝原假设。

（ii）在 b, k 特别小的情况下，可查 χ^2 分布表来判断。

例 2.12（评价测度的一致性）　公开招聘员工是目前最为常见的一种企事业单位或政府部门选用人员的方法。人员招聘往往都有一个面试小组对应聘人员进行打分，并择优录用。如果面试小组成员的评价尺度有较大差异，那么就不能保证录用人员均具备较高的综合能力，即招聘的人员的质量难以得到保证。一家公司的人力资源经理最近因为招录的员工的素质问题而受到领导批评。目前招聘员工的面试小组有 3 位部门经理组成。面试评价主要从知识水平、工作经历和适应能力等方面进行考核。最后 3 位部门经理从综合角度对每位应聘者进行评估、汇总，并决定录用人员。标准如表 2.18 所示。

表 2.18　评判标准

等级	条件
1	面试者在应聘者中处于前 5%
2	面试者在应聘者中处于前 5%—10%
3	面试者在应聘者中处于前 10%—25%
4	面试者在应聘者中处于前 25%—50%
5	面试者在应聘者中处于后 50%

　　人力资源经理认为,新员工的综合素质问题是有评估系统导致,但其需要知道,3 位面试的部门经理对应聘者的评估是否一致。为此,人力资源经理从应聘者的评估系统中随机抽取 5 份进行分析,结果如表 2.19 所示。

表 2.19　数据表

应聘者	经理		
	1	2	3
1	2	1	2
2	4	2	3
3	2	2	2
4	3	1	3
5	3	2	3

　　3 位经理的评估尺度是否一致? 设显著性水平为 0.05。

　　解　建立假设

$$H_0:3 \text{ 位经理的评价尺度一致;}$$

$$H_1:\text{至少有两位经理的评价标准有显著差异}$$

检验统计量的值如表 2.20 所示。

表 2.20　计算结果

应聘者	经理		
	1	2	3
1	2(2.5)	1(1)	2(2.5)
2	4(3)	2(1)	3(2)
3	2(2)	2(2)	2(2)
4	3(2.5)	1(1)	3(2.5)
5	3(2.5)	2(1)	3(2.5)
秩和	$T_1=12.5$	$T_2=8$	$T_3=11.5$

注:括号里的数字为秩。

$$F_r = \frac{12}{bk(k+1)} \sum_{j=1}^{k} T_j^2 - 3b(k+1) = 10.5$$

拒绝原假设的条件 $F_r \geqslant \chi_r^2$。查表得临界值为 $\chi_r^2 = 6.4$，故拒绝原假设。即 3 位经理对同一应聘者的评价存在显著差异。

人力资源经理需要找到出现这种差异的原因，是评价方法还是经理们掌握的尺度不一致造成的。如果是后者，可以对面试经理进行培训，或者在尺度的制订上更为详细且可操作以避免主观。

例 2.13（培训方法比较）　公司不同的培训方案将导致生产效率的差异，或者教师采用不同的教学方法其教学效果也有差异。因此，找到合适的方案或方法对于提高生产效率或提高教学质量具有重要意义。在寻找最优方案或方法以前，一个基本问题是要判断若干种方案或方法之间是否存在效应上的差异。如得到有差异的判断，再去寻找最优方案或方法，否则，就不需要进一步的研究。

某公司常年均有培训员工的计划，历年的培训方案在不断调整。培训中心为了全面评估现有的 4 种培训方案之间的差异，在某一期培训中同时采用 4 种方案进行。在参加该期培训的学员库中，随机抽取 10 名学员进行调查，他们的考核分数如表 2.21 所示。试根据样本数据，检验这 4 种培训方案的效果是否有显著差异（显著性水平为 0.05）。

表 2.21　10 名学员的每种训练方法的分数

学员编号	方案 1	方案 2	方案 3	方案 4
1	5	12	19	10
2	11	21	8	16
3	8	12	20	16
4	9	7	10	12
5	21	20	16	10
6	18	27	9	12
7	22	27	19	18
8	10	8	4	12
9	6	12	7	14
10	10	12	21	20

解　建立假设

H_0:4 种方案的效果无显著差异；　H_1:4 种方案的效果有显著差异

检验统计量的值如表 2.22 所示。

表 2.22　计算结果

学员编号	方法 1	方法 2	方法 3	方法 4
1	5(1)	12(3)	19(4)	10(2)
2	11(2)	21(4)	8(1)	16(3)
3	8(1)	12(2)	20(4)	16(3)

学员编号	方法 1	方法 2	方法 3	方法 4
4	9(2)	7(1)	10(3)	12(4)
5	21(4)	20(3)	16(2)	10(1)
6	18(3)	27(4)	9(1)	12(2)
7	22(3)	27(4)	19(2)	18(1)
8	10(3)	8(2)	4(1)	12(4)
9	6(1)	12(3)	7(2)	14(4)
10	10(1)	12(2)	21(4)	20(3)
秩和	$T_1=21$	$T_2=28$	$T_3=24$	$T_4=27$

注:括号里的数字为秩。

$$F_r = \frac{12}{bk(k+1)} \sum_{j=1}^{k} T_j^2 - 3b(k+1) = 1.8$$

查附表 3 得 $\chi_a^2(k-1) = \chi_{0.05}^2(3) = 7.815$。

由于 $F_r < \chi_a^2(k-1)$,故接受原假设,即 4 种培训方案的效果无显著性差异。

注　对于两个总体情形,K-W 检验仅能检验两个总体之间是否存在差异,但不能确定一个总体的位置在另一个总体的左侧或右侧,这需要利用符号检验法解决。

2.4　秩相关分析

变量间的相关关系在统计学中具有重要地位,一般用相关系数来度量两个变量之间的相关关系的程度和方向,常用的有皮尔逊(Pearson)相关系数,在相关分析和回归分析中广泛应用。但皮尔逊相关系数度量的是变量的线性相关性,同时在检验变量独立性时要求变量服从正态分布,且数据通常为定距数据。这些条件在实际中难以满足,因而,其应用范围有较大局限。事实上,在很多情况下,常常有一个或两个变量都是定序变量,或两个变量虽为定距变量但并不满足正态分布的条件。因此,减少假设条件用非参数方法来度量变量之间的相关性,是一种科学选择。

2.4.1　斯皮尔曼秩相关系数

设有样本 $(X_1,Y_1),(X_2,Y_2),\cdots,(X_n,Y_n)$ 来自于总体 $F(x,y)$,要检验两个变量 X,Y 是否相关。假设的提法(三种)

$$H_0:X 与 Y 不相关; \quad H_1:X 与 Y 相关$$
$$H_0:X 与 Y 不相关; \quad H_1:X 与 Y 正相关$$
$$H_0:X 与 Y 不相关; \quad H_1:X 与 Y 负相关$$

检验统计量:

记 R_i 为 X_i 在 $X_1,X_2,\cdots,X_n$ 中的秩,Q_i 为 Y_i 在 $Y_1,Y_2,\cdots,Y_n$ 中的秩,则斯皮尔曼(Spearman)秩相关系数为

$$r_s = \frac{12 \sum_{i=1}^{n} R_i Q_i - 3n(n+1)^2}{n(n^2-1)}$$

以此作为检验统计量。

检验规则：

当 $n \leqslant 30$ 时，将检验统计量的观测值与临界值比较来判断是否拒绝原假设；当 $n > 30$ 时，近似有 $r_s \sim N\left(0, \dfrac{1}{n-1}\right)$，从而有检验统计量 $Z = r_s \sqrt{n-1} \sim N(0,1)$，拒绝原假设的条件可类似得到，如表 2.23 所示。

表 2.23　假设的形式

原假设 H_0	备择假设 H_1	拒绝原假设的条件
	X 与 Y 相关	$\lvert r_s \rvert \geqslant r_{\alpha/2}$
X 与 Y 不相关	X 与 Y 正相关	$r_s \geqslant r_\alpha$
	X 与 Y 负相关	$r_s \leqslant -r_\alpha$

注：r_α 为与显著性水平相对应的斯皮尔曼秩相关系数检验的临界值。

例 2.14（人员招聘）　招聘员工的流程和方式是否能有效地将能力强的应聘者招进，这对于公司的正常运作和工作效率的保证都有重要价值。一种检验这个问题的方法是根据历史数据来判断测试分与工作综合表现的关系，可以通过统计检验来实现。鼎立机械设备有限公司的生产经理想分析生产线上的工人在招聘时的能力测试得分与其工作两个月后公司对其综合评价得分之间的关系。此项试验旨在通过分析结果，科学地调整对应聘者考核时的指标及其权重，以便通过提高招聘的质量来提高公司的工作质量和效率。能力测试得分的范围为 0—100，对工人工作的综合评价得分如下计算：

1 分：表示员工的综合表现明显低于平均水平；

2 分：表示员工的综合表现略低于平均水平；

3 分：表示员工的综合表现为平均水平；

4 分：表示员工的综合表现略高于平均水平；

5 分：表示员工的综合表现明显高于平均水平。

随机抽取生产线上的历年考核集合中的 20 名工人为样本，资料如表 2.24 所示。

表 2.24　样本数据

工人编号	能力测试分	工作综合评价分
1	48	2
2	51	3
3	61	3
4	67	3
5	60	2

工人编号	能力测试分	工作综合评价分
6	76	4
7	36	2
8	52	4
9	62	4
10	50	2
11	57	3
12	66	2
13	56	3
14	53	4
15	42	1
16	58	4
17	66	4
18	53	3
19	85	4
20	77	5

　　生产经理能否根据这一样本数据,在 0.05 的显著性水平下,得到员工的能力测试分与其工作的综合评价相关的结论?

　　解　建立假设

　　　　H_0:员工的能力测试分 X 与其工作的综合评价得分 Y 相关;

　　　　H_1:员工的能力测试分 X 与其工作的综合评价得分 Y 不相关

计算统计量的值如表 2.25 所示。

表 2.25　计算表

工人编号	能力测试分 X	X 的秩	工作综合评价分 Y	Y 的秩
1	48	3	2	2
2	51	5	3	9.5
3	61	13	3	9.5
4	67	17	3	9.5
5	60	12	2	2
6	76	18	4	16
7	36	1	2	4
8	52	6	4	16
9	62	14	4	16
10	50	4	2	4

工人编号	能力测试分 X	X 的秩	工作综合评价分 Y	Y 的秩
11	57	10	3	9.5
12	66	15.5	2	4
13	56	9	3	9.5
14	53	7.5	4	16
15	42	2	1	1
16	58	11	4	16
17	66	15.5	4	16
18	53	7.5	3	9.5
19	85	20	4	16
20	77	19	5	20

由附表 10 查得 $r_{0.025} = 0.45$。而

$$r_s = \frac{12\sum_{i=1}^{n} R_i Q_i - 3n(n+1)^2}{n(n^2-1)} = 0.47 > r_{0.025} = 0.45$$

故拒绝原假设。因此,公司需要调整能力测试方案,以便在招聘环节把好进人关,为保证公司的生产和运营效率提供条件。

2.4.2 肯德尔-τ 相关系数

对于二维总体 (X,Y),如 X,Y 正相关,则当 X 增加时,Y 有增加的趋势。因此,当 $X_2 > X_1$ 时,Y_2 有大于 Y_1 的趋势,或者事件“$(X_2-X_1)(Y_2-Y_1)>0$”发生的概率应大于事件“$(X_2-X_1)(Y_2-Y_1)<0$”发生的概率。即若记

$$\theta = P\{(X_2-X_1)(Y_2-Y_1)>0\} - P\{(X_2-X_1)(Y_2-Y_1)<0\}$$

则当 X,Y 正相关,$\theta>0$。类似地,当 X,Y 负相关,则有 $\theta<0$。

容易看到,$-1 \leqslant \theta \leqslant 1$,且 θ 越接近 1,则 X,Y 正相关程度就越大;θ 越接近 -1,则 X,Y 负相关程度就越大;θ 越接近 0,则 X,Y 相关程度就越小。因此,θ 是度量 X,Y 相关性的一个参数。

显然,θ 是一个未知参数,需要利用样本对其进行估计,这就是下面介绍的肯德尔-τ (Kendall-τ)相关系数。

1. 问题的提法

$$H_0: X \text{ 与 } Y \text{ 不相关}; \quad H_1: X \text{ 与 } Y \text{ 相关}$$
$$H_0: X \text{ 与 } Y \text{ 不相关}; \quad H_1: X \text{ 与 } Y \text{ 正相关}$$
$$H_0: X \text{ 与 } Y \text{ 不相关}; \quad H_1: X \text{ 与 } Y \text{ 负相关}$$

2. 检验统计量

设有样本 $(X_1,Y_1),(X_2,Y_2),\cdots,(X_n,Y_n)$,以及样本观测值 $(x_1,y_1),(x_2,y_2),\cdots,$

(x_n, y_n)，则检验统计量

$$\tau = \frac{2 \sum\limits_{1 \leqslant i < j \leqslant n} \mathrm{sgn}((X_j - X_i)(Y_j - Y_i))}{n(n-1)}$$

这里，$\mathrm{sgn}(u)$ 为符号函数，其定义为

$$\mathrm{sgn}(u) = \begin{cases} -1, & u < 0 \\ 0, & u = 0 \\ 1, & u > 0 \end{cases}$$

故

$$\mathrm{sgn}((X_j - X_i)(Y_j - Y_i)) = \begin{cases} -1, & (X_j - X_i)(Y_j - Y_i) < 0 \\ 0, & (X_j - X_i)(Y_j - Y_i) = 0 \\ 1, & (X_j - X_i)(Y_j - Y_i) > 0 \end{cases}$$

这样定义的 $-1 \leqslant \tau \leqslant 1$，且可以证明 τ 是 θ 的无偏估计。

3. 检验规则

对于显著性水平 α，若双边检验，拒绝原假设的条件为 $|\tau| \geqslant \tau_{\alpha/2}$；若左边检验，拒绝原假设的条件为 $\tau \leqslant -\tau_{\alpha}$；若右边检验，拒绝原假设的条件为 $\tau \geqslant \tau_{\alpha}$。

在实际应用时，不妨设 $X_i (i = 1, 2, \cdots, n)$ 已是从小到大排列而成，则有数对 $(X_1, Y_1), (X_2, Y_2), \cdots, (X_n, Y_n)$。对于第 i 个数 Y_i，记 p_i 为 $Y_{i+1}, Y_{i+2}, \cdots, Y_n$ 中大于 Y_i 的个数，q_i 为 $Y_{i+1}, Y_{i+2}, \cdots, Y_n$ 中小于 Y_i 的个数。再记 $p = \sum\limits_{i=1}^{n-1} p_i$，$q = \sum\limits_{i=1}^{n-1} q_i$，则

$$\tau = \frac{2(p - q)}{n(n-1)}$$

例 2.15（迟到与距离有关吗?）　迟到似乎是一种常见现象，迟到的理由也五花八门。某公司的人力资源部门想了解员工每年无故迟到的天数与员工住宅和公司距离之间的关系。为此，从有迟到记录的员工库里随机选取 10 名组成一个样本，数据如表 2.26 所示。

表 2.26　样本数据

住宅与公司距离/千米	10	3	14	8	4	18	15	1	12	6
无故迟到的天数	3	5	2	6	8	2	4	8	5	7

在 0.05 的显著性水平下，员工住宅与公司的距离和每年无故迟到的天数存在负相关吗?

解　建立假设

H_0：无故迟到的天数与住宅与公司距离不相关；

H_1：无故迟到的天数与住宅与公司距离负相关

将原数据对按照住宅与公司距离从小到大排序，则有排序结果如表 2.27 所示。

表 2.27　排序结果

住宅与单位距离 X_i/千米	1	3	4	6	8	10	12	14	15	18
无故迟到的天数 Y_i	8	5	8	7	6	3	5	2	4	2

从而有计算统计量的值如表 2.28 所示。

表 2.28　计算表

Y_i	8	5	8	7	6	3	5	2	4	2	
p_i	0	3	0	0	0	2	0	1	0	0	$p=6$
q_i	8	4	7	6	5	2	3	0	1	0	$q=36$

那么,

$$\tau = \frac{2(p-q)}{n(n-1)} = \frac{2 \times (6-36)}{10 \times 9} = -0.67$$

查附表 11 得 $\tau_{0.05}=0.467$,故 $\tau=-0.67<-\tau_{0.05}=-0.467$,于是拒绝原假设,即无故迟到的天数与住宅与公司距离负相关,即离公司越远的员工无故迟到的天数越少。这可以解释某种现象。

2.5　χ^2 检验法

2.5.1　拟合优度检验

例 2.16(市场份额)　惠尔康公司和得力公司均为保健品公司,且在保健品市场上占有重要地位。保健品市场的竞争一向激烈,每个公司都各尽所能,抢抓市场先机,扩大市场份额。惠尔康公司和得力公司为了维持并力争提高各自的市场份额,最近进行了一场声势浩大的广告大战。在广告战实施以前,惠尔康公司的市场份额为 40% 左右,得力公司的市场份额为 35% 左右。为了判断在广告攻势后市场份额的变化情况,市场研究人员随机访问了 200 名保健品消费者,对他们选择的保健品品牌的偏好进行调查。其中 96 名喜好惠尔康公司的产品,80 名喜好得力公司的产品。据此数据,在 0.05 的显著性水平下,消费者的行为在广告攻势后是否发生了变化?

这个问题的总体由消费者的品牌的偏好组成,即惠尔康公司、得力公司及其他公司的产品。若分别以 p_1,p_2,p_3 表示它们的市场份额,则原问题即下面的检验问题

$H_0:p_1=40\%,p_2=35\%,p_3=25\%$;　　H_1:至少一个公司的市场份额发生了变化

下面对这类问题一般性地讨论。

设总体 X 的分布未知,根据样本 $X_1,X_2,\cdots,X_n$ 检验关于总体的假设。假设的提法

H_0:总体 X 的分布函数为 $F(x)$;　　H_1:总体 X 的分布函数不为 $F(x)$

若总体 X 为离散型,则

H_0:总体 X 的分布律为 $P\{X=w_i\}=p_i(i=1,2,\cdots)$

若总体 X 为连续型,则

$$H_0:总体\ X\ 的分布密度函数为\ f(x)$$

当给出了原假设后,备择假设是明了的,因此,一般 H_1 也可以不用写出来。

先设 H_0 为真时总体 X 的分布函数 $F(x)$ 不含未知参数。在 H_0 下,X 可能取值的全体 Ω 分成 k 个两两不相交的子集 $A_1,A_2,\cdots,A_k$。以 f_i 表示样本观测值 $x_1,x_2,\cdots,x_n$ 落在 A_i 中的个数,这表明在 n 次试验中事件 A_i 发生的频率为 f_i/n。另一方面,当 H_0 为真时,可以根据总体分布函数计算事件 A_i 的概率 p_i,即

$$p_i=P(A_i)\quad(i=1,2,\cdots,k)$$

频率 f_i/n 与概率 p_i 有差异,但一般来说,若 H_0 为真,且试验次数较多时,这种差异不应太大,即 $(f_i/n-p_i)^2$ 不应太大。皮尔逊证明了如下定理。

定理 2.1 若 n 充分大(一般不小于 50),则当 H_0 为真时,统计量

$$\chi^2=\sum_{i=1}^{k}\frac{n}{p_i}\left(\frac{f_i}{n}-p_i\right)^2=\sum_{i=1}^{k}\frac{(f_i-np_i)^2}{np_i}=\sum_{i=1}^{k}\frac{f_i^2}{np_i}-n$$

近似服从 $\chi^2(k-1)$ 分布。

这里,f_i 表示实际频数,np_i 或 $n\hat{p}_i$ 为理论频数,可以用 e_i 表示。

若 H_0 中所设的总体 X 的分布函数中含有 r 个未知参数时,则先要估计参数(在 H_0 下),以估计值为参数,再根据假设的分布函数求出 p_i 的估计值:$\hat{p}_i=\hat{P}(A_i)$。

取 $\chi^2=\sum_{i=1}^{k}\frac{f_i^2}{n\hat{p}_i}-n$ 为统计量,则其近似服从 $\chi^2(k-r-1)$ 分布。

检验规则:当

$$\chi^2>\chi^2_a(k-r-1)$$

时拒绝原假设;否则接受原假设。

χ^2 拟合检验法是基于上述定理得到的,所以在使用时必须注意 n 要足够大。另外,np_i 或 $n\hat{p}_i$ 不能太小。根据实践,要求样本容量 n 不小于 50,以及每一个 np_i 或 $n\hat{p}_i$ 都不小于 5,否则应适当合并 A_i,以满足这个要求。

下面来解决市场份额问题。

解 此问题假设的提法

$H_0:p_1=40\%,p_2=35\%,p_3=25\%$;　H_1:至少一个公司的市场份额发生了变化

这里,p_1,p_2,p_3 表示惠尔康公司、得力公司和其他公司的保健品的市场份额。

计算统计量的值如表 2.29 所示。

表 2.29　计算表

公司	实际频数 f_i	理论频数 e_i	f_i-e_i	$\dfrac{(f_i-e_i)^2}{e_i}$
惠尔康	96	80	16	3.2
得力	80	70	10	1.43
其他	24	50	−26	13.52
总计	200	200		18.15

计算得 $\chi^2 = 18.15$，查附表 3 得 $\chi^2_{0.05}(2) = 5.99$，即 $\chi^2 > \chi^2_\alpha(k-1)$，故拒绝原假设，即保健品市场份额在惠尔康公司和得力公司的广告攻势后发生了变化。

例 2.17（光顾商店人数的分布规律）　分析味知尔食品超市的顾客光临情况。由于最近的一些员工配置问题，味知尔超市的经理请当地一家咨询公司来协助进行结账通道的员工配置规划。在考察了结账通道的运行情况后，该咨询公司提出了一个员工配置规划的建议。该配置规划基于对等候队列的分析，仅当在一段特定时间内顾客到达人数服从泊松分布时才适用。因此，在这一员工配置规划实施之前，必须搜集顾客到达超市的数据，并且进行统计检验以判断：顾客到达人数服从泊松分布的假设是合理的。设显著性水平为 0.05。

解　用 5 分钟时间段内进入超市的顾客人数来规定到达情况。因此，对味知尔食品超市的研究，下列原假设与备择假设是合适的：

H_0：5 分钟时间段内进入超市的人数服从泊松分布；

H_1：5 分钟时间段内进入超市的人数不服从泊松分布

若一个顾客到达超市的样本表明，原假设不能被拒绝，则味知尔食品超市将实施咨询公司的员工配置规划。否则，就需要考虑其他员工配置方法。

为了检验工作日上午顾客到达人数是否服从泊松分布的假设，一名味知尔食品超市的雇员随机选取了 3 周每个工作日上午的 128 个 5 分钟时间段组成的一个样本。对于样本中的每个 5 分钟时间段，该雇员记录了进入商店的顾客人数。数据如表 2.30 所示。

表 2.30　128 个 5 分钟时间段样本顾客到达的观察频数

顾客到达数	0	1	2	3	4	5	6	7	8	9
观察频数	2	8	10	12	18	22	22	16	12	6

容易得到泊松分布的均值（即每 5 分钟时间段内平均到达的顾客数）$\lambda = 640/128 = 5$。从而，味知尔食品超市顾客到达的期望频数（假设为 $\lambda = 5$ 的泊松分布）如表 2.31 所示。

表 2.31　计算表

到达顾客数 (1)	泊松分布的概率 $\hat{p}_i$ (2)	期望频数 $n\hat{p}_i$ (3)=128×(2)	$\chi^2 = \dfrac{(f_i - n\hat{p}_i)^2}{n\hat{p}_i}$ (4)
0	0.0067	0.86 ⎫	
1	0.0337	4.31 ⎭	4.51
2	0.0842	10.78	0.06
3	0.1404	17.97	1.98
4	0.1755	22.46	0.89
5	0.1755	22.46	0.01
6	0.1462	18.71	0.58
7	0.1044	13.36	0.52

续表

到达顾客数 (1)	泊松分布的概率 $\hat{p}_i$ (2)	期望频数 $n\hat{p}_i$ (3)=128×(2)	$\chi^2 = \dfrac{(f_i - n\hat{p}_i)^2}{n\hat{p}_i}$ (4)
8	0.0653	8.36	1.58
9	0.0363	4.65 ⎫	
≥10	0.0318	4.07 ⎭	0.85
合计	1.000	128	10.98

计算得 $\chi^2 = 10.98$，又查附表 3 得 $\chi^2_{0.05}(11-1-1)=16.9$。由于 $\chi^2 < \chi^2_a(k-r-1)$，故不能拒绝原假设。即由这一样本数据，可以认为 5 分钟时间段内进入超市的人数服从均值为 5 的泊松分布。

例 2.18（数据分布检验）　通海公司每年为其遍布全国的 4 家工厂招聘大约 400 名新雇员。人事部主管想知道测验分数是否呈正态分布。若是，则可以根据这个分布评估具体测验分数，即可以迅速判断出最高的 20％的分数、后面 40％的分数，等等。表 2.32 是 50 名雇员的测验分数。

表 2.32　通海公司求职者的测验数据

71	66	61	65	54	93	60	86	70	70	73	73
55	63	56	62	76	54	82	79	76	68	53	58
85	80	56	61	61	64	65	62	90	69	76	79
77	54	64	74	65	65	61	56	63	80	56	71
79	84										

在 0.05 的显著性水平下，检验这些数据是否来自于正态总体 $N(\mu, \sigma^2)$，即

H_0：样本数据来自正态总体 $N(\mu, \sigma^2)$；

H_1：样本数据并非来自正态总体 $N(\mu, \sigma^2)$

这里，μ, σ^2 均为未知参数。

解　利用上述数据，估计出正态分布 $N(\mu, \sigma^2)$ 的均值和方差，即

$$\bar{x} = \frac{\sum x_i}{n} = \frac{3412}{50} = 68.42$$

$$s = \sqrt{\frac{\sum (x_i - \bar{x})^2}{n-1}} = \sqrt{\frac{5310.0369}{49}} = 10.41$$

由此，提出关于求职者测验分数的假设如下

H_0：测验分数总体服从均值为 68.42，标准差为 10.41 的正态分布；

H_1：测验分数的总体不服从均值为 68.42，标准差为 10.41 的正态分布。

计算过程如表 2.33 和表 2.34 所示。

表 2.33　计算表

百分比/%	Z 值	测验分数
10	−1.28	$68.42-1.28\times10.41=55.10$
20	−0.84	$68.42-0.84\times10.41=59.68$
30	−0.52	$68.42-0.52\times10.41=63.01$
40	−0.25	$68.42-0.25\times10.41=65.82$
50	0	$68.42-0\times10.41=68.42$
60	0.25	$68.42-0.25\times10.41=71.02$
70	0.52	$68.42-0.52\times10.41=73.83$
80	0.84	$68.42-0.84\times10.41=77.16$
90	1.28	$68.42-1.28\times10.41=81.74$

表 2.34　50 名求职者的测验分数频数分布

测验分数区间	观察频数 f_i	理论频数 $n\hat{p}_i$	$\chi^2=\dfrac{(f_i-n\hat{p}_i)^2}{n\hat{p}_i}$
55.10 以下	5	5	0
55.10—59.68	5	5	0
59.68—63.01	9	5	3.2
63.01—65.82	6	5	0.2
65.82—68.42	2	5	1.8
68.42—71.02	5	5	0
71.02—73.83	2	5	1.8
73.83—77.16	5	5	0
77.16—81.74	5	5	0
81.74 以上	6	5	0.2
合计	50	50	7.2

计算得 $\chi^2=14.4$，又查附表 3 得 $\chi^2_{0.05}(10-2-1)=14.1$。由于 $\chi^2>\chi^2_\alpha(k-r-1)$，故拒绝原假设。即由这一样本数据，没有理由认为求职者的测验分数服从均值为 68.42，标准差为 10.41 的正态分布。

2.5.2　独立性检验（列联表分析）

例 2.19（大学学位类型与 MBA 专业方向的关系）　由于每年 MBA 的学生对于专业方向和选修课需求的变化较大，从而使得 MBA 教学计划的编制变得复杂。例如，某一年学生可能热衷于营销课程，而另一年会计学或金融学课程可能十分流行。某高校的 MBA 中心的教学部想知道是否学员的学术背景以及大学学位类型影响专业方向的选择。为此，随机选择了已毕业的 152 名 MBA 学员的资料，如表 2.35 所示。由此数据，能否得出大学学位类型影响 MBA 专业方向选择的结论。

表 2.35　样本数据

大学学位类型	MBA 专业方向			合计
	会计	金融	营销	
文学	31	13	16	60
工学	8	16	7	31
管理学	12	10	17	39
其他	10	5	7	22
合计	61	44	47	152

解　这个问题可以理解为两个变量之间的关系问题。上表中有两个变量,即大学学位类型和 MBA 专业方向,两个都是定性变量。大学学位类型有 4 种表现形式,即文学、工学、管理学和其他;MBA 专业方向有 3 种表现形式,即会计、金融和营销。将上述形式的表称为 4×3 的列联表。一般如有 r 行、s 列,则称为 $r \times s$ 列联表,如表 2.36 所示。

表 2.36　$r \times s$ 列联表

		列					合计
		1	2	3	⋯	s	
行	1	q_{11}	q_{12}	q_{13}	⋯	q_{1s}	$n_{1.}$
	2	q_{21}	q_{22}	q_{23}	⋯	q_{2s}	$n_{2.}$
	3	q_{31}	q_{32}	q_{33}	⋯	q_{3s}	$n_{3.}$
	⋮	⋮	⋮	⋮		⋮	⋮
	r	q_{r1}	q_{r2}	q_{r3}	⋯	q_{rs}	$n_{r.}$
合计		$n_{.1}$	$n_{.2}$	$n_{.3}$	⋯	$n_{.s}$	n

列联表中两个变量之间的关系可以转化成如下的检验问题

$$H_0:两个变量相互独立; \quad H_1:两个变量相关$$

检验统计量

$$\chi^2 = \sum_{i=1}^{r} \sum_{j=1}^{s} \frac{(q_{ij} - e_{ij})^2}{e_{ij}} \sim \chi^2((r-1) \times (s-1))$$

其中,$e_{ij} = \dfrac{n_{.j} \times n_{i.}}{n}$ 为列联表中第 (i,j) 格子中的理论频数。

检验规则:当 $\chi^2 \geqslant \chi_a^2((r-1) \times (s-1))$ 时,拒绝原假设。

现在来看本例的计算。

表中各项的理论频数为

$$e_{11} = \frac{n_{.1} \times n_{1.}}{n} = 24.08; \quad e_{12} = \frac{n_{.2} \times n_{1.}}{n} = 17.37; \quad e_{13} = \frac{n_{.3} \times n_{1.}}{n} = 18.55$$

$$e_{21} = \frac{n_{.1} \times n_{2.}}{n} = 12.44; \quad e_{22} = \frac{n_{.2} \times n_{2.}}{n} = 8.97; \quad e_{23} = \frac{n_{.3} \times n_{2.}}{n} = 5.95$$

$$e_{31} = \frac{n_{.1} \times n_{3.}}{n} = 51.65; \quad e_{32} = \frac{n_{.2} \times n_{3.}}{n} = 11.29; \quad e_{33} = \frac{n_{.3} \times n_{3.}}{n} = 12.06$$

$$e_{41} = \frac{n_{.1} \times n_{4.}}{n} = 8.83; \quad e_{42} = \frac{n_{.2} \times n_{4.}}{n} = 6.37; \quad e_{43} = \frac{n_{.3} \times n_{4.}}{n} = 6.80$$

整理为表 2.37。

表 2.37　计算表

大学学位类型	MBA 专业方向			合计
	会计	金融	营销	
文学	31(24.08)	13(17.37)	16(18.55)	60
工学	8(12.44)	16(8.97)	7(5.95)	31
管理学	12(15.65)	10(11.29)	17(12.06)	39
其他	10(8.83)	5(6.37)	7(6.80)	22
合计	61	44	47	152

计算可得

$$\chi^2 = \sum_{i=1}^{r} \sum_{j=1}^{s} \frac{(q_{ij} - e_{ij})^2}{e_{ij}} = 14.70$$

而 $\chi^2_{0.05}(6) = 12.60$。由于 $\chi^2 = 14.70 > \chi^2_{0.05}(6) = 12.60$，故拒绝原假设，即大学学位类型会影响 MBA 专业方向的选择。

对于 2×2 的列联表，计算可以简化。

例 2.20（制度设计效应）　某公司要了解职工对现行奖励制度是否满意，为此调查了 210 个职工，有关资料如表 2.38 所示。在显著性水平 0.05 下，分析男女职工对奖励制度的看法是否有显著差异。

表 2.38　职工满意度列联表

满意程度 性别	满意	不满意	合计
男职工	30(a)	70(b)	100($a+b$)
女职工	45(c)	65(d)	110($c+d$)
合计	75($a+c$)	135($b+d$)	210($n=a+b+c+d$)

解　建立假设

H_0：男女职工之间的态度无显著差异；

H_1：男女职工之间的态度有显著差异

计算得到，$\chi^2 = \dfrac{n(ad-bc)^2}{(a+c)(b+d)(a+b)(c+d)} = 2.71$；查附表 3 得 $\chi^2_{0.05}(1) = 3.841$。

由于 $\chi^2 < \chi^2_{0.05}(1)$，故接受原假设，即男女职工对现行奖励制度的看法无明显差别。

2.6　正态性的检验法

一般可以用 χ^2 拟合优度检验、柯尔莫哥洛夫-斯米尔洛夫检验法检验总体的正态性。这两种方法适用于对任何分布的假设做检验。"有一利必有一弊"，这两种检验法对正态性检验的效果就不会很好。竹内启及藤野和建在 1975 年发表了一篇技术报告，对若干种典型的非正态分布进行了大量次数的模拟试验，比较若干种正态性检验法检验判断正确的能力。结论是："W 检验法"又称夏皮罗-威尔克检验法（S. S. Shapiro-M. B. Wilk）及"偏度、峰度检验法"最为有效。下面以一例来介绍前一种方法。此方法适用于样本容量不超过 50 的情况。超过 50 而又不超过 1000，则用 D 检验法（R. B. Dagostino）（这可以参考 GB4882-85）。

例 2.21（正态检验）　有一个样本：$2.7, -1.2, -1.0, 0, 0.7, 2.0, 3.7, -0.6, 0.8, -0.3$。试判断这组数据是否来自正态总体。

解　W 检验的步骤：

（1）将样本观测值排序

$$x_1^* \leqslant x_2^* \leqslant \cdots \leqslant x_n^*$$

本例为：$-1.2 < -1.0 < -0.6 < -0.3 < 0 < 0.7 < 0.8 < 2.0 < 2.7 < 3.7$。

（2）由 W 检验法的系数表查得 W 检验法的系数：$a_1(w), a_2(w), \cdots, a_l(w)$，其中，当 n 为偶数时，$l = n/2$；当 n 为奇数时，$l = (n-1)/2$。对于本例，查得 $a_1(w), a_2(w), \cdots, a_5(w)$：0.5939，0.3291，0.2141，0.1224，0.0399。

（3）由公式计算统计量

$$W = \frac{\left[\displaystyle\sum_{k=1}^{l} a_k(w)(x_{n+1-k}^* - x_k^*)\right]^2}{\displaystyle\sum_{k=1}^{n}(x_k - \bar{x})^2}$$

这里 $\bar{x}$ 为样本均值。

本例 W 的值：$w = 0.9252$。

（4）查附表 12 得统计量 W 的 p 分位数 $w_p = w_a$。

本例 $\alpha = 0.05$，查表得 $w_{0.05} = 0.842$。

（5）判断规则：若 $w < w_a$，则拒绝原假设，否则接受。

本例，接受原假设。即这一样本数据来自正态总体。

2.7　本 章 小 结

本章介绍了非参数统计的基本方法及其相应的应用。事实上,参数统计在实践中有其局限性。因为,对于一个实际问题,人们对其变化规律的认识十分有限,更不要说变量的分布了。所以,相对假设条件很少的非参数统计方法可以解决相当一部分的总体分布的检验问题,从而为实际问题的解决提供了有力工具。

在检验中遇到的常用分布概率及分位点的计算,都可以在 excel 中的函数中得以实现,应用时十分方便。

问题与思考

1. 各种不同非参数检验方法的适用场合是什么?

2. 如何理解参数检验与非参数检验各自的优缺点?

3. 在什么条件下中位数检验要比均值检验更为合理?

第3章 线性回归分析

有一项研究提供了与制造业工人失业周数有关的一些变量的数据。在这项研究中，因变量被定义为工人由于临时被解雇而失业的周数。影响失业时间的变量有：工人年龄；受教育年限；婚姻状况（指已婚或未婚）；是否户主；工龄；是否做过管理工作；是否做过营销工作等。现有30个失业工人的数据，如表3.1所示。婚姻状况、是否户主、是否做过管理工作和是否做过营销工作等变量是属性变量，用1表示已婚、是户主、做过管理工作和做过营销工作，以0表示未婚、非户主、未做过管理工作和未做过营销工作。那么，这些变量是如何影响失业时间的？对于一个具有某些特征的失业工人，如何预测其失业周数？

表 3.1 样本数据

周数	年龄	受教育年限	婚姻状况	是否户主	工龄	是否做过管理工作	是否做过营销工作
37	30	14	1	1	1	0	0
49	32	10	0	1	11	0	0
73	44	11	1	0	2	0	0
15	26	13	1	0	7	1	0
52	26	15	1	1	6	0	0
13	33	12	0	1	2	0	0
39	20	11	1	0	1	0	0
59	35	7	1	1	6	0	0
39	36	17	0	1	9	1	0
44	26	12	1	1	8	0	0
44	28	17	0	1	3	0	1
49	25	10	1	1	1	0	0
80	31	15	1	0	12	0	0
7	23	15	1	0	2	0	0
14	24	13	1	1	7	0	0
94	62	13	0	1	8	0	0
48	31	16	1	0	11	0	0
82	48	18	0	1	30	0	0
4	36	16	0	1	8	0	1
55	33	12	1	0	10	0	1
39	32	16	0	1	11	0	0

续表

周数	年龄	受教育年限	婚姻状况	是否户主	工龄	是否做过管理工作	是否做过营销工作
80	62	15	1	0	16	0	1
22	40	8	1	1	16	0	1
57	42	13	1	1	2	1	0
64	45	16	1	1	22	0	0
22	39	11	1	1	4	0	0
27	27	15	1	0	10	0	1
20	42	14	1	1	6	1	0
30	31	10	1	1	8	0	0
23	33	13	1	1	8	0	0

在现实世界中,一个事物的发展与变化往往受到一个或多个因素的影响。例如,经济增长受到投资、环境、政策等影响;又如,某一股票的价格与此公司的经营绩效、发展战略、国家的产业政策、上下游企业的经营状况等有关。一个自然的问题是,这些因素是如何影响对应事物的变化。这里,有两个基本问题:一是有无影响;二是如何影响。其中,如何影响又包含两个问题,即影响的方向与程度。对于多个变量影响一个变量的情形,是否能利用数学中的函数关系来解决呢?为此,来看一个实际问题,即广告费如何影响销售量的问题。显然,广告费的投入可以增加产品的知晓度,因而,能够增加产品的销售量。对于某一种产品,如果在不同的月份投入相同的广告费,是否能有相同的销售量呢?答案是否定的。事实上,广告费的投入是一个可以事先确定或可以控制的变量,而销售量却不能事先确定,因为,销售量的多少并不仅仅取决于广告费的投入。这样,在相同的广告费下,产品的销售量有不同的结果(假设其他条件未发生变化)。由此,产品的销售量与广告费的投入之间的关系就难以用数学中的函数关系来度量。事实上,从统计学的角度来看,产品的销售量是一个随机变量,而广告费是一个确定性的变量。一个普通变量与随机变量的函数关系至今我们并不熟悉。其内在的关系如何,将在本章进行讨论。

"回归"一词由英国著名生物学家和统计学家高尔顿在研究人类遗传问题时提出。为研究父代与子代身高的关系,高尔顿收集了1078对父亲与他的成年儿子的身高数据,记父亲的身高为x,儿子的身高为Y。由散点图可知,父亲的身高增加,其儿子的身高也趋于增加。对于这1078对数据,求得父亲身高的平均值$\bar{x}=68$英寸(1英寸=2.54厘米),儿子身高的平均值$\bar{y}=69$英寸。由此可见,子代的平均身高比父代增加了1英寸。因此,一种自然的推想是,对于身高为x英寸的父代,其子代的平均身高大致为$x+1$。但是,高尔顿发现,对于身高为72英寸(大于平均身高68英寸)的父亲,他们儿子的平均身高只有71英寸,不但未达到预期的72+1英寸,反而比他们父代的身高低了1英寸;而对于身高$x=64$英寸(小于平均身高68英寸)的父亲,他们儿子的平均身高为67英寸,比预期的64+1英寸还高出2英寸。一般来说,身高超过平均值的父代,其子代的平均身高将低于父代的平均身高;反之,身高低于平均值的父代,其子代的平均身高将高于父代的平均身高,即子代的身高有"回归"趋势。

若利用这些数据拟合一个直线回归方程,则得到

$$\hat{y} = 33.73 + 0.516x$$

由此经验方程可知,父代身高每增加一个单位时,其成年儿子的平均身高只增加 0.516 个单位,它反映了这种"回归"效应。

根据反复观察的结果,高尔顿 1885 年在英国皇家学会上发表了关于回归现象的演讲,并于次年撰写了《在遗传中身高向中等高度回归》的论文,正式提出回归的概念。其后,高尔顿的学生皮尔逊和斯皮尔曼等发展了回归的学说,并将其应用于社会科学领域。虽然回归分析目前的发展已远远超出上述这一特殊情况,但"回归"一词一直被沿用下来。

回归分析由于其广泛的应用背景,一直以来都是统计数据分析的重要工具之一,也是统计领域一个热点的研究方向。对于线性回归模型,已建立了有效的估计和统计推断方法,形成了完整的理论体系,是回归分析的首选模型之一。本章较为系统地介绍线性回归分析的相关理论、方法和应用。

3.1　一元线性回归分析

例 3.1(里程表读数与二手车价格)　某公司想要研究二手车的行驶里程数与其销售价格之间的关系,期望运用二手车的行驶距离来预测其销售价格,由此为二手车买主提供咨询。为此,该公司从二手车经销商在上个月拍卖的车中随机选取了 100 辆使用了 3 年的某一品牌汽车的销售记录。数据如表 3.2 所示。

表 3.2　样本数据

里程数/千公里	37.4	44.8	45.8	30.9	31.7	34.0	45.9	19.1	40.1	40.2
价格/千元	14.6	14.1	14.0	15.6	15.6	14.7	14.5	15.7	15.1	14.8
里程数/千公里	32.4	43.5	32.7	34.5	37.7	41.4	24.5	35.8	48.6	24.2
价格/千元	15.2	14.7	15.6	15.6	14.6	14.6	15.7	15.0	14.7	15.4
里程数/千公里	38.8	45.6	28.7	38.2	36.7	32.5	39.1	45.3	34.4	38.4
价格/千元	14.3	14.5	15.6	14.7	14.4	15.1	14.1	14.2	14.8	15.1
里程数/千公里	32.2	26.6	33.5	41.8	36.7	37.5	25.6	40.1	31.0	42.2
价格/千元	15.0	15.7	14.6	14.5	14.8	14.6	15.7	15.0	14.9	14.4
里程数/千公里	37.4	34.4	30.6	42.5	38.4	40.5	26.0	46.3	34.8	27.4
价格/千元	14.2	15.4	15.6	14.4	14.3	14.3	15.5	13.9	14.5	15.5
里程数/千公里	47.9	35.6	42.5	43.8	43.5	34.3	41.4	35.0	41.4	30.2
价格/千元	14.3	15.0	14.5	14.5	14.3	14.5	14.6	14.8	14.2	15.3
里程数/千公里	47.2	24.5	21.2	35.5	28.0	38.1	42.3	49.2	33.4	37.8
价格/千元	14.3	16.1	15.4	15.1	15.0	14.4	14.5	14.0	14.7	14.1

里程数/千公里	36.0	38.1	35.2	21.0	45.8	36.2	34.4	44.3	32.1	34.6
价格/千元	15.2	15.3	14.6	16.4	14.4	14.9	15.0	13.6	15.4	14.9
里程数/千公里	31.0	38.6	36.5	25.7	39.2	21.5	37.1	42.6	33.0	31.6
价格/千元	14.7	14.3	15.1	15.1	14.2	16.3	14.6	14.3	14.8	15.5
里程数/千公里	36.0	29.1	38.2	31.5	31.4	36.2	34.2	33.2	39.2	36.4
价格/千元	15.0	15.4	14.6	15.5	15.1	14.8	14.6	14.5	14.7	14.3

如以行驶里程数为变量 x,销售价格为变量 Y,将两者的联动变化趋势以散点图表示(图 3.1)。

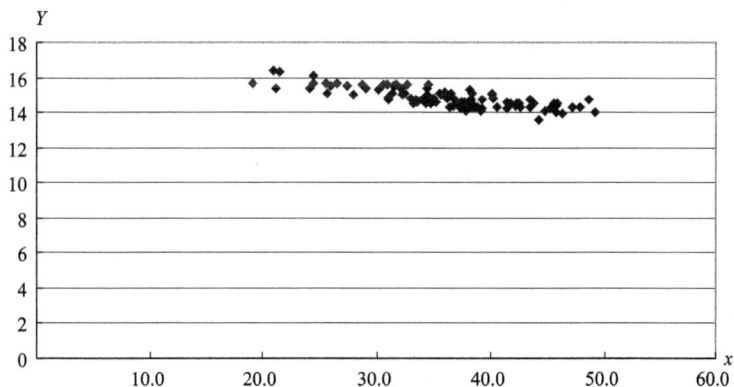

图 3.1　散点图

从图 3.1 可以看到,随着行驶里程数的增加,其销售价格在逐步下降。散点图表明这两个变量呈反向的线性关系,也即当 x 增加时,Y 呈相应的线性下降趋势。另外可见,这些有序数对不在一条直线或曲线上,即 Y 与 x 之间不存在严格的函数关系。即这两个变量具有某种较为明显的变化相依性,但尚难给出具有某种确定关系的信息。还可以发现一个重要特点,就是被随机抽取的车行驶里程数即使相同,其销售价格也不一定一样。如行驶里程数同为 24.5,但销售价格分别为 15.7 和 16.1;行驶里程数同为 34.4 的三辆车,其销售价格分别为 14.8,15 和 15.4,等等。如果将行驶里程数作为自变量 x,销售价格作为因变量 Y,那么,对于自变量 x 的同一个取值,因变量 Y 将有若干个值与之对应。因此,Y 不是一个普通的变量。事实上,影响销售价格的因素并不仅仅是行驶里程数,还有许多其他的因素,而这些其他的因素可能难以测度或观察到。如果用所能获得数据的变量来解释因变量的变化,那么就存在误差。因此,设计如下关系

$$Y = \beta_0 + \beta_1 x + \varepsilon \tag{3.1}$$

这里的 Y 是一个随机变量,x 是一个通常的实数变量(也可以是随机变量,这里不考虑这种情形)。ε 是以 x 的线性函数 $\beta_0 + \beta_1 x$ 来解释 Y 变化所产生的误差。这种误差是许多影响 Y 变化的因素的集合,是一个不可观测的变量。一般假设,$E(\varepsilon) = 0$,$D(\varepsilon) = \sigma^2$。

(3.1)式是在取得两个变量的一组值所对应的散点图得到启发下而设计的。由于 ε

未知,无法直接通过其获得两个变量关系更进一步的结果。

当自变量 x 取 n 个不同值 $x_1,x_2,\cdots,x_n$ 时,设 $Y_1,Y_2,\cdots,Y_n$ 分别是在 $x_1,x_2,\cdots,x_n$ 处对因变量 Y 的独立观察结果,称 $(x_1,Y_1),(x_2,Y_2),\cdots,(x_n,Y_n)$ 为一个样本,其对应的观测值记为 $(x_1,y_1),(x_2,y_2),\cdots,(x_n,y_n)$,则有

$$Y_i = \beta_0 + \beta x_i + \varepsilon_i, \quad i = 1,2,\cdots,n \tag{3.2}$$

这里 $E(\varepsilon_i)=0, D(\varepsilon_i)=\sigma^2, i=1,2,\cdots,n$,且假设 $\varepsilon_1,\varepsilon_2,\cdots,\varepsilon_n$ 之间相互独立。由于 $E(\varepsilon_i)=0$,故 $\varepsilon_1,\varepsilon_2,\cdots,\varepsilon_n$ 之间独立性的假设其实相当于 $E(\varepsilon_i\varepsilon_j)=0(i\neq j)$。

由(3.1)式,容易得到

$$E(Y) = \beta_0 + \beta_1 x \tag{3.3}$$

此式表明当 x 已知时,理论上可以精确地算出 $E(Y)$。这是分析 x 对 Y 影响走出的重要一步。通过对误差项 ε 的假设,将一个随机方程简化成一个普通变量的线性方程。事实上,要获得一个可以控制或精确测量的普通变量 x 与一个随机变量 Y 之间的函数关系是不可能的,因而,退而求次之分析随机变量 Y 的均值与 x 之间的关系,即两个普通变量之间的函数关系。这样至少为解决问题提供了途径。

由(3.3)式可见,$E(Y)$ 是 x 的函数,故将 $E(Y)$ 记作 $\mu(x)$,即 $\mu(x)=\beta_0+\beta_1 x$,称为 Y 关于 x 的回归函数。在实际问题中,回归函数一般是未知的。回归分析的任务在于根据试验数据去估计回归函数,讨论有关的点估计、区间估计、假设检验等问题,特别重要的是对随机变量 Y 的观测值作出点预测和区间预测。

注 这里的线性性是指关于参数的线性性。

3.1.1 参数 β_0, β_1 的估计

运用最小二乘法或最大似然估计法估计未知参数 β_0, β_1。

设 $\mu(x)=\beta_0+\beta_1 x$ 的估计方程为 $\hat{y}=a+bx$,这里,$\hat{y}$ 为 $E(Y)$ 的估计,a,b 分别为未知参数 β_0, β_1 的估计,则在 x_i 处,有 $\hat{y}_i=a+bx_i$,即当自变量 $x=x_i$ 时,因变量取值 y_i 的估计值 $\hat{y}_i$ 为 $a+bx_i$。将 $y_i-\hat{y}_i$ 定义为 $x=x_i$ 处的残差,记为 $e_i=y_i-\hat{y}_i$。又记

$$Q_e = \sum_{i=1}^{n} (y_i - (a+bx_i))^2$$

即 Q_e 为用 $a+bx$ 作为因变量均值 $E(Y)$ 估计的残差的平方和。

容易看到,Q_e 是 a,b 的二元函数,为了获得 a,b 的值,只要借助于微积分中极值问题的求解方法即可。事实上,令

$$\frac{\partial Q_e}{\partial a} = 0, \quad \frac{\partial Q_e}{\partial b} = 0$$

即

$$\sum_{i=1}^{n} y_i = na + b\sum_{i=1}^{n} x_i$$

$$\sum_{i=1}^{n} x_i y_i = a\sum_{i=1}^{n} x_i + b\sum_{i=1}^{n} x_i^2$$

上述方程一般称为正规方程。

由此得到参数 β_0, β_1 的最小二乘估计值为

$$a = \bar{y} - b\bar{x}$$

$$b = \frac{\sum_{i=1}^{n}(x_i - \bar{x})(y_i - \bar{y})}{\sum_{i=1}^{n}(x_i - \bar{x})^2}$$

这里，$\bar{x} = \dfrac{1}{n}\sum_{i=1}^{n} x_i, \bar{y} = \dfrac{1}{n}\sum_{i=1}^{n} y_i$。

这样，对于给定的 x，取 $a+bx$ 作为回归函数 $\mu(x) = \beta_0 + \beta_1 x$ 的估计，即 $\hat{\mu}(x) = a + bx$，称为 Y 关于 x 的经验回归函数。记 $a+bx = \hat{y}$，则方程 $\hat{y} = a+bx$ 称为 Y 关于 x 的经验回归方程，简称回归方程，其图形称为回归直线。

一定要记住的是，这里的 $\hat{y} = a+bx$ 仅仅是由样本对总体回归方程 $\mu(x) = \beta_0 + \beta_1 x$ 的一个估计，且 $\hat{y}$ 是 $E(Y)$ 的估计，而非随机变量 Y 的估计。

3.1.2　误差项 ε 的方差 σ^2 的估计

误差项 ε 的方差 σ^2 的估计为

$$\hat{\sigma}^2 = \frac{Q_e}{n-2} = \frac{\sum_{i=1}^{n}(y_i - \hat{y}_i)^2}{n-2}$$

下面就里程表读数与二手车价格关系的回归方程进行估计。excel 实现的结果如表 3.3 所示。

表 3.3　回归结果

回归统计					
R（相关系数）	0.81				
R^2（判定系数）	0.65				
调整的 R^2	0.64				
标准误差	0.33				
观测值个数	100				
方差分析					
	自由度	平方和	均方	F 统计量	显著性水平 F
回归分析	1	19.26	19.26	180.64	5.75×10^{-24}
残差	98	10.45	0.11		
总计	99	29.70			
	系数	标准误差	t 统计量	P 值	下限 95%	上限 95%
截距	17.25	0.18	94.73	3.57×10^{-98}	16.89	17.61
变量 X	-0.07	0.00	-13.44	5.75×10^{-24}	-0.077	-0.057

$\hat{y} = 17.25 - 0.07x$；$\hat{\sigma}^2 = 0.11$。

解释　当行驶里程数每增加 1 千公里,则其销售价格平均下降 70 元。

3.1.3　拟合回归线的性质

（1）残差之和为 0,即

$$\sum_{i=1}^{n} e_i = 0$$

（2）观测值之和等于拟合值之和,即

$$\sum_{i=1}^{n} y_i = \sum_{i=1}^{n} \hat{y}_i$$

（3）当第 i 次试验的残差以相应的自变量取值为权数时,其加权残差之和为 0,即

$$\sum_{i=1}^{n} x_i e_i = 0$$

（4）当第 i 次试验的残差以相应的因变量拟合值为权数时,其加权残差之和为 0,即

$$\sum_{i=1}^{n} \hat{y}_i e_i = 0$$

（5）回归直线通过点 $(\bar{x}, \bar{y})$。

在对模型参数的统计推断时还需要假定 ε 服从正态分布 $N(\mu, \sigma^2)$。

3.1.4　正态误差回归模型

在模型（3.1）中,假设 $E(\varepsilon) = 0$, $D(\varepsilon) = \sigma^2$,如果仅对模型参数估计这个条件即可,但如需要对模型参数进行统计推断还需要假定 ε 服从正态分布,即有如下的正态误差回归模型

$$Y = \beta_0 + \beta_1 x + \varepsilon$$

这里,$\varepsilon \sim N(0, \sigma^2)$。

样本回归正态误差模型

$$Y_i = \beta_0 + \beta_1 x_i + \varepsilon_i$$

这里,Y_i 是第 i 次试验的因变量的观测;x_i 是第 i 次试验的自变量的取值,是已知常数;β_0, β_1 为未知参数;ε_i 之间相互独立,且均服从正态分布 $N(0, \sigma^2)$;$i = 1, 2, \cdots, n$。

关于误差为正态分布假设合理性的说明:

误差项 ε_i 代表了模型中略去的所有影响因变量 Y 的因素的集合,且这些因素随机变化而与自变量不相关。这诸多影响 Y 的因素在一定程度上又相互独立,当数量很多时,这些因素的累积从中心极限定理的角度来看,近似服从正态分布。

在正态误差回归模型下,可以利用最大似然估计法对未知参数进行估计,得到的两个未知参数的最大似然估计值与最小二乘估计值一样,而误差项方差的估计为

$$\hat{\sigma}^2 = \frac{\sum_{i=1}^{n} (y_i - \hat{y}_i)^2}{n}$$

1. 一些结论

(1) 在正态误差回归模型下，$Y_i \sim N(\beta_0 + \beta_1 x_i, \sigma^2)$；

(2) β_0, β_1 的估计量 a, b 均为 Y_i 的线性函数；

(3) a, b 分别为参数 β_0, β_1 的无偏估计量；

(4) β_0, β_1 的估计量 a, b 均服从正态分布，即

$$a \sim N\left(\beta_0, \left(\frac{1}{n} + \frac{\bar{x}^2}{\sum\limits_{i=1}^{n}(x_i - \bar{x})^2}\right)\sigma^2\right), \quad b \sim N\left(\beta_1, \frac{\sigma^2}{\sum\limits_{i=1}^{n}(x_i - \bar{x})^2}\right)$$

(5) $\dfrac{\sum\limits_{i=1}^{n}(y_i - \hat{y}_i)^2}{n-2} = \dfrac{\sum\limits_{i=1}^{n}e_i^2}{n-2} = \mathrm{MSE}$（称为误差均方）为 σ^2 的无偏估计；

(6) $\dfrac{a - \beta_0}{s(a)} = \dfrac{a - \beta_0}{\sqrt{\left(\dfrac{1}{n} + \dfrac{\bar{x}^2}{\sum\limits_{i=1}^{n}(x_i - \bar{x})^2}\right)\mathrm{MSE}}} \sim t(n-2)$

$$\frac{b - \beta_1}{s(b)} = \frac{b - \beta_1}{\sqrt{\dfrac{\mathrm{MSE}}{\sum\limits_{i=1}^{n}(x_i - \bar{x})^2}}} \sim t(n-2),$$

其中，$s(a), s(b)$ 分别表示估计量 a, b 的标准差。

注意估计量与估计值之间的区别，前者为统计量，后者为通常的实数。

2. 回归分析推断

1) 参数的区间估计

仅对 β_1 进行分析。

由于

$$\frac{b - \beta_1}{s(b)} = \frac{b - \beta_1}{\sqrt{\dfrac{\mathrm{MSE}}{\sum\limits_{i=1}^{n}(x_i - x)^2}}} \sim t(n-2)$$

故对于置信度 $1-\alpha$，参数 β_1 的区间估计为

$$(b - t_{\alpha/2}^{n-2}s(b), b + t_{\alpha/2}^{n-2}s(b))$$

这里，

$$s(b) = \sqrt{\frac{\mathrm{MSE}}{\sum\limits_{i=1}^{n}(x_i - \bar{x})^2}} = \sqrt{\frac{\sum\limits_{i=1}^{n}(y_i - \hat{y}_i)^2}{(n-2)\sum\limits_{i=1}^{n}(x_i - \bar{x})^2}}$$

如上例，$b = 0.07, \mathrm{MSE} = 0.33$，所以在 0.95 的置信度下，参数 β_1 的区间估计为 $(-0.077, -0.057)$，即当车的行驶距离每增加 1 千公里时，其售价平均降低幅度在 70 元

到 57 元之间。

2）方程的显著性检验（F 检验）

所谓方程的显著性检验，就是要检验 Y 的均值 $E(Y)$ 与 x 之间是否存在线性关系，即 Y 关于 x 的回归 $\mu(x)$ 是否具有形式 $\beta_0+\beta_1 x$。在处理实际问题时，$\mu(x)$ 是否为 x 的线性函数，首先要根据有关专业知识和实践来判断；其次要根据实际观察到的数据运用假设检验的方法来判断。也就是说，求得的线性回归方程是否具有实际价值，一般需要经过假设检验才能确定。在一元线性回归模型中，本质上就是研究 β_1 是否等于零，即要检验

$$H_0:\beta_1=0;\quad H_1:\beta_1\neq 0$$

检验统计量

$$F=\frac{\text{MSR}}{\text{MSE}}\sim F(1,n-2)$$

这里，$\text{MSR}=\sum\limits_{i=1}^{n}(\hat{y}_i-\bar{y})^2/1$，其中 1 表示自由度，实际上为自变量的个数。

检验规则：

拒绝原假设的条件：$F>F_a(1,n-2)$ 或 $P\{F(1,n-2)>F\}<\alpha$。

对于上例，$F=180.64$，$F_{0.05}(1,98)=0.248$，由于 $F>F_{0.05}(1,98)$，故拒绝原假设。本例中，F 检验的 P 值 $=5.75\times10^{-24}$，显然小于显著性水平 0.05，同样拒绝原假设，且由于 P 值几乎为 0，故拒绝原假设的理由十分充分。即用汽车行驶里程数的线性函数来解释汽车售价的变化是可行的。

3）参数的显著性检验（t 检验）

当方程的显著性成立时，自变量前的系数也有可能为零，尽管对于一元线性回归模型与方程的显著性检验是一致的。

假设的提法

$$H_0:\beta_1=0;\quad H_1:\beta_1\neq 0$$

检验统计量

$$t=\frac{b}{s(b)}\sim t(n-2)$$

检验规则：

拒绝原假设的条件：$|t|\geq t_{\alpha/2}(n-2)$。

在本例中，$t=-13.44$，$t_{0.025}(98)=1.9848$，由于 $|t|\geq t_{\alpha/2}(n-2)$，故拒绝原假设。

事实上，对于一元线性回归模型，可以论证 F 检验与 t 检验是等价的。

说明 当原假设未被拒绝时，即回归效果不显著。可能的原因有：影响 Y 的取值，除 x 及随机误差外还有其他不可忽略的因素；$E(Y)$ 与 x 的关系非线性，而是存在其他关系；Y 与 x 不存在关系。

3. 预测与控制

1）回归函数 $\mu(x)=\beta_0+\beta_1 x$ 值的点估计和区间估计

对于 x 的某一取值 x_0，其对应的回归函数值 $\mu(x_0)=\beta_0+\beta_1 x_0$ 的点估计值为

$$\hat{\mu}(x_0)=a+bx_0$$

$\mu(x_0)=\beta_0+\beta_1 x_0$ 的置信度为 $1-\alpha$ 的置信区间为

$$(\hat{\mu}(x_0)-t_{\alpha/2}(n-2)s(\hat{\mu}(x_0)),\hat{\mu}(x_0)+t_{\alpha/2}(n-2)s(\hat{\mu}(x_0)))$$

或

$$\left(a+bx_0-t_{\alpha/2}(n-2)\hat{\sigma}\sqrt{\frac{1}{n}+\frac{(x_0-\bar{x})^2}{\sum\limits_{i=1}^{n}(x_i-\bar{x})^2}},\right.$$

$$\left.a+bx_0+t_{\alpha/2}(n-2)\hat{\sigma}\sqrt{\frac{1}{n}+\frac{(x_0-\bar{x})^2}{\sum\limits_{i=1}^{n}(x_i-\bar{x})^2}}\right)$$

其中,$\hat{\sigma}=\sqrt{\dfrac{\sum\limits_{i=1}^{n}(y_i-\bar{y})^2}{n-2}}$。

这里,解决了对于同一个 x_0 下的所有与之相对应的 Y 取值的均值的点估计与区间估计问题。

对于二手车销售价格问题,如有 300 辆行驶里程均为 40000(即 $x_0=40$)公里的某型号汽车,某位经销商要估计这批车的平均销售价格,则平均销售价格 $\hat{\mu}(40)$ 的点估计为

$$\hat{\mu}(40)=17.25-0.07\times 40=14.45(千元)$$

置信度为 0.95 的区间估计为 (14.37,14.53)。

2）Y 的观测值的点预测和预测区间

若 Y_0 为在 x_0 处 Y 的观测值,则 $Y_0=\beta_0+\beta_1 x_0+\varepsilon_0$。

Y_0 的点预测值 $\hat{\mu}(x_0)$,即 $\hat{Y}_0=a+bx_0$。

Y_0 的置信度为 $1-\alpha$ 的预测区间为

$$\left(a+bx_0-t_{\alpha/2}(n-2)\hat{\sigma}\sqrt{1+\frac{1}{n}+\frac{(x_0-\bar{x})^2}{\sum\limits_{i=1}^{n}(x_i-\bar{x})^2}},\right.$$

$$\left.a+bx_0+t_{\alpha/2}(n-2)\hat{\sigma}\sqrt{1+\frac{1}{n}+\frac{(x_0-\bar{x})^2}{\sum\limits_{i=1}^{n}(x_i-\bar{x})^2}}\right)$$

其中,$\hat{\sigma}=\sqrt{\dfrac{\sum\limits_{i=1}^{n}(y_i-\bar{y})^2}{n-2}}$。

对于二手车销售价格问题,有一位二手车销售商拟投标一辆用了 3 年,行驶里程为 40000 公里的某型号轿车。为了确定投标金额,其需要预测汽车的销售价格。这里 $x_0=40$,要预测 $Y_0=\beta_0+\beta_1 x_0+\varepsilon_0$ 的值。

由上述公式,得到其置信度为 0.95 的预测区间为(13.80,15.10)。

解释　可以看到,预测一辆车价格的变化区间比估计一批同样特征汽车的平均销售价格要保守。因为,预测一辆车的销售价格显然要比估计一批车的均价来得困难。事实

上,均值 $E(Y_0)$ 的置信区间的宽度为 0.16,Y_0 的预测区间的宽度为 1.30。

3.1.5 线性回归模型中自变量与因变量之间联系的描述测度

用自变量 x 的一元线性函数来解释因变量 Y 的均值的变化,这种解释的程度如何度量,或者说"x 与 Y 的线性密切程度"如何? 能否有一个指标来度量这种"密切程度",下面来讨论这个问题。

1. 判定系数

定义判定系数

$$r^2 = \frac{\sum_{i=1}^{n}(y_i - \bar{y})^2 - \sum_{i=1}^{n}(y_i - \hat{y}_i)^2}{\sum_{i=1}^{n}(y_i - \bar{y})^2} = \frac{\sum_{i=1}^{n}(\hat{y}_i - \bar{y})^2}{\sum_{i=1}^{n}(y_i - \bar{y})^2} = 1 - \frac{\sum_{i=1}^{n}(y_i - \hat{y}_i)^2}{\sum_{i=1}^{n}(y_i - \bar{y})^2}$$

容易看到,$0 \leqslant r^2 \leqslant 1$。

解释 r^2 为用自变量 x 的线性函数 $\beta_0 + \beta_1 x$ 解释因变量 Y 总变差减少的比例,或者说,因变量 Y 的变化能由自变量 x 的线性函数 $\beta_0 + \beta_1 x$ 解释的程度来表示。

对于二手车问题,用车的行驶距离的线性函数来解释车的销售价格的变化,可解释的程度为 65%。

2. 线性相关系数

称 $r = \pm\sqrt{r^2}$ 为变量 x 与变量 Y 的相关系数。易见,$-1 \leqslant r \leqslant 1$。

对于二手车问题,车的行驶里程数与其销售价格的线性相关系数为 0.81。

解释 (1) r 度量了变量 x 与变量 Y 的线性相关性,r 取正值,则表明两个变量正相关;r 取负值,则表明两个变量负相关。几何上表示为正相关的趋势是朝右上方的;负相关的趋势是朝右下方的。$|r|$ 越大,表明变量 x 与变量 Y 的线性相关性越强,直观上看,散点图上的点越靠近一条直线。

(2) r 只能度量两个变量之间的线性相关性。若 $|r|$ 接近于 0,只能表明两个变量的线性相关性很弱,在几何上表现为散点图的趋势杂乱无明显的直线趋势,但不能否定两个变量之间的其他形式的相关性。

注 线性回归分析可以利用相应的软件来实现,如 excel,SPSS 等,应用十分方便。

3.1.6 一元线性回归建模流程

1. 根据相关理论建立模型,即选择要分析的因变量以及与之有关的自变量

2. 收集这些变量的数据

3. 绘制散点图,确定线性模型是否合适,识别可能的异常点

4. 确定回归方程

5. 计算残差并核查必要条件

1) 误差变量是否服从正态分布

2) 误差变量的方差是否为常数

3) 误差项是否相互独立

4）核查异常值和干扰点

6. 评价模型的拟合效果

1）计算标准误差

2）检验以确定线性关系是否存在

3）计算判断系数

7. 若模型拟合数据的效果不错，应用回归方程进行预测或控制分析

3.2　多元线性回归模型

从上面的讨论可以看到，如果仅以车的行驶里程数的线性函数来解释销售价格的变化，只能解释 65%。因此，要较为准确地预测二手车的销售价格，需要考虑更多的自变量，期望通过更多自变量的线性函数来解释因变量的变化，从而提高预测的精度。因而，这是一个实际且有重要意义的问题。

3.2.1　多元回归模型

1. 多元线性回归模型的一般形式

可以沿着一元线性回归模型分析的路径讨论多元线性回归问题。在实际问题中，因变量 Y 往往与多个自变量 $x_1, x_2, \cdots, x_p (p \geqslant 2)$ 有关。设 Y 与 $x_1, x_2, \cdots, x_p (p \geqslant 2)$ 满足如下关系

$$Y = \beta_0 + \beta_1 x_1 + \beta_2 x_2 + \cdots + \beta_p x_p + \varepsilon \tag{3.4}$$

且设 $\varepsilon \sim N(0, \sigma^2)$，则称式(3.4)为多元线性回归模型，或总体线性回归模型。

由此可得

$$\mu(x_1, x_2, \cdots, x_n) = E(Y) = \beta_0 + \beta_1 x_1 + \beta_2 x_2 + \cdots + \beta_p x_p \tag{3.5}$$

称为总体回归函数。

对于一组样本 $(x_{11}, x_{12}, \cdots, x_{1p}, Y_1), (x_{21}, x_{22}, \cdots, x_{2p}, Y_2), \cdots, (x_{n1}, x_{n2}, \cdots, x_{np}, Y_n)$，以及其观测值 $(x_{11}, x_{12}, \cdots, x_{1p}, y_1), (x_{21}, x_{22}, \cdots, x_{2p}, y_2), \cdots, (x_{n1}, x_{n2}, \cdots, x_{np}, y_n)$，则有

$$Y_1 = \beta_0 + \beta_1 x_{11} + \beta_2 x_{12} + \cdots + \beta_p x_{1p} + \varepsilon_1$$
$$Y_2 = \beta_0 + \beta_1 x_{21} + \beta_2 x_{22} + \cdots + \beta_p x_{2p} + \varepsilon_2$$
$$\cdots\cdots$$
$$Y_i = \beta_0 + \beta_1 x_{i1} + \beta_2 x_{i2} + \cdots + \beta_p x_{ip} + \varepsilon_i \tag{3.6}$$
$$\cdots\cdots$$
$$Y_n = \beta_0 + \beta_1 x_{n1} + \beta_2 x_{n2} + \cdots + \beta_p x_{np} + \varepsilon_n$$

称为样本线性回归模型。

对于多元线性回归模型，有如下假设：

(1) $\varepsilon_i \sim N(0, \sigma^2), i = 1, 2, \cdots, n$；

(2) 当 $i \neq j$ 时，ε_i 与 ε_j 不相关，即 $E(\varepsilon_i \varepsilon_j) = 0, i \neq j$；

（3）自变量与误差项不相关；

（4）自变量之间不存在线性相关性。

在这些假设下，易知

(1) $Y_i \sim N(\beta_0 + \beta_1 x_{i1} + \beta_2 x_{i2} + \cdots + \beta_p x_{ip}, \sigma^2), i = 1, 2, \cdots, n$；

(2) $Y_1, Y_2, \cdots, Y_n$ 相互独立。

2. 多元线性回归模型的矩阵表示

对于样本线性回归模型(3.6)，记

$$Y = \begin{pmatrix} Y_1 \\ Y_2 \\ \vdots \\ Y_n \end{pmatrix}, \quad X = \begin{pmatrix} 1 & x_{11} & x_{12} & \cdots & x_{1p} \\ 1 & x_{21} & x_{22} & \cdots & x_{2p} \\ \vdots & \vdots & \vdots & & \vdots \\ 1 & x_{n1} & x_{n2} & \cdots & x_{np} \end{pmatrix}, \quad \beta = \begin{pmatrix} \beta_0 \\ \beta_1 \\ \vdots \\ \beta_p \end{pmatrix}, \quad \varepsilon = \begin{pmatrix} \varepsilon_1 \\ \varepsilon_2 \\ \vdots \\ \varepsilon_n \end{pmatrix}$$

则样本线性回归模型(3.6)的矩阵表示为

$$Y = X\beta + \varepsilon$$

其中，

$$Y = \begin{pmatrix} Y_1 \\ Y_2 \\ \vdots \\ Y_n \end{pmatrix}$$

称为因变量的观测向量；

$$X = \begin{pmatrix} 1 & x_{11} & x_{12} & \cdots & x_{1p} \\ 1 & x_{21} & x_{22} & \cdots & x_{2p} \\ \vdots & \vdots & \vdots & & \vdots \\ 1 & x_{n1} & x_{n2} & \cdots & x_{np} \end{pmatrix}$$

称为常数矩阵或设计矩阵；

$$\beta = \begin{pmatrix} \beta_0 \\ \beta_1 \\ \vdots \\ \beta_p \end{pmatrix}$$

称为参数向量；

$$\varepsilon = \begin{pmatrix} \varepsilon_1 \\ \varepsilon_2 \\ \vdots \\ \varepsilon_n \end{pmatrix}$$

称为误差向量。

3.2.2　回归系数的涵义

以二元线性回归模型为例来说明回归系数的涵义。对于

$$Y = \beta_0 + \beta_1 x_1 + \beta_2 x_2 + \varepsilon$$

有

$$E(Y) = \beta_0 + \beta_1 x_1 + \beta_2 x_2$$

则

$$\beta_1 = \frac{\partial E(Y)}{\partial x_1}; \quad \beta_2 = \frac{\partial E(Y)}{\partial x_2}$$

解释　β_1 为当自变量 x_2 取值不变时,自变量 x_1 每增加一个单位引起因变量均值 $E(Y)$ 的变化量;类似地,β_2 为当自变量 x_1 取值不变时,自变量 x_2 每增加一个单位引起因变量均值 $E(Y)$ 的变化量。通常也称参数 β_1, β_2 为偏回归系数。

3.2.3　回归分析推断

1. 参数的点估计与区间估计

1) 参数的点估计

设有样本观测值 $(x_{11}, x_{12}, \cdots, x_{1p}, y_1), (x_{21}, x_{22}, \cdots, x_{2p}, y_2), \cdots, (x_{n1}, x_{n2}, \cdots, x_{np}, y_n)$,与一元回归一样,可以用最小二乘法或最大似然估计法估计未知参数。

取 $b_0, b_1, b_2, \cdots, b_p$ 分别作为未知参数 $\beta_0, \beta_1, \beta_2, \cdots, \beta_p$ 的估计,使得

$$Q = \sum_{i=1}^{n} (y_i - b_0 - b_1 x_{i1} - b_2 x_{i2} - \cdots - b_p x_{ip})^2$$

达到最小。

由多元函数极值求解的方法,容易得到未知参数 $\beta_0, \beta_1, \beta_2, \cdots, \beta_p$ 的最小二乘估计为

$$\hat{\beta} = \begin{pmatrix} \hat{\beta}_0 \\ \hat{\beta}_1 \\ \vdots \\ \hat{\beta}_p \end{pmatrix} = b = \begin{pmatrix} b_0 \\ b_1 \\ \vdots \\ b_p \end{pmatrix} = (X^T X)^{-1} X^T Y$$

这里假设 $(X^T X)^{-1}$ 存在。

从而得到

$$\hat{\mu}(x_1, x_2, \cdots, x_p) = b_0 + b_1 x_1 + b_2 x_2 + \cdots + b_p x_p$$

方程 $\hat{y} = b_0 + b_1 x_1 + b_2 x_2 + \cdots + b_p x_p$ 称为 p 元经验回归方程,简称回归方程。

例 3.2(需求量的预测)　某古镇有甲、乙两家老字号的糕饼店,以及一家普通饼屋。普通饼屋的商品可以看成两家老字号商品的替代性商品。由于原材料、人工成本的多变性,甲店希望对其商品的市场需求进行预测,以便控制成本,提高其竞争力。为此,甲店委托某咨询公司对其商品进行预测。咨询公司认为影响需求量的主要因素有:其自身的价

格,该镇居民家庭的月平均收入,乙店的销售价格,饼屋的售价。咨询公司通过构建一个多元线性回归模型来解决此预测问题,为此收集了过去 30 个月的数据,如表 3.4 所示。这里 Y 表示甲店的月销售量,x_1 表示甲店的售价,x_2 表示该镇居民家庭的月平均收入,x_3 表示乙店的售价,x_4 表示饼屋的售价。

表 3.4　样本数据

过去 30 个月	销量 Y	价格 x_1	收入 x_2	竞争者价格 x_3	替代品价格 x_4
1	8773	5.65	12500	7.55	1.25
2	8863	5.65	12600	7.45	1.35
3	8798	5.65	12700	7.35	1.55
4	8775	5.65	12970	7.30	1.05
5	8796	5.65	12970	7.30	0.95
6	8786	5.65	12750	7.25	0.95
7	8916	4.50	12750	7.25	0.85
8	8997	4.50	12950	7.15	1.15
9	9008	4.50	12950	7.00	1.25
10	9012	4.50	13120	7.00	1.75
11	8864	5.50	13120	7.25	1.75
12	8884	5.50	13120	7.25	1.85
13	8762	5.50	13200	6.75	1.50
14	8398	6.99	13350	6.75	1.10
15	8480	6.99	13450	6.65	1.05
16	8458	6.99	13350	6.60	1.25
17	8469	6.99	13850	7.00	0.55
18	8525	7.25	14350	7.25	0.55
19	8587	7.25	14350	7.20	1.15
20	8554	7.25	14950	7.00	1.15
21	8622	6.75	14989	7.10	0.55
22	8717	6.75	15000	7.10	0.55
23	8755	6.75	15000	7.10	1.20
24	8731	6.75	15032	7.25	1.20
25	8783	7.30	15100	7.30	1.15
26	8763	7.30	15100	7.30	1.15
27	8678	7.30	15100	7.30	1.15
28	8705	7.30	15200	7.40	1.15
29	8653	7.30	15250	7.40	1.10
30	8536	7.30	15250	7.40	1.10

运用这些数据,如何来预测其需求量?

解　建立多元线性回归模型

$$Y = \beta_0 + \beta_1 x_1 + \beta_2 x_2 + \beta_3 x_x + \beta_4 x_4 + \varepsilon$$

要估计方程

$$E(Y) = \beta_0 + \beta_1 x_1 + \beta_2 x_2 + \beta_3 x_x + \beta_4 x_4$$

由最小二乘法得到参数估计的 excel 输出结果如表 3.5 所示。

表 3.5　回归结果

回归统计					
R(相关系数)	0.9519				
R^2(判定系数)	0.9061				
调整的 R^2	0.8911				
标准误差	55.1102				
观测值个数	30				
方差分析					
	自由度	平方和	均方	F 统计量	显著性水平 F
回归分析	4	732553	183138.2	60.2998	1.78×10^{-12}
残差	25	75928.23	3037.129		
总计	29	808481.2			
	系数	标准误差	t 统计量	P 值	下限 95%	上限 95%
截距	7271.739	334.020	21.770	9.07×10^{-18}	6583.812	7959.666
变量 X_1	−194.616	17.670	−11.014	4.41×10^{-11}	−231.007	−158.225
变量 X_2	0.089	0.017	5.255	1.93×10^{-5}	0.054	0.124
变量 X_3	184.971	44.788	4.130	0.0004	92.729	277.214
变量 X_4	96.048	33.564	2.862	0.0084	26.921	165.176

由此可见

$$\hat{y} = 7271.739 - 194.616 x_1 + 0.089 x_2 + 184.971 x_3 + 96.048 x_4$$

根据回归系数的涵义,可以对估计的参数解释如下:

当该镇居民家庭平均月收入、乙店的销售价格以及饼屋的售价不变时,甲店的价格每提高一元,则其销售量平均下降 194.616;

当甲店的售价、乙店的售价以及饼屋的售价不变时,该镇居民家庭平均月收入每提高一元,则甲店的销售量平均增加 0.089;

当甲店的售价、该镇居民家庭平均月收入以及饼屋的售价不变时,乙店的售价每提高一元,则甲店的销售量平均增加 184.971;

当甲店的售价、该镇居民家庭月平均收入以及乙店的售价不变时,饼屋的价格每提高一元,则甲店的销售量平均增加 96.048。

2) 参数的区间估计

类似于一元线性回归参数的区间估计,容易得到多元回归模型中各参数的区间估计(常数项除外)。

对于置信度 $1-\alpha$,β_i,$i=1,2,\cdots,p$ 的区间估计为

$$(b_i - t_{\alpha/2}(n-p-1)s(b_i), b_i + t_{\alpha/2}(n-p-1)s(b_i))$$

这里,$s(b_i) = \sqrt{s^2(b_i)}$,$s^2(b_i)$ 为矩阵 $MSE(X^{\mathrm{T}}X)^{-1}$ 主对角线上的第 i 个元素,$MSE = \dfrac{Y^{\mathrm{T}}Y - b^{\mathrm{T}}X^{\mathrm{T}}Y}{n-p-1}$。

对于本例,容易得到 4 个参数的置信度为 0.95 的置信区间分别为(回归分析的 excel 输出表中报告这一结果):

β_1 的置信区间为 $(-231.007, -158.225)$;

β_2 的置信区间为 $(0.054, 0.124)$;

β_3 的置信区间为 $(92.729, 277.214)$;

β_4 的置信区间为 $(26.921, 165.176)$。

2. 回归方程的显著性检验(F 检验)

总体回归函数 $\mu(x_1, x_2, \cdots, x_n) = E(Y) = \beta_0 + \beta_1 x_1 + \beta_2 x_2 + \cdots + \beta_p x_p$ 是否成立,需要进一步的检验才可以判断,即自变量的线性函数 $\beta_0 + \beta_1 x_1 + \beta_2 x_2 + \cdots + \beta_p x_p$ 能否作为解释因变量变化的重要因素。因此,有下列检验问题

$$H_0: \beta_1 = \beta_2 = \cdots = \beta_p = 0; \quad H_1: \beta_1, \beta_2, \cdots, \beta_p \text{ 不全为零}$$

此问题的检验统计量

$$F = \frac{MSR}{MSE} \sim F(p, n-p-1)$$

检验规则:

对于显著性水平 α,拒绝原假设的条件

$$F > F_\alpha(p, n-p-1)$$

这里,$MSR = \dfrac{b^{\mathrm{T}}X^{\mathrm{T}}Y - \frac{1}{n}Y^{\mathrm{T}}II^{\mathrm{T}}Y}{p}$,$I$ 为元素全为 1 的 $n \times 1$ 向量。

就上例而言,检验选定的 4 个自变量与因变量的均值是否存在线性关系。假设为

$$H_0: \beta_1 = \beta_2 = \beta_3 = \beta_4 = 0; \quad H_1: \beta_1, \beta_2, \beta_3, \beta_4 \text{ 不全为零}$$

由回归分析的 excel 输出结果,得到 $F=60.30$,对于显著性水平 0.05,$F_\alpha(p, n-p-1) = F_{0.05}(4,25) = 5.765$,即有 $F > F_\alpha(p, n-p-1)$,故拒绝原假设,即甲店的月平均销售量与其销售价格、该镇居民家庭的平均月收入、乙店的销售价格以及饼屋的销售价格等 4 个变量存在显著的线性关系。

事实上,在回归分析的 excel 输出表中,报告了 F 检验的 P 值,本例 F 检验的 P 值 $= 1.78 \times 10^{-12}$,远小于显著性水平 0.05,根据 P 值的检验规则,得到拒绝原假设的结论。在回归分析时,一般都用 P 值决策。

3. 回归系数的显著性检验（t 检验）

当回归方程的显著性通过检验后，仍需要对自变量的系数进行检验，即有如下检验问题

$$H_{0j}:\beta_j = 0; \quad H_{1j}:\beta_j \neq 0, \quad j = 1, 2, \cdots, p$$

检验统计量

$$t_j = \frac{b_j}{\sqrt{(X^TX)^{-1}}\hat{\sigma}}, \quad \hat{\sigma} = \sqrt{\frac{1}{n-p-1}\sum_{i=1}^{n}(Y_i - \hat{Y}_i)^2}$$

这里，$\hat{\sigma} = \sqrt{\dfrac{1}{n-p-1}\sum_{i=1}^{n}(Y_i - \hat{Y}_i)^2}$。

检验规则：

拒绝原假设的条件：$|t_j| \geqslant t_{\alpha/2}(n-p-1)$。

在回归分析的 excel 输出结果中，同样报告了 t 检验的 P 值，当 P 值小于显著性水平 α 时，拒绝原假设。

在本例中，4 个参数 t 检验的 P 值分别为 4.41×10^{-11}，1.93×10^{-5}，0.0004 和 0.0084，均小于显著性水平 0.05，故这 4 个参数在 0.05 的显著性水平下均显著不等于 0。

3.2.4　预测与控制

1. 因变量均值 $E(Y) = \beta_0 + \beta_1 x_1 + \beta_2 x_2 + \cdots + \beta_p x_p$ 的点估计和区间估计

1）点估计

对于

$$Y = \beta_0 + \beta_1 x_1 + \beta_2 x_2 + \cdots + \beta_p x_p + \varepsilon$$

的估计回归方程

$$\hat{y} = b_0 + b_1 x_1 + b_2 x_2 + \cdots + b_p x_p$$

当给定自变量 $x_1, x_2, \cdots, x_p$ 的一组值 $x_{01}, x_{02}, \cdots, x_{0p}$ 时，Y_0 的估计值为

$$\hat{y}_0 = b_0 + b_1 x_{01} + b_2 x_{02} + \cdots + b_p x_{0p}$$

2）区间估计

记 $X_0 = (1, x_{01}, x_{02}, \cdots, x_{0p})^T$。对于置信度 $1 - \alpha$，$E(Y_0) = \beta_0 + \beta_1 x_{01} + \beta_2 x_{02} + \cdots + \beta_p x_{0p}$ 的置信区间为

$$(\hat{y}_0 - t_{\alpha/2}(n-p-1)s(\hat{Y}_0), \hat{y}_0 + t_{\alpha/2}(n-p-1)s(\hat{Y}_0))$$

这里，$s^2(\hat{Y}_0) = \text{MSE}[X_0^T(X^TX)^{-1}X_0] = X_0^T s^2(b) X_0$。

2. Y 观测值 Y_0 的点预测和预测区间

设 $Y_0 = \beta_0 + \beta_1 x_{01} + \beta_2 x_{02} + \cdots + \beta_p x_{0p} + \varepsilon_0$，则 Y_0 的点预测为

$$\hat{Y}_0 = b_0 + b_1 x_{01} + b_2 x_{02} + \cdots + b_p x_{0p}$$

Y_0 的预测区间为

$$\left(\hat{y}_0 - t_{\alpha/2}(n-p-1)\hat{\sigma}\sqrt{1 + X_0^T(X_0^TX_0)X_0},\right.$$

$$\left.\hat{y}_0 + t_{\alpha/2}(n-p-1)\hat{\sigma}\sqrt{1 + X_0^T(X_0^TX_0)X_0}\right)$$

3.2.5 自变量与因变量线性相关程度的度量指标

1. 复判定系数 R^2

为了衡量因变量均值与自变量之间的线性关系，定义一个度量指标

$$R^2 = \frac{b^{\mathrm{T}} X^{\mathrm{T}} Y - \frac{1}{n} Y^{\mathrm{T}} II^{\mathrm{T}} Y}{Y^{\mathrm{T}} Y - \frac{1}{n} Y^{\mathrm{T}} II^{\mathrm{T}} Y} = 1 - \frac{Y^{\mathrm{T}} Y - b^{\mathrm{T}} X^{\mathrm{T}} Y}{Y^{\mathrm{T}} Y - \frac{1}{n} Y^{\mathrm{T}} II^{\mathrm{T}} Y}$$

R^2 本质上用以测度引入变量 $x_1, x_2, \cdots, x_p$ 的一组线性组合，Y 的总变差成比例缩小的量，称为复判定系数。显然，$0 \leqslant R^2 \leqslant 1$。

说明 （1）为区别一元线性回归和多元线性回归的判定系数，以后称 r^2 为单判定系数；

（2）事实上，复判定系数 R^2 可以看成是观测值 Y_i 和拟合值 $\hat{Y}_i$ 之间的单判定系数 r^2；

（3）较大的 R^2 并不一定意味着拟合模型是有用的，因为尽管 R^2 较大，但 MSE 仍然可能较大以致推断无效；

（4）当自变量增多时，R^2 也增大，但这并不能说明模型拟合的效果更好，为了识别这种自变量的增加而导致的 R^2 虚高的情况，引入另一指标，即调整的复判定系数

$$\bar{R}^2 = 1 - \frac{n-1}{n-p-1}(1 - R^2)$$

2. 复相关系数

称

$$R = \sqrt{R^2}$$

为复相关系数。

容易看到，在一元线性回归模型中，即当 $p=1$ 时，复相关系数 R 等于相关系数的绝对值。

注 以后称 r 为单相关系数。

为说明方便，我们另举一例。

例 3.3（销售量预测） Z 公司通过时装商店销售一种护肤霜，它在 15 个商业区进行推销并对预测商业地区的销售量感兴趣，原始资料如表 3.6 所示，其中 1 罗＝12 打。

表 3.6 样本数据

地区编号	销售量/罗	目标人口/千人	人均可支配收入/元
1	162	274	2450
2	120	180	3254
3	223	375	3802
4	131	205	2838
5	67	86	2347
6	169	265	3782

地区编号	销售量/罗	目标人口/千人	人均可支配收入/元
7	81	98	3008
8	192	330	2450
9	116	195	2137
10	55	53	2560
11	252	430	4020
12	232	372	4427
13	144	236	2660
14	103	157	2088
15	212	370	2605

以 Y 表示销售量，X_1 表示目标人口，X_2 表示人均可支配收入。

解　设

$$Y_i = \beta_0 + \beta_1 X_{i1} + \beta_2 X_{i2} + \varepsilon_i$$

要估计方程 $E(Y_i) = \beta_0 + \beta_1 X_{i1} + \beta_2 X_{i2}$，由最小二乘法，得到估计方程的 excel 输出结果如表 3.7 所示。

表 3.7　回归结果

回归统计					
R（相关系数）	0.9995				
R^2（判定系数）	0.9989				
调整的 R^2	0.9988				
标准误差	2.1772				
观测值个数	15				

方差分析					
	自由度	平方和	均方	F 统计量	显著性水平 F
回归分析	2	53844.72	26922.358	5679.466	1.38×10^{-18}
残差	12	56.884	4.740		
总计	14	53901.6			
	系数	标准误差	t 统计量	P 值	下限 95%	上限 95%
截距	3.453	2.431	1.420	0.1809	-1.843	8.749
变量 X_1	0.496	0.006	81.92	7.3×10^{-18}	0.483	0.509
变量 X_2	0.009	0.001	9.502	6.2×10^{-7}	0.007	0.011

（1）估计回归方程为 $\hat{y} = 3.453 + 0.496X_1 + 0.009X_2$。

（2）参数点估计值的涵义：当人均可支配收入不变时，目标人口每增加 1 千人，销售量平均增加 0.496；当目标人口不变时，人均可支配收入每增加 1 千元时，销售量平均增加 0.009。

(3) 参数的区间估计：β_1,β_2 的置信度为 0.95 的置信区间分别为

$$(0.483,0.509); \quad (0.007,0.011)。$$

(4) 方程的显著性检验

$$H_0:\beta_1=\beta_2=0; \quad H_1:\beta_1,\beta_2 \text{ 至少一个不等于 } 0$$

由于 F 检验的 P 值 $=1.38\times10^{-18}<0.05$，故拒绝原假设。

(5) 参数的显著性检验

$$H_{10}:\beta_1=0; \quad H_{11}:\beta_1\neq0$$

t 检验的 P 值 $=7.3\times10^{-18}<0.05$，故拒绝原假设，即目标人口对销售量的影响是显著的。

$$H_{20}:\beta_2=0; \quad H_{21}:\beta_2\neq0$$

t 检验的 P 值 $=6.2\times10^{-7}<0.05$，故拒绝原假设，即人均可支配收入对销售量的影响是显著的。

(6) 因变量均值的点估计与区间估计。如 Z 公司想要估计一个商业地区的平均销售量，已知这个地区的目标人口 $X_{01}=220$ 千人，人均可支配收入 $X_{02}=2500$ 元，即 $X_0=(1,220,2500)^{\mathrm{T}}$，则平均销售量的点估计值为

$$E(Y_0)=X_0^{\mathrm{T}}b=(1,220,2500)\begin{pmatrix}3.453\\0.496\\0.009\end{pmatrix}=135.57$$

由于

$$\mathrm{MSE}=\frac{Y^{\mathrm{T}}Y-b^{\mathrm{T}}X^{\mathrm{T}}Y}{n-p-1}=4.7403$$

$$(X^{\mathrm{T}}X)^{-1}=\begin{pmatrix}15 & 3626 & 44428\\3626 & 1067614 & 11419181\\44428 & 11419180 & 139063428\end{pmatrix}^{-1}$$

$$=\begin{pmatrix}1.2463 & 2.13\times10^{-4} & -4.16\times10^{-4}\\2.13\times10^{-4} & 7.73\times10^{-6} & -7.03\times10^{-7}\\-4.16\times10^{-4} & -7.03\times10^{-7} & 1.98\times10^{-7}\end{pmatrix}$$

$$s^2(b)=\mathrm{MSE}(X^{\mathrm{T}}X)^{-1}=4.7403\times\begin{pmatrix}15 & 3626 & 44428\\3626 & 1067614 & 11419181\\44428 & 11419180 & 139063428\end{pmatrix}^{-1}$$

$$=\begin{pmatrix}1.2463 & 2.13\times10^{-4} & -4.16\times10^{-4}\\2.13\times10^{-4} & 7.73\times10^{-6} & -7.03\times10^{-7}\\-4.16\times10^{-4} & -7.03\times10^{-7} & 1.98\times10^{-7}\end{pmatrix}$$

$$= \begin{pmatrix} 5.9081 & 1.0095 \times 10^{-3} & -1.9704 \times 10^{-3} \\ 1.0095 \times 10^{-3} & 3.6656 \times 10^{-5} & -3.3326 \times 10^{-6} \\ -1.9704 \times 10^{-3} & -3.3326 \times 10^{-6} & 9.3725 \times 10^{-7} \end{pmatrix}$$

$$s^2(\hat{Y}_0) = X_0^{\mathrm{T}} s^2(b) X_0$$

$$= (1, 220, 2500) \times \begin{pmatrix} 5.9081 & 1.0095 \times 10^{-3} & -1.9704 \times 10^{-3} \\ 1.0095 \times 10^{-3} & 3.6656 \times 10^{-5} & -3.3326 \times 10^{-6} \\ -1.9704 \times 10^{-3} & -3.3326 \times 10^{-6} & 9.3725 \times 10^{-7} \end{pmatrix} \begin{pmatrix} 1 \\ 220 \\ 2500 \end{pmatrix}$$

$$= 0.4664$$

或

$$s(\hat{Y}_0) = 0.6829$$

从而,$E(Y_0)$ 的置信度为 0.95 的置信区间为 (134.1, 137.1),即在 0.95 的置信度下,目标人口为 220 千人,人均可支配收入为 2500 元的商业地区的平均销售量大约在 134.1—137.1 罗。

3.2.6　多元线性回归模型中自变量的选择问题

回归模型主要有描述、控制和预测三个基本用途,对于每一种用途,研究者都要选择用于描述、控制和预测因变量的一组自变量。

在前文也提到,回归模型的建立需要建立在某些问题所对应的相关理论基础之上,或者说理论可以帮助我们选择自变量或者确定回归函数的形式。但在许多领域,诸如社会科学、管理科学、行为科学等领域可使用的理论模型很少。或者说,即使有理论模型,但变量的数据不可测量。因此,在实践中,常常在一个较大的范围内选择可得数据的自变量,这些变量的个数有时很大。这将导致如下问题:有些变量对问题的研究不重要;某些变量可能存在较大的测量误差;不同变量的信息重叠。通过筛选可以解决问题,但往往自变量的数量仍然较大。特别地,变量之间的相关性问题难以解决。因此,选择自变量是一个十分重要的问题。

1. 所有可能的回归模型

所有可能回归选元方法是对初选的自变量集的所有子集所构建的回归模型进行逐个审查,按照某一标准,选择出"最好"的子集模型。

1) 所有可能的回归模型数量

设在某一研究的问题中有 q 个自变量,则可以构建所有可能的回归模型,即这些回归模型中可以含一个自变量,两个自变量,$\cdots$,q 个自变量。由于 q 个自变量集的子集数有 2^q 个,所以,可以构建 2^q 个回归模型。这里,2^q 个回归模型中包含一个不含任何自变量的回归模型,即形如 $y_i = \beta_0 + \varepsilon_i$ 的模型。如果不考虑这种情况,则可能的回归模型数为 $2^q - 1$。要在 2^q 个回归模型中选择一个"最好"的模型。

2) 选择自变量的几个准则

A. $\max(\tilde{R}_p^2)$

$$\widetilde{R}_p^2 = 1 - \frac{n-1}{n-p-1}(1-R_p^2)$$

这里，$p(p \leqslant q)$ 表示模型中自变量的个数，R_p^2 表示含 p 个自变量的回归模型的复决定系数，$\widetilde{R}_p^2$ 则表示修正的复决定系数。n 表示样本容量，下同。

由于 R_p^2 随着自变量数 p 的增加而增大，所以残差的自由度减少。由于残差自由度等于样本数与自变量数之差，残差自由度小则导致估计和预测的可靠性降低，所以，R_p^2 越高并不能表明模型的拟合效果越好，即模型的拟合效果与 R_p^2 的虚高并不一致。因此，引入修正的复决定系数 $\widetilde{R}_p^2$。$\widetilde{R}_p^2$ 可以调节由于自变量数的增加造成 R_p^2 的虚高问题。容易看到，$\widetilde{R}_p^2 \leqslant R_p^2$，即 $\widetilde{R}_p^2$ 随着自变量的增加其不一定增大。事实上，$\widetilde{R}_p^2$ 只有当增加的自变量对解释因变量的变差有贡献时才会增加；当增加的自变量对解释因变量的变差贡献很小时，$\widetilde{R}_p^2$ 不增。

B. $\min(\text{MSE}_p)$

从回归模型预测功能的角度出发，我们关注的是预测的精度，这可以用回归模型的误差项的方差的估计来度量。对于 $p(p \leqslant q)$ 个自变量的回归模型，其误差项方差的无偏估计为

$$\text{MSE}_p = \frac{1}{n-p-1}\text{SSE}_p = \frac{1}{n-p-1}\sum_{i=1}^{n}(y_i - \hat{y}_i)^2$$

选择使得 $\min(\text{MSE}_p)$ 的自变量子集作为选择自变量的准则。这个准则就是在所有的可能模型中，选择使得预测误差的方差最小的那个自变量子集，或者寻找很接近于 $\min(\text{MSE})$ 的一个或几个自变量子集（即增加自变量的个数并不能减小预测误差的方差）。

实际上，$\widetilde{R}_p^2$ 和 MSE_p 准则是等价的，因为两者有关系 $\widetilde{R}_p^2 = 1 - \frac{n-1}{\text{SST}} \times \text{MSE}_p$。这里，对于给定的 Y_i 的观测值，SST（总离差平方和）是不随自变量的增加而发生变化。

C. $\min(C_p)$

1964 年 G. L. Mallows 从预测的角度提出了用 C_p 统计量来选择自变量。将包含全部 q 个自变量的模型称为全模型，而将包含部分自变量如含 $p(p \leqslant q)$ 个自变量的模型称为选模型。理论上，即使全模型正确，但选模型仍有可能比全模型的预测误差小。由此，提出 C_p 准则。C_p 统计量定义为

$$C_p = \frac{\text{SSE}_p}{\hat{\sigma}^2} - n + 2p$$

这里，$\hat{\sigma}^2 = \frac{1}{n-p-1}\text{SSE}_q$ 为全模型中随机误差项方差 σ^2 的无偏估计量；SSE_p 为选模型的残差平方和。

选择使得 $\min(C_p)$ 最小的自变量子集所构建的回归方程为最终的回归方程。

注 上述三种判断方法各有其侧重点，并不总能保证对同一个问题三种准则都能得到同一的"最优"自变量子集。因此，在实际运用时，根据研究目的需要加以综合考虑来使用不同准则。

以 4 个可能的自变量为例分析自变量的选择问题。假设有如表 3.8 所示的样本数据,计算过程如表 3.9 所示。

表 3.8　样本数据

Y	X_1	X_2	X_3	X_4
2.3010	6.7	62	81	2.59
2.0043	5.1	59	66	1.70
2.3096	7.4	57	83	2.16
2.0043	6.5	73	41	2.01
2.7067	7.8	65	115	4.30
1.9031	5.8	38	72	1.42
1.9031	5.7	46	63	1.91
2.1038	3.7	68	81	2.57
2.3054	6.0	67	93	2.50
2.3075	3.7	76	94	2.40
2.5172	6.3	84	83	4.13
1.8129	6.7	51	43	1.86
2.9191	5.8	96	114	3.95
2.5185	5.8	83	88	3.95
2.2253	7.7	62	67	3.40
2.3365	7.4	74	68	2.40
1.9395	6.0	85	28	2.98
1.5315	3.7	51	41	1.55
2.3324	7.3	68	74	3.56
2.2355	5.6	57	87	3.02
2.0374	5.2	52	76	2.85
2.1335	3.4	83	53	1.12
1.8451	6.7	26	68	2.10
2.3424	5.8	67	86	3.40
2.4409	6.3	59	100	2.95
2.1584	5.8	61	73	3.50
2.2577	5.2	52	86	2.45

Y	X_1	X_2	X_3	X_4
2.7589	11.2	76	90	5.59
1.8573	5.2	54	56	2.71
2.2504	5.8	76	59	2.58
1.8513	3.2	64	65	0.74
1.7634	8.7	45	23	2.52
2.0645	5.0	59	73	3.50
2.4698	5.8	72	93	3.30
2.0607	5.4	58	70	2.64
2.2648	5.3	51	99	2.60
2.0719	2.6	74	86	2.05
2.0792	4.3	8	119	2.85
2.1790	4.8	61	76	2.45
2.1703	5.4	52	88	1.81
1.9777	5.2	49	72	1.84
1.8751	3.6	28	99	1.30
2.6840	8.8	86	88	6.40
2.1847	6.5	56	77	2.85
2.2810	3.4	77	93	1.48
2.0899	6.5	40	84	3.00
2.4928	4.5	73	106	3.05
2.5999	4.8	86	101	4.10
2.1987	5.1	67	77	2.86
2.4914	3.9	82	103	4.55
2.0934	6.6	77	46	1.95
2.0969	6.4	85	40	1.21
2.2967	6.4	59	85	2.33
2.4955	6.8	78	72	3.20

表 3.9　所有可能的回归模型的 $\widetilde{R}_p^2$，MSE_p 和 C_p

模型中的自变量	p	自由度	SSE_p	$\widetilde{R}_p^2$	MSE_p	C_p
X_1	1	52	3.4960	0.120	0.0672	1510.7
X_2	1	52	2.5762	0.352	0.0495	1100.1
X_3	1	52	2.2154	0.442	0.0426	939.0
X_4	1	52	1.8777	0.527	0.0361	788.3
X_1, X_2	2	51	2.2324	0.438	0.0438	948.6

模型中的自变量	p	自由度	SSE_p	$\widetilde{R}_p^2$	MSE_p	C_p
X_1, X_3	2	51	1.4073	0.646	0.0276	580.3
X_1, X_4	2	51	1.8759	0.528	0.0368	789.5
X_2, X_3	2	51	0.7431	0.813	0.0146	283.7
X_2, X_4	2	51	1.3922	0.650	0.0273	573.5
X_3, X_4	2	51	1.2455	0.687	0.0244	508.0
X_1, X_2, X_3	3	50	0.1099	0.972	0.0022	3.1
X_1, X_2, X_4	3	50	1.3905	0.650	0.0278	574.8
X_1, X_3, X_4	3	50	1.1157	0.719	0.0223	452.1
X_2, X_3, X_4	3	50	0.4653	0.883	0.0093	161.7
X_1, X_2, X_3, X_4	4	49	0.1098	0.972	0.00224	5.0

从表 3.9 可以看到,对于三种选元准则,最终选择的自变量为 X_1, X_2, X_3。

2. 逐步回归法

当可能的自变量数量较大时,用所有可能的回归选择自变量十分复杂,甚至难以实现。因此,不同的选元方法得以研究,目前较为常用的是逐步回归法。

1) 基本思想

将自变量一个个引入,引入变量的条件是其偏回归平方和经过检验是显著的,同时每引入一个新自变量后,对已选入的自变量进行逐个检验,将不显著的自变量剔除,这样保证最后所得的自变量子集中的所有自变量都是显著的,由此,经过若干步后得到“最优”子集。

设模型中已有 $p-1$ 个自变量,记这 $p-1$ 个自变量的集合为 A,当加入另一变量 x_k 到模型中,偏 F^* 统计量的一般形式为

$$F^* = \frac{\mathrm{SSE}(A) - \mathrm{SSE}(A, x_k)}{\mathrm{SSE}(A, x_k)/(n-p-1)} = \frac{\mathrm{SSR}(x_k \mid A)}{\mathrm{MSE}(A, x_k)}$$

在具体分析时,根据某一预先给定的显著性水平,给出偏 F^* 检验统计量的两个临界值,一个用作选取进入自变量的标准,记为 F_{in},即当 $F^* \geqslant F_{\mathrm{in}}$ 时,则 x_k 可以进入;另一个用作剔除已在模型中的自变量的标准,记为 F_{out},即当 $F^* \leqslant F_{\mathrm{out}}$ 时,则模型中的 x_k 需要剔除。理论上,为了保持选元过程不出现循环情况,要求 $F_{\mathrm{in}} \geqslant F_{\mathrm{out}}$。在实际应用时,为方便起见常常可取两者相等。

2) 逐步回归法的步骤

设待选的自变量有 q 个。

(1) 对每个 $x_k (1 \leqslant k \leqslant q)$,拟合仅含 x_k 的一元线性回归模型

$$Y = \beta_0 + \beta_1 x_k + \varepsilon$$

计算

$$F_k^* = \frac{\mathrm{SSR}(x_k)}{\mathrm{MSE}(x_k)}, \quad k = 1, 2, \cdots, q$$

设

$$F_{k_1}^* = \max_{1 \leqslant k \leqslant q}(F_k^*)$$

若

$$F_{k_1}^* > F_{\text{in}}$$

则选择含 x_{k_1} 的回归模型为当前模型;否则,没有自变量进入,结束,这时认为所有自变量对 Y 的影响均不显著。

(2) 在第一步的基础上,再将其余 $q-1$ 个自变量逐个加入到此模型中,计算

$$F_k^* = \frac{\text{SSR}(x_k | x_{k_1})}{\text{MSE}(x_{k_1}, x_k)}, \quad k \neq k_1$$

设

$$F_{k_2}^* = \max_{k \neq k_1}(F^*)$$

若 $F_{k_2}^* < F_{\text{in}}$,则结束。第一步选择的模型为最优;反之,将 x_{k_2} 加入到第一步所选定的模型中,即有

$$Y = \beta_0 + \beta_{k_1} x_{k_1} + \beta_{k_2} x_{k_2} + \varepsilon$$

进一步考察,当 x_{k_2} 进入后,x_{k_1} 对 Y 的影响是否仍然显著。为此,计算

$$F_{k_1}^* = \frac{\text{SSR}(x_{k_1} | x_{k_2})}{\text{MSE}(x_{k_1}, x_{k_2})}$$

若 $F_{k_1}^* \leqslant F_{\text{out}}$,则剔除 x_{k_1},这时仅含 x_{k_2} 的模型为当前模型;否则,当前模型为含 x_{k_1} 和 x_{k_2} 的模型。

(3) 在当前模型的基础上,再将未在模型中的自变量逐个加入,拟合各模型并计算相应的偏 F^* 统计量的值,与 F_{in} 比较以决定是否有其他自变量进入,若有,则检验原模型中的自变量是否由于新自变量的进入而可能被剔除。

若第 2 步中选择的结果为模型:$Y = \beta_0 + \beta_{k_1} x_{k_1} + \beta_{k_2} x_{k_2} + \varepsilon$,再将其余 $q-2$ 个自变量逐个加入该模型并计算

$$F_k^* = \frac{\text{SSR}(x_k | x_{k_1}, x_{k_2})}{\text{MSE}(x_{k_1}, x_{k_2}, x_k)}$$

设 $F_{k_3}^* = \max_{k \neq k_1, k \neq k_2}(F_k^*)$,如 $F_{k_3}^* < F_{\text{in}}$,则结束,反之 x_{k_3} 进入,即有

$$Y = \beta_0 + \beta_{k_1} x_{k_1} + \beta_{k_2} x_{k_2} + \beta_{k_3} x_{k_3} + \varepsilon$$

进一步考察 x_{k_1} 或 x_{k_2} 是否因为 x_{k_3} 的进入可能被剔除,即计算

$$F_{k_1}^* = \frac{\text{SSR}(x_{k_1} | x_{k_2}, x_{k_3})}{\text{MSE}(x_{k_1}, x_{k_2}, x_{k_3})}, \quad F_{k_2}^* = \frac{\text{SSR}(x_{k_2} | x_{k_1}, x_{k_3})}{\text{MSE}(x_{k_1}, x_{k_2}, x_{k_3})}$$

若 $\min(F_{k_1}^*, F_{k_2}^*) < F_{\text{out}}$,则剔除 $F_{k_1}^*$,$F_{k_2}^*$ 中较小的一个所对应的自变量,反之,上述模型即为当前模型。

重复上述过程,直到结束,即为"最优"模型。

关于 F_{in} 和 F_{out} 的选取,理论表明

$$F^* = \frac{\text{SSE}(A) - \text{SSE}(A, x_k)}{\text{SSE}(A, x_k)/(n-p-1)} = \frac{\text{SSR}(X_k|A)}{\text{MSE}(A, x_k)} \overset{\text{近似}}{\sim} F(1, n-p-1)$$

因此不必在每一步中都用相应自由度的 F^* 分布的精确临界值作为 F_{in} 或 F_{out}。由于第二自由度 $n-p-1$ 一般较大,所以通常取 $F_{\text{in}} = F_{\text{out}} = 4$,它近似等于 $F_{0.05}(1, 60)$。若希望对已选入的变量提供一定的保护通常可选 $F_{\text{in}} > F_{\text{out}}$,如选取 $F_{\text{in}} = 4.0$,$F_{\text{out}} = 3.9$,不能选取 $F_{\text{in}} < F_{\text{out}}$,否则刚刚剔除的自变量又会被立即选入,从而形成无限循环。

逐步回归法的过程是比较复杂的,对于变量较多的情形其计算量也较大。好在有许多软件可以解决逐步回归的计算问题,这为逐步回归的应用带来了极大方便。下面举一个简单的例子来说明逐步回归的过程。仍运用上例数据。

第 1 步:将 Y 分别对 4 个自变量进行一元回归,容易得到,$F_1^* = 6.42$,$F_2^* = 28.19$,$F_3^* = 41.25$,$F_4^* = 58.02$。由于 F_4^* 最大,且大于 $F_{\text{in}} = 4.0$,故 x_4 进入。

第 2 步:将剩下的 3 个自变量分别与 x_4 合在一起,进行二元线性回归,计算 $F_k^* = \dfrac{\text{MSR}(X_k|X_4)}{\text{MSE}(X_4, X_k)}$,则有

$$F_1^* = \frac{\text{MSR}(X_1|X_4)}{\text{MSE}(X_4, X_1)} = \frac{\text{SSE}(X_4) - \text{SSE}(X_4, X_1)}{\text{MSE}(X_4, X_1)}$$

$$= \frac{1.877632 - 1.870231}{0.036671} = 0.2018$$

类似有 $F_2^* = 17.79$,$F_3^* = 25.90$。由于 F_3^* 最大,且大于 $F_{\text{in}} = 4.0$,故 x_3 进入。当 x_3 进入后,还需要考虑其进入是否影响先前进入的 x_4 的显著性。由此,计算

$$F_4^* = \frac{\text{MSR}(X_4|X_3)}{\text{MSE}(X_3, X_4)} = 39.72$$

显然大于 $F_{\text{out}} = 3.9$,故不必剔除 x_4。

第 3 步:将剩下的两个变量 x_1,x_2 分别与 x_3,x_4 拟合三元线性回归模型,计算

$$F_k^* = \frac{\text{MSR}(X_k|X_3, X_4)}{\text{MSE}(X_3, X_4, X_k)}$$

得到,$F_1^* = 4.32$,$F_2^* = 83.85$。显然,x_2 进入模型。当 x_2 进入后,还需要考虑其进入是否影响先前进入的 x_3,x_4 的显著性。由此,分别计算

$$F_3^* = \frac{\text{MSR}(X_3|X_2, X_4)}{\text{MSE}(X_2, X_3, X_4)}, \quad F_4^* = \frac{\text{MSR}(X_4|X_2, X_3)}{\text{MSE}(X_2, X_3, X_4)}$$

则有 $F_3^* = 99.63$,$F_4^* = 29.86$。由于两者中较小的 $F_4^* = 29.86 > F_{\text{out}} = 3.9$,故不剔除 x_4。

第 4 步:将剩下的 x_1 与已进入模型的 x_2,x_3,x_4 作回归,容易验证 $F_1^* > 4.0$,故 x_1 也进入模型。然后再分析 x_2,x_3,x_4 中是否有变量要剔除出来。经计算最小的是

$$F_4^* = \frac{\text{MSR}(X_4|X_1, X_2, X_3)}{\text{MSE}(X_1, X_2, X_3, X_4)} = 0.04 < F_{\text{out}} = 3.9$$

故剔除 x_4。

整个选元过程结束。这一结果与所有可能的回归选元结果一致。

逐步回归法当自变量高度相关时,有时会得到不合理的“最优”子集。因此,在消除了

自变量之间的高度相关性后,再运用逐步回归法是一种更为有效的方法。

关于逐步选元的方法还有所谓的向前法(或称向前选元法)或向后法(或称向后剔除法),有兴趣者可以参考有关文献。

3.3　回 归 诊 断

在线性回归模型的设定中,需要下列假设:

(1) 误差项同方差,即对于自变量 x 任一取定的 x_i, $D(\varepsilon_i)=\sigma^2$, $i=1,2,\cdots,n$;

(2) $\mathrm{Cov}(\varepsilon_i,\varepsilon_j)=0(i\neq j)$,即误差项之间不相关,也即无自相关性;

(3) 对于多元线性回归模型,自变量之间无线性相关性,即无多重共线性。

对于一个有用的线性回归模型,在求出了经验回归方程并拟以此进行分析时,需要检验所得的模型是否是在满足线性回归模型的假设条件下得到的,否则可能仅仅得到了一个貌似完美而无其价值的方程而已。下面来讨论误差项分布的异方差、自相关、多重共线性、异常值和强影响点等识别和相应的修正措施。

3.3.1　残差及其性质

对于 p 元线性回归模型

$$Y_{n\times1}=X_{n\times(p+1)}\beta_{(p+1)\times1}+\varepsilon_{n\times1},\quad E_{(p+1)\times1}(\varepsilon_{n\times1})=O_{n\times1},\quad E(\varepsilon_{n\times1}\varepsilon_{n\times1}^{\mathrm{T}})=\sigma^2I_n$$

这里,$Y_{n\times1}=\begin{pmatrix}Y_1\\Y_2\\\vdots\\Y_n\end{pmatrix}$,$X_{n\times(p+1)}=\begin{pmatrix}1&x_{11}&x_{12}&\cdots&x_{1p}\\1&x_{21}&x_{22}&\cdots&x_{2p}\\\vdots&\vdots&\vdots&&\vdots\\1&x_{n1}&x_{n2}&\cdots&x_{np}\end{pmatrix}$,$\beta_{(p+1)\times1}=\begin{pmatrix}\beta_0\\\beta_1\\\vdots\\\beta_p\end{pmatrix}$,$\varepsilon_{n\times1}=\begin{pmatrix}\varepsilon_1\\\varepsilon_2\\\vdots\\\varepsilon_n\end{pmatrix}$,

I_n 表示 n 阶单位矩阵,在不致混淆的情况下简记为 I;$E(\varepsilon_{n\times1}\varepsilon_{n\times1}^{\mathrm{T}})=\sigma^2I_n$ 称为误差向量的方差-协方差矩阵。

第 i 个残差 $e_i=Y_i-\hat{Y}_i$,残差向量为 $e_{n\times1}=(I_n-H_{n\times n})Y_{n\times1}$,其中,方阵 $H_{n\times n}=X(X^{\mathrm{T}}X)^{-1}X^{\mathrm{T}}$ 称为帽子矩阵,在不致混淆的情况下简记为 H。

因变量的拟合值可由帽子矩阵表示,$\hat{Y}=HY$,这里,$\hat{Y}=\begin{pmatrix}\hat{Y}_1\\\hat{Y}_2\\\vdots\\\hat{Y}_n\end{pmatrix}$。

可以证明,残差向量的方差-协方差矩阵 $\mathrm{Var}_{n\times n}(e)=\sigma^2(I-H)$。因此,第 i 个残差 e_i 的方差 $D(e_i)=\sigma^2(1-h_{ii})$,其中,$h_{ii}$ 为帽子矩阵主对角线上第 i 个元素,其可以表示为

$$h_{ii}=X_i^{\mathrm{T}}(X^{\mathrm{T}}X)^{-1}X_i$$

这里,$X_i=\begin{pmatrix}1\\x_{i1}\\x_{i2}\\\vdots\\x_{ip}\end{pmatrix}$。

容易验证,$0 \leqslant h_{ii} \leqslant 1, \sum\limits_{i=1}^{n} h_{ii} = p$。

在分析异常值的时候专门来讨论 h_{ii} 的作用。

在实践中,可以通过残差图来分析模型对数据的适应性。

3.3.2　误差项的异方差

所谓异方差,就是存在 $i \neq j$ 使得 $D(\varepsilon_i) \neq D(\varepsilon_j)$。

异方差对模型应用的影响:

(1) 不影响参数估计量的无偏性但影响有效性(即最小二乘估计量的方差不是最小的);

(2) 影响参数显著性检验的结果;

(3) 预测结果偏差较大。

1. 异方差检验

有关异方差的检验方法,尽管许多学者从不同角度提出了一些检验方法,但目前尚无一种公认的最优方法。本文简要介绍几种常用的方法,读者在运用时可以根据需要选用。

众所周知,残差是误差的很好估计。因此,对模型异方差的检验都是基于残差,一般有残差图检验法、戈德菲尔德-匡特检验(Goldfeld-Quandt test)、怀特检验(White test)、戈里瑟和帕克检验(Glejser test and Park test)等。

1) 残差图检验法

方差是随机变量可能的取值与其均值离散程度的度量。由于因变量 Y 与误差项 ε 同方差,所以可以通过观察 Y 与 x 的相关图,分析 Y 取值的离散程度与自变量之间是否存在相关关系。如 Y 取值的离散程度随着 x 的增大而增大(或减小),则表明模型存在递增型(或递减型)的方差,即模型存在异方差。由于 $D(Y_i) = \sigma_i^2 = E(\varepsilon_i^2)$,残差 e_i 可作为误差 ε_i 的估计,或 e_i^2 可以看成 σ_i^2 的估计。一般可以由 e^2 与 x 或 $\hat{y}$ 的散点图分析。

2) 戈德费尔德-匡特检验(Goldfeld-Quandt test)

思路:将样本分为容量相等的两部分,然后分别对这两个样本进行回归,并分别计算残差平方和,如误差同方差,则这两个子样的残差平方和应接近;如误差异方差,则两者差别较大。该检验有两个要求:

(1) 样本容量较大,一般不得少于参数个数的两倍;

(2) 误差项服从正态分布,且除了异方差外,其他假设都满足。

步骤(以 k 个自变量的线性回归为例):

(1) 将自变量(任选一个)的观测值排序,并略去中间的 c 个值;

(2) 对剩下的两组数据分别拟合回归模型,提出假设 $H_0 : u_i (i = 1, 2)$ 同方差;

(3) 检验统计量:$F = \mathrm{RSS}_2 / \mathrm{RSS}_1 \sim F\left(\dfrac{n-c}{2} - k - 1, \dfrac{n-c}{2} - k - 1\right)$;

(4) 决策:当 F 值大于临界值 $F_a\left(\dfrac{n-c}{2} - k - 1, \dfrac{n-c}{2} - k - 1\right)$ 时拒绝原假设 H_0。

3) 怀特检验(White test)

思路(以二元线性回归模型 $Y = \beta_0 + \beta_1 x_{1i} + \beta_2 x_{2i} + \varepsilon_i$ 为例):

(1) 检验假设

$$H_0 : \alpha_1 = \alpha_2 = \alpha_3 = \alpha_4 = \alpha_5 = 0; \quad H_1 : 至少有一个不等于 0$$

(2) 估计模型参数,得到残差平方和 e_i^2,作回归模型

$$e_i^2 = \alpha_0 + \alpha_1 x_{1i} + \alpha_2 x_{2i} + \alpha_3 x_{1i}^2 + \alpha_4 x_{2i}^2 + \alpha_5 x_{1i} x_{2i} + u_i$$

(3) 计算统计量 $n\tilde{R}^2$,这里 n 为样本容量,$\tilde{R}^2$ 为在上述回归模型中调整的决定系数,则 $n\tilde{R}^2 \sim \chi^2(k)$($k$ 为上述模型中自变量的个数,这里 $k=5$);

(4) 决策,对于显著性水平 α,当 $nR^2 > \chi_\alpha^2(5)$ 时,拒绝原假设 H_0。

4) 戈里瑟-帕克检验(Glejser test and Park test)

思路:将残差的绝对值或平方与某个自变量作回归,根据所作回归模型的显著性状况判断异方差的存在性。

Glejser 提出

$$|e_i| = \alpha_0 + \alpha_1 x_i^m + u_i \quad (m = \pm 1, \pm 2, \pm 1/2, \cdots)$$

Park 提出

$$e_i^2 = \alpha_0 x_i^{\alpha_1} e u_i \quad 或 \quad e_i^2 = \alpha_0 + \alpha_1 x_i + u_i$$

Glejser 检验,对于提出的模型,估计经验回归方程,并检验其显著性,如回归参数显著不为零,则存在异方差。

特点:不仅能检验异方差,而且可以找到异方差的形式,对于消除异方差提供了方向。一般来说,样本容量较大时效果较好。

2. 存在异方差时模型的参数估计

1) 加权最小二乘估计

以一元线性回归模型为例,$Y_i = \beta_0 + \beta_1 x_i + \varepsilon_i$。一般来说,$D(\varepsilon_i) = \sigma^2 f(x_i)$。这样在模型的两边同时除以 $\sqrt{f(x_i)}$ 就可以消除异方差,即可进行如下的加权最小二乘估计

$$\sum w_i e_i^2 = \sum w_i (y_i - a - b x_i)^2$$

这里 $w_i = \dfrac{1}{f(x_i)}$。

2) 广义最小二乘估计(对于多元线性回归)

对于 p 元线性回归模型

$$Y_{n \times 1} = X_{n \times (p+1)} \beta_{(p+1) \times 1} + \varepsilon_{n \times 1}$$

$$E_{(p+1) \times 1}(\varepsilon_{n \times 1}) = O_{n \times 1}$$

$$E(\varepsilon_{n \times 1} \varepsilon_{n \times 1}^{\mathrm{T}}) = \begin{pmatrix} \sigma_1^2 & \mathrm{Cov}(\varepsilon_1, \varepsilon_2) & \cdots & \mathrm{Cov}(\varepsilon_1, \varepsilon_n) \\ \mathrm{Cov}(\varepsilon_2, \varepsilon_1) & \sigma_2^2 & \cdots & \mathrm{Cov}(\varepsilon_2, \varepsilon_n) \\ \vdots & \vdots & & \vdots \\ \mathrm{Cov}(\varepsilon_n, \varepsilon_1) & \mathrm{Cov}(\varepsilon_n, \varepsilon_2) & \cdots & \sigma_n^2 \end{pmatrix} \triangleq \sigma^2 \Omega$$

这里,Ω 为 n 阶实对称矩阵,σ^2 为常数。

若 $\Omega = I$，则为同方差情形。否则，由于 Ω 为 n 阶实对称矩阵，故存在 n 阶可逆矩阵 P，使得 $P\Omega P^{\mathrm{T}} = I$，从而，$\Omega = (P^{\mathrm{T}}P)^{-1}$ 或 $\Omega^{\mathrm{T}} = P^{\mathrm{T}}P$。在方程 $Y_{n\times 1} = X_{n\times(p+1)}\beta_{(p+1)\times 1} + \varepsilon_{n\times 1}$ 的两边同时左乘 P，即（下标省略）

$$PY = PX\beta + P\varepsilon$$

如记 $Y^* = PY, X^* = PX, \varepsilon^* = P\varepsilon$，则 ε^* 的方差协方差矩阵 $E(\varepsilon^*\varepsilon^{*\mathrm{T}}) = \sigma^2 I$，即模型 $PY = PX\beta + P\varepsilon$ 的误差项同方差。运用最小二乘估计方法，可以得到参数的估计为

$$\beta = (X^{*\mathrm{T}}X^*)^{-1}X^{*\mathrm{T}}Y = (X^{\mathrm{T}}\Omega^{-1}X)^{-1}X^{\mathrm{T}}\Omega^{-1}Y$$

称为参数的广义最小二乘估计。

模型存在异方差，相当于 Ω 为对角阵，即 $\Omega = \begin{pmatrix} \sigma_1^2 & 0 & \cdots & 0 \\ 0 & \sigma_2^2 & \cdots & 0 \\ \vdots & \vdots & & \vdots \\ 0 & 0 & \cdots & \sigma_n^2 \end{pmatrix}$，从而，$\Omega^{-1} = \begin{pmatrix} 1/\sigma_1^2 & 0 & \cdots & 0 \\ 0 & 1/\sigma_2^2 & \cdots & 0 \\ \vdots & \vdots & & \vdots \\ 0 & 0 & \cdots & 1/\sigma_n^2 \end{pmatrix}$。在进行加权最小二乘估计时的权数为 $w_i = \dfrac{1}{\sigma_i^2}$。

在实际应用时，需要确定权数 w_i，它一般为某个自变量 $x_i (i = 1, 2, \cdots, p)$ 的幂函数。详细内容请读者参阅相关文献。

另外，以上的计算均有计算软件实现，因而，应用起来十分方便。

3.3.3　误差序列自相关性

自相关性即存在 $i \ne j$，使得 $\mathrm{Cov}(\varepsilon_i, \varepsilon_j) \ne 0$。

自相关的常见类型是一阶自相关，即 $\varepsilon_t = \rho\varepsilon_{t-1} + u_t$。

产生自相关的原因：经济变量惯性的作用；经济变化的滞后性；随机偶然因素的干扰；模型设定误差引起；观察数据与处理引起。

自相关的后果：参数估计无偏但不具备最小方差；随机误差项的方差会低估；模型的检验失效；预测不准确。

1. 自相关的检验法

常用的序列自相关的检验方法有：残差图；德宾-沃森（Durbin-Watson）检验法，简称 DW 检验法；回归检验法；高阶自相关检验法（偏相关系数、LM）等。下面详细介绍 DW 检验法，用于检验一阶自相关。

1）使用条件

自变量非随机；随机误差项 ε 为一阶自相关，即 $\varepsilon_t = \rho\varepsilon_{t-1} + u_t$，$u_t$ 为白噪声序列；回归模型中不含有滞后因变量；模型中含有常数项；统计数据较完整，无缺失项，适用于样本容量不小于 15 的情形。

2）DW 检验步骤

（1）提出假设

$$H_0 : \rho = 0 (\rho \text{ 为残差序列的自相关系数}); \quad H_1 : \rho \neq 0$$

（2）构造检验统计量

$$\mathrm{DW} = \frac{\sum_{t=2}^{n} (e_t - e_{t-1})^2}{\sum_{t=1}^{n} e_t^2}, \quad \mathrm{DW} \approx 2(1 - \hat{\rho})$$

其中，$\hat{\rho}$ 为 ρ 的估计值。

（3）判断条件：当 $0 \leqslant \mathrm{DW} \leqslant d_L$ 时，拒绝原假设，表明误差序列存在一阶正自相关，且正自相关的程度随 DW 接近于 0 而增强；

当 $4 - d_L \leqslant \mathrm{DW} \leqslant 4$ 时，表明误差序列存在一阶负自相关，且负自相关的程度随 DW 接近于 4 而增强；

当 $d_U \leqslant \mathrm{DW} \leqslant 4 - d_U$ 时，接受原假设，即无自相关；

当 $d_L < \mathrm{DW} < d_U$，或 $4 - d_U < \mathrm{DW} < 4 - d_L$ 时，此法失效。

2．自相关下的参数估计

在自相关条件下，常用的参数估计方法有广义差分法，其思想就是运用自相关系数（或其估计值），对存在自相关的模型进行变换，使其满足回归的条件，然后，再运用普通的最小二乘估计对参数进行估计。

3.3.4　自变量的多重共线性

在管理科学、经济学、社会科学和生物科学的许多非实验场合，模型中的自变量之间往往存在较强的相关关系，且与因变量有关但不含在模型中的其他变量有相关关系。一般地，将自变量自身之间的相关关系称为多重共线性。

先来看一个构造的例子。设有二元线性回归方程

$$E(Y) = \beta_0 + \beta_1 x_1 + \beta_2 x_2$$

样本数据如表 3.10 所示。

表 3.10　样本数据

Y_i	X_{i1}	X_{i2}
23	2	6
83	8	9
63	6	8
103	10	10

可以拟合如下回归方程

$$\hat{y} = -87 + x_1 + 18 x_2$$

也可以有下列回归方程

$$\hat{y} = -7 + 9 x_1 + 2 x_2$$

　　大家可以验证,这两个方程完全拟合了数据。实际上,还可以利用上表数据拟合出更多的回归方程。原因在于自变量 x_1 与 x_2 完全相关,即有 $x_2 = 5 + 0.5x_1$。

　　对于同一组观测值,拟合出不同的回归方程,那么,用拟合回归方程来预测和控制将无所适从。自变量的多重共线性,将增大参数最小二乘估计量的方差,可能导致在假设检验中舍去重要的自变量,从而造成检验的可靠性降低,回归模型缺乏稳定性。

　　1. 多重共线性的诊断方法

　　1) 直观诊断法

　　若下列情形出现,则可能存在严重的多重共线性。

　　(1) 增加(或剔除)一个自变量,或者改变(或剔除)一个自变量的观测值,估计回归系数发生很大的变化;

　　(2) 重要自变量的系数检验不显著;

　　(3) 估计回归系数的符号与理论分析或经验结果相反;

　　(4) 存在自变量与其他所有自变量的相关系数较大;

　　(5) 重要自变量的回归系数的置信区间较宽。

　　多重共线性的直观诊断法可以帮助分析自变量之间的相关性,但由于未能从数量和性质上度量或辨别自变量之间的多重共线性,故需要更为科学的诊断方法。

　　2) 方差膨胀因子法

　　对于多元线性回归模型,对自变量进行标准化得到新的回归模型,为方便起见,参数及其估计仍用通常的记号,则参数 β_j 的估计量 b_j 的方差可以表示为

$$D(b_j) = \frac{\sigma^2}{\sum\limits_{i=1}^{n}(x_{ij} - \bar{x}_j)^2} \times \frac{1}{1 - R_j^2}$$

这里,R_j^2 表示以第 j 个自变量为因变量与其余所有的自变量作回归得到的决定系数,σ^2 表示原回归模型中误差项的方差。记

$$\text{VIF}_j = \frac{1}{1 - R_j^2}$$

称为方差膨胀因子。

　　容易看到,当自变量之间的多重共线性增强时,方差膨胀因子以及系数估计量的方差也在快速增大。特别地,当模型中只有两个自变量时,R_j^2 就是两个自变量的相关系数的平方,即 $R_1^2 = R_2^2 = r_{12}^2$。

　　由此可知,可以用最大的 VIF_j 作为衡量多重共线性严重程度的指标。一般地,如果 $\max\limits_{j}(\text{VIF}_j) > 10$,就可以认为多重共线性可能严重影响了参数的最小二乘的估计值。

　　对于有 p 个自变量的回归模型,还可以定义一个判断多重共线性的指标,即方差膨胀因子的均值,以 $\overline{\text{VIF}}$ 表示,即有

$$\overline{\text{VIF}} = \frac{\sum\limits_{j=1}^{p-1} \text{VIF}_j}{p}$$

当$\overline{\text{VIF}}$远大于1时,就表示存在严重的多重共线性。

例 3.4 健康与美是一个时尚话题。为了分析有关指标与身体脂肪之间的关系,以20 名 25—34 岁的健康女性为样本,得到如表 3.11 所示的数据。

表 3.11 样本数据

身体脂肪	三头肌皮褶厚度	大腿围长	中腿围长
11.9	19.5	43.1	29.1
22.8	24.7	49.8	28.2
18.7	30.7	51.9	37.0
20.1	29.8	54.3	31.1
12.9	19.1	42.2	30.9
21.7	25.6	53.9	23.7
27.1	31.4	58.5	27.6
25.4	27.9	52.1	30.6
21.3	22.1	49.9	23.2
19.3	25.5	53.5	24.8
25.4	31.1	56.6	30.0
27.2	30.4	56.7	28.3
11.7	18.7	46.5	23.0
17.8	19.7	44.2	28.6
12.8	14.6	42.7	21.3
23.9	29.5	54.4	30.1
22.6	27.7	55.3	25.7
25.4	30.2	58.6	24.6
14.8	22.7	48.2	27.1
21.1	25.2	51.0	27.5

表 3.12 是标准化下的回归系数及其方差膨胀因子。

表 3.12 计算结果

自变量	b_j	VIF_j
X_1	4.2637	708.84
X_2	−1.5614	104.61
X_3	−2.9287	564.34

$$\max_j(\text{VIF}_j) = 708.84, \overline{\text{VIF}} = 459.26$$

由此表明,三个自变量之间存在严重的多重共线性。容易计算得知,r_{13}^2,r_{23}^2 都很小,但 VIF_3 很大,因为,$R_3^2=0.998$。这说明,尽管自变量之间两两相关性很弱,也不能掩盖自变量之间总体的强相关性。

2. 多重共线性的补救办法

(1) 限制模型的应用范围。自变量的多重共线性一般对以估计回归方程来推断因变量均值或进行预测的有效性影响不大,只要用来推断的自变量也有相同的多重共线性,它们的取值与建立回归模型时所用的数据一样。事实上,自变量之间的相关性对于以其线性组合为预测基础的回归方程,在自变量之间保持既有的稳定关系时,这样的预测仍然有其价值。

(2) 将自变量中心化,在某些场合也可以取得降低自变量多重共线性的效果。

(3) 可以从模型中剔除一个或几个自变量,由此可以降低模型中剩余自变量的估计回归系数的标准差。但这样的处理有其局限性,即得不到关于剔除自变量的直接信息,模型中剩余自变量回归系数的大小受模型外的相关自变量的影响。

(4) 在可能的情况下,适当增加样本容量。但这种方法并非始终可行。因为在经济问题中,许多自变量是不受控的。因此,新观测值势必与以前的观测值具有相同的多重共线性形式。

(5) 通过其他方法估计参数,比如有偏估计法等。

3.3.5　异常点与强影响点

在进行回归分析时,会遇到样本数据中包含有异常或极端的观测值,这样的数据可能会带来较大的残差,并引起估计回归方程的较大偏差。因此,研究异常值,并决定保留还是剔除,对于运用回归方程分析实际问题,并提供科学的决策依据具有重要价值。

对于一元或二元线性回归情形,可以通过散点图或残差图较易识别关于因变量或自变量的异常值。对于多元回归问题则变得并未如此直观,需要专门的方法来帮助识别异常值。

1. 异常值的识别
1) 用帽子矩阵识别自变量的异常值

帽子矩阵中的对角元素 $h_{ii}=X_i^T(X^TX)^{-1}X_i$ 称为第 i 次观测值的杠杆,它表示第 i 次观测值的自变量取值是否异常。统计学上已经证明,h_{ii} 表示第 i 次自变量的观测值与 n 次自变量观测值的均值之间距离的度量。由此,较大的杠杆值 h_{ii} 表示第 i 次自变量的观测值远离自变量所有观测值的中心。因此,具有较大杠杆值的观测值表示自变量的取值异常。相关文献介绍一个杠杆如果大于平均杠杆的 2 倍,就认为是一个大的杠杆值。平均杠杆可以由帽子矩阵得知为 $\dfrac{p+1}{n}$。

例 3.5(续上例)　为分析方便,仅讨论只有两个自变量三头肌皮褶厚度和大腿围长的情形,以分析自变量的异常观测值。

解　经计算得到杠杆值如表 3.13 所示。

表 3.13 杠杆值

序号	1	2	3	4	5	6	7	8	9	10
h_{ii}	0.201	0.059	0.372	0.111	0.248	0.129	0.156	0.096	0.115	0.110
序号	11	12	13	14	15	16	17	18	19	20
h_{ii}	0.120	0.109	0.178	0.148	0.333	0.095	0.106	0.197	0.067	0.050

由计算公式 $\dfrac{p+1}{n}$ 知平均杠杆值为 0.3。从上表可知,第 3 和第 15 个观测值的杠杆值均大于平均杠杆值,且远大于剩下的最大杠杆值 0.248(第 5 个观测值的杠杆值)。因此,可以将第 3 和第 15 个观测值看成异常值进一步分析。

2)因变量异常值的识别

称

$$d_i^* = e_i \sqrt{\frac{n-p-2}{\text{SSE}(1-h_{ii})-e_i^2}}$$

为第 i 个学生氏化剔除残差,其中,e_i 为第 i 个残差,SSE 为残差平方和,有

$$d_i^* \sim t(n-p-2)$$

用假设检验的方法来检验异常值,即当 $|d_i^*| \geqslant t_a(n-p-2)$ 时,就认为第 i 个因变量的观测值异常。

例 3.6(续上例) 试用学生氏化剔除残差来检验因变量的异常值。

解 通过回归参数估计,经过相应的计算可得如表 3.14 所示的结果。

表 3.14 计算结果

序号	残差 e_i	杠杆值 h_{ii}	d_i^*	D_i
1	−1.683	0.201	−0.730	0.046
2	3.643	0.059	1.534	0.046
3	−3.176	0.372	−1.656	0.490
4	−3.158	0.111	−1.348	0.072
5	0.000	0.248	0.000	0.000
6	−0.361	0.129	−0.148	0.001
7	0.716	0.156	0.298	0.006
8	4.015	0.096	1.760	0.098
9	2.655	0.115	1.117	0.053
10	−2.475	0.110	−1.034	0.044
11	0.336	0.120	0.137	0.001
12	2.226	0.109	0.923	0.035
13	−3.947	0.178	−1.825	0.211
14	3.447	0.148	1.524	0.125
15	0.571	0.333	0.267	0.013

序号	残差 e_i	杠杆值 h_{ii}	d_i^*	D_i
16	0.642	0.095	0.258	0.002
17	-0.851	0.106	0.344	0.005
18	-0.783	0.197	0.335	0.010
19	-2.857	0.067	-1.176	0.032
20	1.040	0.050	0.409	0.003

本例中，假设 $\alpha=0.05$，则 $t_\alpha(n-p-2)=t_{0.05}(16)=1.746$。由表 3.14 可知，第 8 和第 13 个因变量的观测值在 0.05 的显著性水平下异常，因为，$|d_8^*|$，$|d_{13}^*|$ 均大于 $t_{0.05}(16)$。

当然，异常值的确定取决于显著性水平。

2. 强影响点的识别

可以通过库克（Cook）距离来判断强影响点。

称 $D_i=\dfrac{e_i^2}{(p+1)\mathrm{MSE}}\cdot\dfrac{h_{ii}}{(1-h_{ii})^2}$ 为第 i 个观测值的库克距离。

由表 3.14 可知，$D_3=\max\limits_i(D_i)$，故第 3 个点是强影响点。

3.4　含定性自变量的回归模型

在前面的回归分析中，模型中的自变量都是数值型变量。数值型变量根据界限明确的单位取值，如价格、人数、年龄，受教育年限等。但在实践中，人们常会遇到一些品质型自变量影响因变量的问题。例如，在收入上是否存在性别歧视、专业歧视，即男性和女性在仅为性别差异下的收入之间是否存在区别；不同专业的毕业生在其他条件相当的前提下薪水之间有无明显差别。再如，商品的销售是否受季节影响；不同性质的企业如国有企业、民营企业、外资企业等的生产经营效率是否存在差异等。这些定性自变量对所研究的因变量确实存在影响，那么，如何测定这些定性自变量对因变量的影响，是一个不可回避的问题。

将定性自变量纳入回归模型中，一个基本问题是如何将这些自变量与其他的数值型自变量之间的联系体现出来，或者说，如何量化这些定性自变量，以便可以利用已有的方法来估计模型中的未知参数。第二个问题是如何解释这些定性自变量对因变量的影响。

量化这些定性自变量的办法是对这些自变量赋值，如 1 表示某人大学毕业，0 表示大学以下学历；1 表示为正常气候年份，0 表示干旱年份，等等。将取值为 0 和 1 的变量称为虚拟变量。

3.4.1　仅含定性自变量的回归模型

在回归模型中使用虚拟变量与定量自变量一样方便。事实上，一个回归模型可以清

一色地含有定性自变量,这样的模型称为方差分析模型。例如,

$$Y_i = \alpha + \beta D_i + \varepsilon_i$$

这里,Y_i 表示公司员工的年薪;记

$$D_i = \begin{cases} 1, & \text{男员工} \\ 0, & \text{女员工} \end{cases}$$

假定公司员工在诸如年龄、获得的学位以及工龄等自变量上保持不变,且误差项满足经典回归模型的假定,即假设 $\varepsilon_i \sim N(0, \sigma^2)$,则公司女员工的平均年薪($D_i = 0$)

$$E(Y_i) = \alpha$$

公司男员工的平均年薪($D_i = 1$)

$$E(Y_i) = \alpha + \beta$$

如果 $\beta \neq 0$,则表明男员工的平均年薪与女员工的平均年薪之差为 β。

例 3.7(性别与薪水)　现有某公司 20 位员工的年薪资料,如表 3.15 所示。试分析性别对年薪的影响。

表 3.15　某公司 20 位员工的年薪数据　　　　　　　　　（单位:万元）

y_i	10.1	9.2	9.5	8.3	8.5	9.7	11.2	11.8	8.9	7.6
女性	0	0	0	0	0	0	0	0	0	0
y_i	11.9	12.7	12	12.3	12.2	13.8	11.9	13.6	10.7	13.2
男性	1	1	1	1	1	1	1	1	1	1

解　构建模型

$$Y_i = \alpha + \beta D_i + \varepsilon_i$$

容易得到估计回归方程

$$\hat{y} = 9.48 + 2.95 D_i$$

即男性员工与女员工相比平均年薪高 2.95 万元。

3.4.2　对一个定量自变量和一个二值定性自变量的回归

1. 不含交互作用的模型

在前一模型中加入工龄这一定量自变量,即有模型

$$Y_i = \alpha_0 + \alpha_1 D_i + \beta x_i + \varepsilon_i$$

同样假设 $\varepsilon_i \sim N(0, \sigma^2)$,则

女员工的平均薪金:$E(Y_i | x_i, D_i = 0) = \alpha_0 + \beta x_i$;

男员工的平均薪金:$E(Y_i | x_i, D_i = 1) = \alpha_0 + \alpha_1 + \beta x_i$。

这里蕴涵着一个条件,即认为工龄每增加一年,无论男员工,还是女员工其平均年薪均增加 β,即男女员工平均年薪的差异体现在两条回归直线的截距上。

注　不能用两个虚拟变量来表示员工的性别;否则,出现自变量之间的多重共线性问

题,即虚拟变量的陷阱问题。

例 3.8(创新实施的影响因素)　　改革创新是企业持续保持竞争优势的基本前提。由于对创新风险与收益关系认识的差异,有些企业对创新保持热情,而有些企业则显得保守。有一项研究旨在分析公司规模与公司类型对采取某项改革实施速度的影响。因变量定义为第一个公司实施这一改革与给定公司实施这一改革在时间上间隔的月数,两个自变量分别定义为公司的规模(以公司的总资产表示)和公司的类型(这里仅分析两种类型的公司,一种为股份制公司,另一种为非股份制公司)。表 3.16 是观测的数据。

表 3.16　观测数据

y_i	21	24	19	28	22	3	13	19	0	16
D_i	0	0	0	0	0	0	0	0	0	0
x_i	151	92	175	31	104	277	210	120	278	238
y_i	24	13	15	7	27	30	15	10	35	31
D_i	0	0	0	0	0	1	1	1	1	1
x_i	105	207	187	263	45	164	272	295	68	85
y_i	20	20	13	28	14	33	11	23	21	19
D_i	1	1	1	1	1	1	1	1	1	1
x_i	224	166	305	124	246	93	300	184	179	238

解　以 Y 表示第一个公司实施这一改革与给定公司实施这一改革在时间上间隔的月数,x 表示公司规模(单位:千万元),D 表示公司类型,其中,股份公司 $D=1$,非股份公

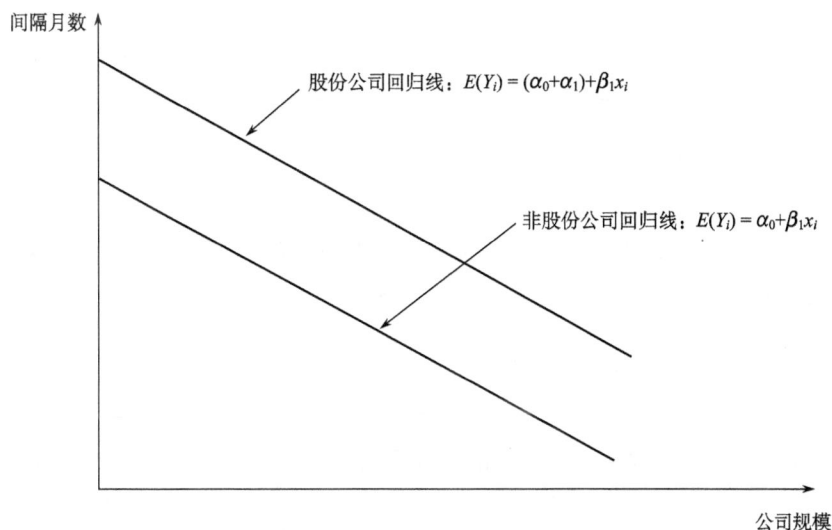

图 3.2　不同类型公司的回归线

司 $D=0$。

构建模型

$$Y_i = \alpha_0 + \alpha_1 D_i + \beta_1 x_i + \varepsilon_i$$

从而，

对于非股份公司：$E(Y_i) = \alpha_0 + \beta_1 x_i$；

对于股份公司：$E(Y_i) = (\alpha_0 + \alpha_1) + \beta_1 x_i$。

对于不同类型的公司，实施改革的平均速度之差体现在方程的截距上，承认了公司规模对改革平均速度的边际效应相同的假设。这些可以由图 3.2 看出。

运用表 3.16 的观测数据，可以得到参数估计的 excel 输出结果如表 3.17 所示。

表 3.17　回归参数估计的 excel 输出结果

回归统计					
R（相关系数）	0.9534				
R^2（判定系数）	0.9090				
调整的 R^2	0.9023				
标准误差	2.6618				
观测值个数	30				

方差分析					
	自由度	平方和	均方	F 统计量	显著性水平 F
回归分析	2	1911.908	955.9542	134.9227	8.8×10^{-15}
残差	27	191.3003	7.085197		
总计	29	2103.209			

	系数	标准误差	t 统计量	P 值	下限 95%	上限 95%
截距	32.8835	1.2405	26.50721	7.27×10^{-21}	30.3381	35.4289
变量 X_1	7.8467	0.9906	7.921103	1.63×10^{-8}	5.8141	9.8792
变量 X_2	-0.0976	0.0062	-15.65	4.59×10^{-15}	-0.1104	-0.0848

即有估计回归方程

$$\hat{y}_i = 32.8835 + 7.8467 D_i - 0.0976 x_i$$

由表 3.17 可知，公司类型与公司规模对实施改革时间的影响。公司类型或公司规模分别对实施改革时间的影响均十分显著，因为，相应检验的 P 值 ≈ 0。

对于非股份制公司：$\hat{y}_i = 32.8835 - 0.0976 x_i$；

对于股份制公司：$\hat{y}_i = (32.8835 + 7.8467) - 0.0976 x_i$。

由此可见，(1) 无论股份制公司还是非股份制公司，当公司的总资产每增加 1 千万元时，其实施改革与第一个改革实施者间隔月数平均少 0.0976 个月。

(2) 股份制公司实施改革平均要比非股份制公司多等待 7.8467 个月；在 0.95 的置信度下，股份制公司实施改革平均要比非股份制公司多等待 5.8141 到 9.8792 个月。

一个回归模型中，既有定性变量，又有定量变量，且以定性变量为主，这样的模型称为协方差分析模型。

2. 含交互作用的模型

对于上例,如果认为不同类型公司的回归线截距与斜率均不同,则可以构建含交互项的回归模型

$$Y_i = \alpha_1 + \alpha_2 D_i + \beta_1 x_i + \beta_2 D_i x_i + \varepsilon_i$$

对于非股份制公司:$D_i = 0$ 时,$D(Y_i) = \alpha_1 + \beta_1 x_i$;

对于股份制公司:$D_i = 1$ 时,$D(Y_i) = (\alpha_1 + \alpha_2) + (\beta_1 + \beta_2) x_i$。

相应的涵义见图 3.3 和图 3.4。

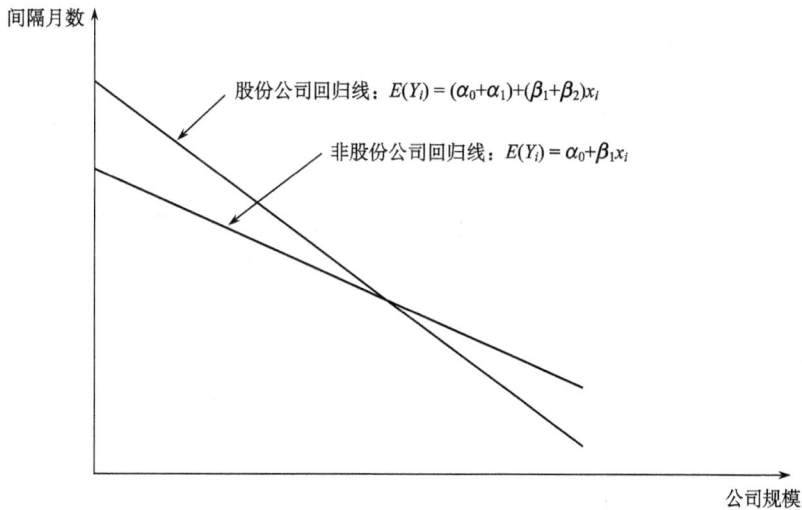

图 3.3　含交互作用的不同类公司的回归线

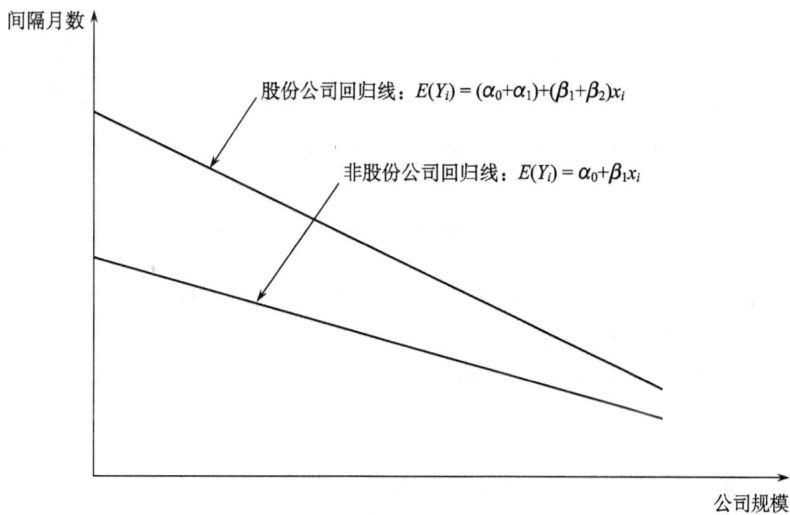

图 3.4　含交互作用的不同类公司的回归线

上面两图的解释:图 3.3 表示公司类型对实施改革时间的影响依赖于公司规模,对于规模较小的公司,非股份制公司要早于股份制公司实施改革;对于规模较大的公司,股份制公司要早于非股份制公司实施改革。因此,在实际应用时,只能分别就定性变量不同属性下的回归函数分析定性变量对因变量的影响。图 3.4 表示在样本范围内,定性变量不同属性下对应的回归方程不相交。在本例中,表明非股份制公司要早于股份制公司实施改革;公司类别的影响随着公司规模的增大逐渐减弱。

可以通过检验

$$H_0 : \beta_2 = 0; \quad H_1 : \beta_2 \neq 0$$

来判断是否存在交互效应,若原假设成立,则无交互效应;否则,则存在交互效应。

对于上例数据,容易得到含交互项的估计回归方程的 excel 输出结果,如表 3.18 所示。

表 3.18　估计回归方程的 excel 输出结果

回归统计					
R(相关系数)	0.9534				
R^2(判定系数)	0.9090				
调整的 R^2	0.8985				
标准误差	2.7125				
观测值个数	30				

方差分析					
	自由度	平方和	均方	F 统计量	显著性水平 F
回归分析	3	1911.909	637.3028	86.61713	1.17×10^{-13}
残差	26	191.3002	7.3577		
总计	29	2103.209			
	系数	标准误差	t 统计量	P 值	下限 95%	上限 95%
截距	32.8793	1.6388	20.0629	2.41×10^{-17}	29.5107	36.2479
变量 X_1	7.8560	2.5134	3.1257	0.0043	2.6897	13.0223
变量 X_2	−0.0976	0.0090	−10.9061	3.38×10^{-11}	−0.1160	−0.0792
变化 X_3	-5.1×10^{-5}	0.0127	−0.0040	0.9968	−0.0262	0.0261

从表 3.18 可知,在 0.05 的显著性水平下,由于 P 值 $= 0.9968 > 0.05$,故不能拒绝假设 $H_0 : \beta_2 = 0$,即所建模型中的交互作用不存在。

因此,一般应先构建含有交互项的回归模型,根据回归方程估计结果,作出相应的选择。

3.4.3　对于一个定量自变量和一个多值定性自变量的回归

1. 无交互作用的模型

养身与保健是当下许多中老年人的一个重要话题。什么样的人更加注重保健,在保健中有更多的花费？收入影响保健支出是一个平凡的结论,那么受教育程度是如何影响保健支出则是一个需要检验的问题。如果要研究收入与受教育程度对保健支出的影响,需要解决受教育程度的量化问题。如果将受教育程度分为三个互相排斥的水平:高中以下、高中、大学或以上,则如何确定这一虚拟变量。这里受教育程度这一变量有多于两个的分类。基于虚拟变量个数比变量分类数少一的原则,引进两个虚拟变量,即

$$D_2 = \begin{cases} 1, & \text{高中学历}, \\ 0, & \text{否则}, \end{cases} \qquad D_3 = \begin{cases} 1, & \text{大学或以上学历} \\ 0, & \text{否则} \end{cases}$$

以 x 表示年度收入。

假定在保健年度支出对年度收入的回归中,三个教育分类有相同的效率和不同的截距,可以建立如下模型

$$Y_i = \alpha_1 + \alpha_2 D_{2i} + \alpha_3 D_{3i} + \beta_1 x_i + \varepsilon_i$$

其中,Y_i 为保健年度支出;x_i 为年度收入。

由此可见:低于高中学历的年平均保健支出($D_{2i} = 0, D_{3i} = 0$)

$$E(Y_i) = \alpha_1 + \beta_1 x_i$$

高中学历的年平均保健支出($D_{2i} = 1, D_{3i} = 0$)

$$E(Y_i) = \alpha_1 + \alpha_2 + \beta_1 x_i$$

大学或以上学历的年平均保健支出($D_{2i} = 0, D_{3i} = 1$)

$$E(Y_i) = \alpha_1 + \alpha_3 + \beta_1 x_i$$

这一模型,假设定量自变量的系数在定性自变量的不同取值下相同,定性自变量不同取值下的回归方程仅表现为截距的不同。

2. 具有交互作用的模型

$$Y_i = \alpha_1 + \alpha_2 D_{2i} + \alpha_3 D_{3i} + \beta_1 x_i + \beta_2 D_{2i} x_i + \beta_3 D_{3i} x_i + \varepsilon_i$$

由此,低于高中学历的年平均保健支出($D_{2i} = 0, D_{3i} = 0$)

$$E(Y_i) = \alpha_1 + \beta_1 x_i$$

高中学历的年平均保健支出($D_{2i} = 1, D_{3i} = 0$)

$$E(Y_i) = \alpha_1 + \alpha_2 + (\beta_1 + \beta_2) x_i$$

大学或以上学历的年平均保健支出($D_{2i} = 0, D_{3i} = 1$)

$$E(Y_i) = \alpha_1 + \alpha_3 + (\beta_1 + \beta_3) x_i$$

易见,这一模型在定性自变量不同取值下的回归方程的截距不同,斜率也不一样。同样可以通过检验 β_2, β_3 是否显著异于零,来判断模型是否存在交互效应。

3.4.4　对于一个定量自变量和两个定性自变量的回归

针对上例,如将性别也考虑进来,不考虑交互作用,则有模型

$$Y_i = \alpha_1 + \alpha_2 D_{2i} + \alpha_3 D_{3i} + \alpha_4 D_{4i} + \beta_1 x_i + \varepsilon_i$$

这里,$D_4 = \begin{cases} 1, & \text{男性}, \\ 0, & \text{女性}, \end{cases}$ 其余变量涵义同前例。

由此，低于高中学历的女性年平均保健支出$(D_{2i}=0,D_{3i}=0,D_{4i}=0)$

$$E(Y_i)=\alpha_1+\beta_1 x_i$$

低于高中学历的男性年平均保健支出$(D_{2i}=0,D_{3i}=0,D_{4i}=1)$

$$E(Y_i)=\alpha_1+\alpha_4+\beta_1 x_i$$

高中学历女性的年平均保健支出$(D_{2i}=1,D_{3i}=0,D_{4i}=0)$

$$E(Y_i)=\alpha_1+\alpha_2+\beta_1 x_i$$

高中学历男性的年平均保健支出$(D_{2i}=1,D_{3i}=0,D_{4i}=1)$

$$E(Y_i)=\alpha_1+\alpha_2+\alpha_4+\beta_1 x_i$$

大学或以上学历女性的年平均保健支出$(D_{2i}=0,D_{3i}=1,D_{4i}=0)$

$$E(Y_i)=\alpha_1+\alpha_3+\beta_1 x_i$$

大学或以上学历男性的年平均保健支出$(D_{2i}=0,D_{3i}=1,D_{4i}=1)$

$$E(Y_i)=\alpha_1+\alpha_3+\alpha_4+\beta_1 x_i$$

易见，不同类别对应的回归函数的差别在于方程的截距。

当然，也可以讨论含交互作用的回归模型。

3.5 本 章 小 结

线性回归模型的理论和方法成熟，又有相应的计算软件辅助，因此，线性回归模型在现代社会、经济、管理和自然科学等领域有着广泛应用。

本章主要介绍了线性回归模型及其分析方法的基本原理及应用，包括：一元线性回归模型、多元线性回归模型、模型诊断、含定性数据的回归模型等。线性回归分析工具在解决结构分析、预测和控制方面有其重要价值。当然，正确运用回归分析工具才是正确决策的基础。

线性回归分析的内容广泛，且在不断发展中，本章仅涉及一些基本内容，更深入的讨论读者可参阅相关文献。

问题与思考

1. 为什么在运用最小二乘估计线性回归参数时，并不要求误差项服从正态分布？
2. 如何理解对于一个复杂问题的线性化分析思想？
3. 回归模型中的误差与残差的区别，为什么说残差在模型诊断中具有重要价值？
4. 在多属性定性变量的数值化过程中，维数"陷阱"的后果是什么？
5. 为什么在构建回归模型时，一定要结合相关理论和专业知识？
6. 漂亮的模型可能毫无价值，如何解释这一现象？

第4章 非线性回归分析

目前,房产在人们的生活中具有重要地位。某一房地产商想要研究家庭收入与消费者购房决策之间的关系。在一次房地产展销会上,共有 325 位消费者与此房地产商签订了购房意向书。在随后的 3 个月内,并非所有签订购房意向者最终都会购买房子。表 4.1 是 325 位具有购房意向的消费者家庭年收入与购房决策的资料。

表 4.1 决策用数据

年家庭收入/万元	签订购房意向人数	实际购房人数	实际购房者占比
10	25	8	0.320000
11	32	13	0.406250
12	58	26	0.448276
13	52	22	0.423077
14	43	20	0.465116
15	39	22	0.564103
16	28	16	0.571429
17	21	12	0.571429
18	15	10	0.666667

据此数据,此房地产商能得到什么结论。

线性回归模型对回归函数线性性的假定具有较大的局限性,其统计推断理论也主要建立在因变量为连续型变量,特别为正态分布随机变量的情形之上。因此,非线性回归得到发展。其中,最具代表性的是 20 世纪 70 年代由 J. A. Nelder 等建立的广义线性模型,该模型将因变量的分布推广到指数分布族,由此,可以处理因变量服从诸如二项分布、泊松分布等离散型分布的回归分析问题,同时又包含经典的线性回归模型为其特殊情况。

第 4 章涉及的线性回归模型,实际上因变量的均值既是参数的线性函数,也是自变量的线性函数。事实上,现实问题中变量之间的非线性关系更为普遍。当然对变量之间的非线性关系的认识与理解就要困难得多。线性回归分析已有一套较为成熟的理论和方法,如果将复杂的非线性关系过渡到线性关系的研究范畴内,则是一种自然的想法。但是,事情总不是想象得那么简单。本章简要介绍非线性回归分析的有关内容。

对于下列函数

$$y = \beta_0 + \beta_1 e^x$$
$$y = \beta_0 + \beta_1 \ln x$$
$$y = \beta_0 + \beta_1 x^2$$

等,尽管因变量 y 对自变量 x 都不是线性的,但对参数 β_0,β_1 都是线性的,可以通过适当的变换,将其变换成自变量 x 的线性函数。再如,

$$y=\frac{1}{\beta_0+\beta_1 e^x}$$

$$y=\beta_0 e^{\beta_1 x}$$

$$y=\beta_0 x^{\beta_1}$$

$$y=\frac{1}{\beta_0+\beta_1 x}$$

等,尽管因变量 y 对自变量 x,参数 β_0,β_1 都不是线性的,但也可以通过适当的变换转化成线性形式。因此,对于可转化成线性函数的非线性回归模型,可以借助于线性回归分析的技术进行分析。

4.1 可线性化的非线性回归模型

在实践中,有一些因变量的均值与自变量的关系是非线性关系,但其中有些可以通过线性化的变换转化成线性关系。例如,

对数函数 $y=\beta_0+\beta_1\ln x\ (x'=\ln x)$;

逆函数 $y=\beta_0+\dfrac{\beta_1}{x}\left(x'=\dfrac{1}{x}\right)$;

二次曲线 $y=\beta_0+\beta_1 x+\beta_2 x^2\ (x'_1=x,x'_2=x^2)$;

三次曲线 $y=\beta_0+\beta_1 x+\beta_2 x^2+\beta_3 x^3$(同上);

幂函数 $y=\beta_0 x^{\beta_1}\ (\beta_0>0,y'=\ln y,x'=\ln x)$;

复合函数 $y=\beta_0\beta_1^x$(与上类似);

S 形函数 $y=\beta_0 e^{\frac{\beta_1}{x}}\left(y'=\ln y,x'=\dfrac{1}{x}\right)$;

双曲函数 $y=\dfrac{x}{\beta_1+\beta_0 x}\left(y'=\dfrac{1}{y},x'=\dfrac{1}{x}\right)$;

增长曲线 $y=e^{\beta_0+\beta_1 x}\ (y'=\ln y)$;

指数曲线 $y=\beta_0 e^{\beta_1 x}\ (y'=\ln y)$。

上述曲线回归在 SPSS 应用软件中可直接实现对参数的估计,从而获得曲线回归的经验方程,应用起来十分方便。

再如,双曲函数 $y=\dfrac{x}{\beta_1+\beta_0 x}$,可等价为 $\dfrac{1}{y}=\beta_0+\beta_1\dfrac{1}{x}$,从而可以通过令 $y'=\dfrac{1}{y}$,$x'=\dfrac{1}{x}$ 将函数线性化;

S 形曲线 $y=\dfrac{1}{\beta_0+\beta_1 e^{-x}}$,也可以表示为 $\dfrac{1}{y}=\beta_0+\dfrac{\beta_1}{e^x}$,可以通过令 $y'=\dfrac{1}{y}$,$x'=\dfrac{1}{e^x}$ 将函数线性化。

注   线性化时新引入的自变量只能依赖于原始变量,而不能与未知参数有关。这是

显然的,否则新引入自变量的值不能观测。

下面分别讨论几个常用的非线性模型。

并非所有的非线性函数都可以通过变换转化成线性形式,如

$$y = \mathrm{e}^{\beta_1 x} + \mathrm{e}^{\beta_2 x}$$

$$y = \beta_0 + \beta_1^x$$

$$y = \frac{1}{\beta_0 + \beta_1 x^{\beta_2}}$$

$$y = \frac{\beta_1 x}{\beta_0 + x}$$

这样的回归函数的估计,需要利用非线性回归估计的方法进行,因为,一般参数估计无解析解,需要数值方法,如高斯-牛顿方法,读者可以参照相关文献。

在实际应用中,有些非线性函数式十分有用,如

$$y = (\beta_0 + \beta_1 x)^{-\frac{1}{\theta}}$$

$$y = \frac{1}{\beta_0 + \beta_1 x + \beta_2 x^2}$$

$$y = \frac{1}{\beta_0 + \beta_1 x^\theta}$$

当 $\theta = 1, \beta_2 = 0$ 时,以上三个函数都可以化成 $y = \dfrac{1}{\beta_0 + \beta_1 x}$。

关于 S 型曲线,常用的有:

龚柏兹模型　　$y = c\,\mathrm{e}^{-\mathrm{e}^{\beta_0 + \beta_1 x}}$;

逻辑模型　　$y = \dfrac{c}{1 + \mathrm{e}^{\beta_0 + \beta_1 x}}$;

理查兹模型　　$y = \dfrac{c}{[1 + \mathrm{e}^{\beta_0 + \beta_1 x}]^{1/\delta}}$;

威布尔模型　　$y = \beta_0 + \beta_1 \mathrm{e}^{-\beta_2 x^\delta}$ 。

相应的图形如图 4.1—图 4.11 所示。

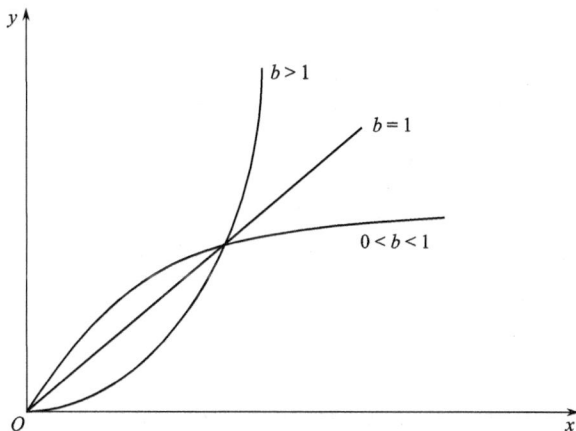

图 4.1　幂函数 $y = a x^b$ 曲线图 $(b > 0)$

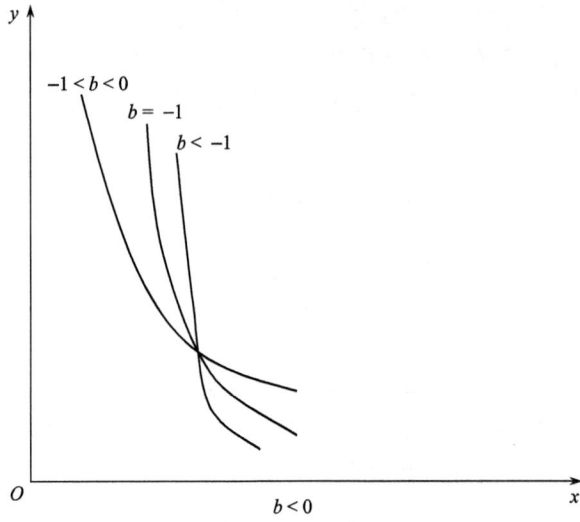

图 4.2　幂函数 $y=ax^b$ 曲线图($b<0$)

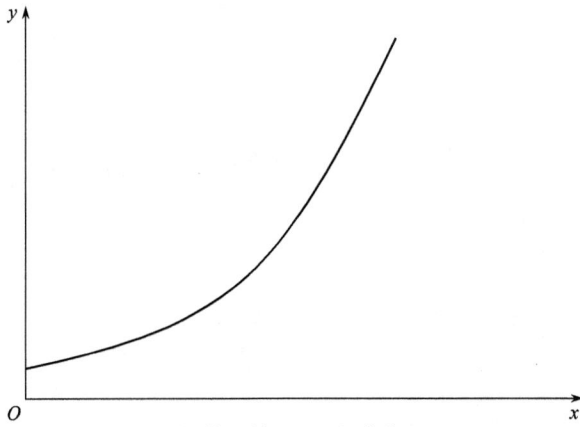

图 4.3　指数函数 $y=a\,\mathrm{e}^{bx}$ 曲线图($b>0$)

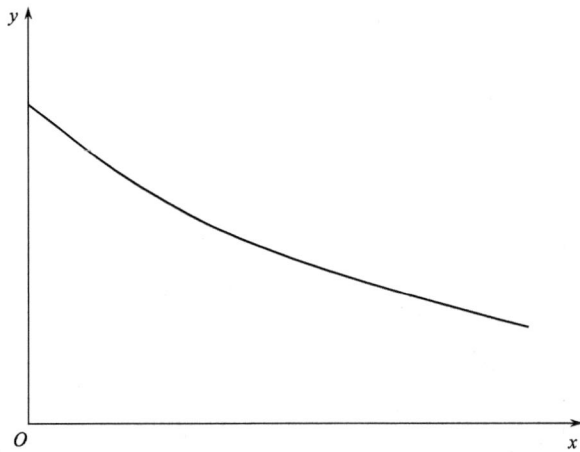

图 4.4　指数函数 $y=a\,\mathrm{e}^{bx}$ 曲线图($b<0$)

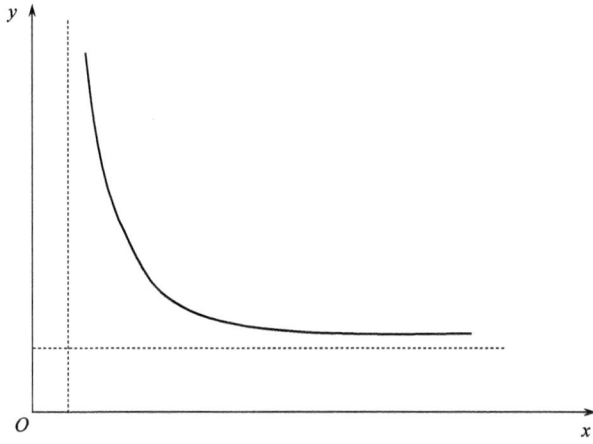

图 4.5　双曲函数 $y = \dfrac{x}{ax+b}$ 曲线图$(b<0)$

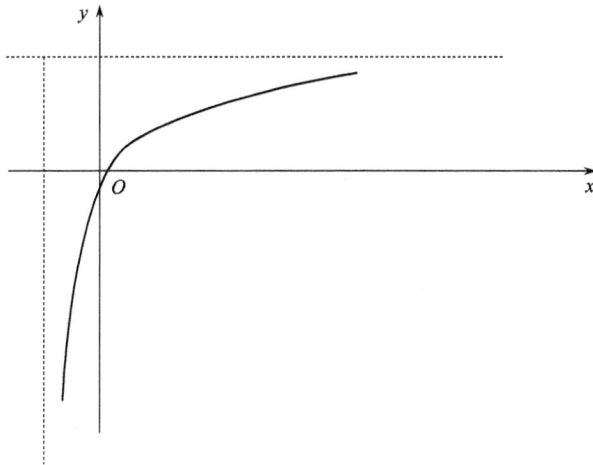

图 4.6　双曲函数 $y = \dfrac{x}{ax+b}$ 曲线图$(b>0)$

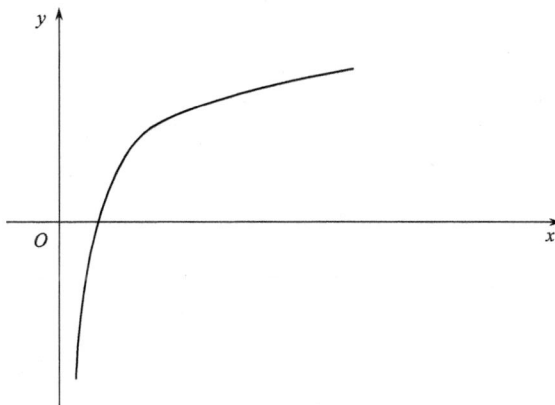

图 4.7　对数函数 $y = a + b\ln x$ 曲线图$(b>0)$

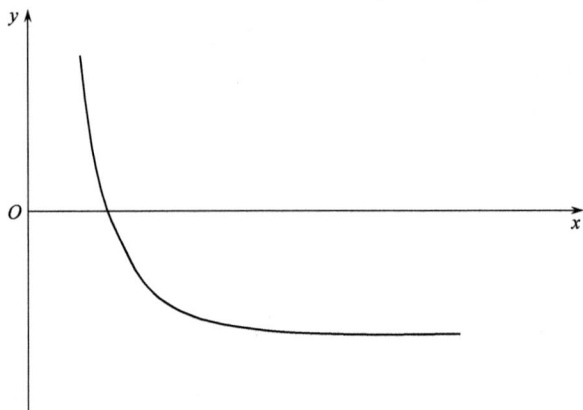

图 4.8　对数函数 $y=a+b\ln x$ 曲线图($b<0$)

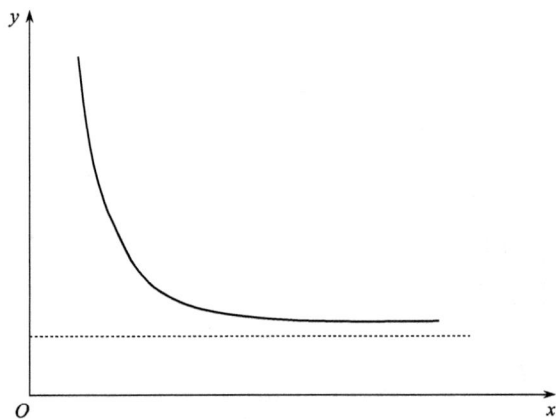

图 4.9　指数函数 $y=a\mathrm{e}^{\frac{b}{x}}$ 曲线图($b>0$)

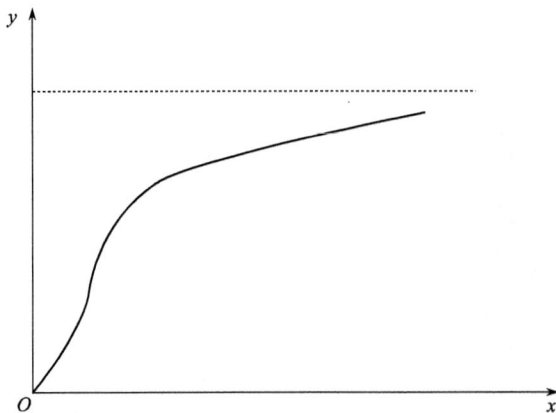

图 4.10　指数函数 $y=a\mathrm{e}^{\frac{b}{x}}$ 曲线图($b<0$)

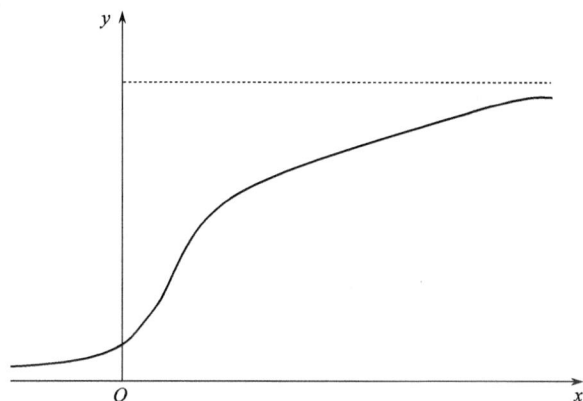

图 4.11　S 型曲线 $y=\dfrac{1}{a+be^{-x}}$ 图

上述曲线可以应用在不同的领域。

例 4.1（次数与容积）　出钢时盛钢水的钢包，由于钢水对耐火材料的侵蚀，容积不断增大。为了研究使用次数与增大的容积之间的关系，收集了 15 组数据，如表 4.2 所示。

表 4.2　计算用数据

使用次数 x_i	2	3	4	5	6	7	8	9
增大容积 y_i	6.42	8.20	9.58	9.50	9.70	10.00	9.93	9.99
使用次数 x_i	10	11	12	13	14	15	16	
增大容积 y_i	10.49	10.59	10.60	10.80	10.60	10.90	10.76	

解　我们可以画出数据的散点图（读者可自行绘制），从而发现数据的变化呈曲线态势。另外，可以看到，随着使用次数的增加，钢包容积有不断增大趋势。同时，曲线的上方有一条渐近线。因此，可以选用如下的双曲线（图 4.12）来描述钢包容积的均值函数

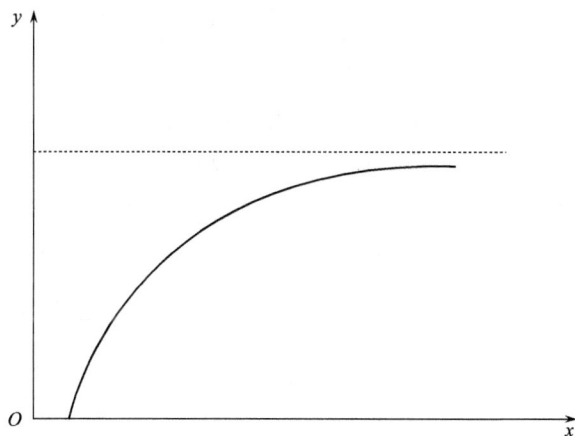

图 4.12　渐近曲线图

$$\frac{1}{y} = \beta_0 + \frac{\beta_1}{x}$$

作变换 $y' = \frac{1}{y}, x' = \frac{1}{x}$，则容易得到关于变量 x' 和 y' 的线性回归方程

$$y' = 0.0823 + 0.1312x'$$

从而有

$$\frac{1}{y} = 0.0823 + \frac{0.1312}{x}$$

即

$$\hat{y} = \frac{x}{0.0823x + 0.1312}$$

需要指出的是，由于对因变量作了变换，再利用最小二乘法得到参数估计值，所以，一般而言，已非关于原因变量的残差平方和达到最小的估计了。对于这样的情况，残差平方和与简单相关系数的计算需要重新考虑。称

$$\hat{y_i} = \frac{x_i}{0.0823x_i + 0.1312}, \quad i = 1, 2, \cdots, n$$

为第 i 个拟合值或回归值。称

$$Q = \sum_{i=1}^{n} (y_i - \hat{y_i})^2$$

为残差平方和；称

$$R = \sqrt{1 - \frac{\sum_{i=1}^{n}(y_i - \hat{y_i})^2}{\sum_{i=1}^{n}(y_i - \bar{y})^2}}$$

为相关系数；称

$$S_E = \sqrt{\frac{\sum (y_i - \hat{y_i})^2}{2}}$$

为剩余标准差。显见，$0 \leq R \leq 1$，当 R 越接近于 1，Q 或 S_E 越小，则回归的效果则越好。

在实际应用中，最好能用几种可能的函数类型来描述因变量的均值函数 $E(X) = \mu(x)$，分别计算几个不同拟合函数下的回归方程，再运用相关系数或剩余标准差的比较，从中选择最优者。例如，对于本例，如选用指数函数作为因变量的均值函数 $y = a e^{\frac{b}{x}}$，则令 $y' = \ln y, x' = \frac{1}{x}, a' = \ln a$。通过最小二乘法得到 $\hat{y}' = 2.46 - 1.11x'$，通过变量代回得到原变量的曲线回归方程

$$\hat{y}' = 11.68 e^{-\frac{1.11}{x}}$$

经计算得到相关系数 $R = 0.9771$，剩余标准差 $S_E = 0.2618$。从这两个指标来看，用

指数函数来拟合本例数据,比用双曲函数拟合效果更好。

4.2　多项式模型

4.2.1　一元多项式模型

一元多项式回归模型的一般形式

$$y = \beta_0 + \beta_1 x + \beta_2 x^2 + \cdots + \beta_k x^k + \varepsilon$$

在实践中用得较多的有二次多项式模型和三次多项式模型,这两个模型直观,几何意义清楚。例如,二次多项式回归模型

$$y = \beta_0 + \beta_1 x + \beta_2 x^2 + \varepsilon$$

中的回归函数 $E(y) = \beta_0 + \beta_1 x + \beta_2 x^2$ 就是二次抛物线,回归系数 β_1 称为线性效应系数,β_2 称为二次线性效应系数。

例 4.2(设备配置效应)　一家自助餐饮集团的市场分析人员想要分析自助餐馆中的自动售货机数量对饮料销售量的影响。事实上,自动售货机配置太多,则投入过多引起成本增加;配置太少,不能获得最大收益。因此,科学合理配置设备是一个值得研究的问题。为此,此研究人员选择了此集团旗下的 21 家餐馆作为样本。数据如表 4.3 所示。

表 4.3　观测数据

序号	1	2	3	4	5	6	7
售货机数量	0	0	0	1	1	1	2
饮料售销量	498.4	501.7	508.1	578.3	569.1	580.9	651.7
序号	8	9	10	11	12	13	14
售货机数量	2	2	3	3	3	4	4
饮料售销量	657.0	660.7	698.3	714.3	720.6	759.9	756.1
序号	15	16	17	18	19	20	21
售货机数量	4	5	5	5	6	6	6
饮料售销量	761.5	786.7	791.2	800.4	841.3	844.1	837.9

这位研究人员认为,自动售货机数量多的餐馆,应该销售更多的饮料。但是,自动售货机的数量在餐馆中过多,则饮料销售量的增量在减少。因此,其认为用二阶多项式拟合观测数据可能更为合理,请作相应分析。

解　以 Y 表示饮料销量,x 表示售货机数量。构建模型

$$Y = \beta_0 + \beta_1 x_i + \beta_{11} x_i^2 + \varepsilon$$

并假设误差项近似服从均值为 0,方差相等的正态分布,则要估计的方程为

$$E(y) = \beta_0 + \beta_1 x_i + \beta_{11} x_i^2$$

容易运用 excel 中的回归功能得到估计回归方程的相应结果,如表 4.4 所示。

表 4.4　估计回归方程的 excel 输出结果

回归统计					
R（相关系数）	0.9952				
R^2（判定系数）	0.9904				
调整的 R^2	0.9894				
标准误差	13.1933				
观测值个数	21				

方差分析					
	自由度	平方和	均方	F 统计量	显著性水平 F
回归分析	2	324117.7	162058.8	931.0381	6.76×10^{-19}
残差	18	3133.125	174.0625		
总计	20	327250.8			
	系数	标准误差	t 统计量	P 值	下限 95%	上限 95%
截距	495.3881	6.6488	74.5081	7.15×10^{-24}	481.4195	509.3567
变量 X_1	95.0643	5.1902	18.3161	4.37×10^{-13}	84.1601	105.9685
变量 X_2	-5.6191	0.8311	-6.7610	2.46×10^{-6}	-7.3651	-3.8730

　　从表 4.4 可知，方程的显著性和系数的显著性均能通过相应的检验。这也验证了模型中包含二次效应项的合理性，或用二次多项式拟合数据的合理性。另外，也可以从残差图 4.13 和残差图 4.14 清晰地看到模型拟合的效果较好。

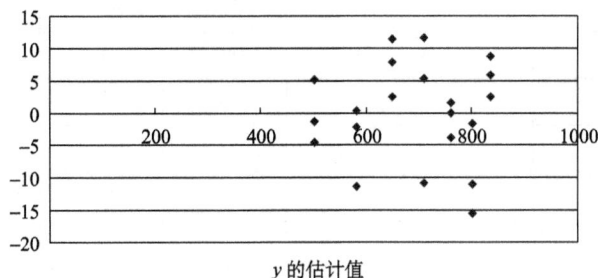

图 4.13　残差对 $\hat{y}$ 的散布

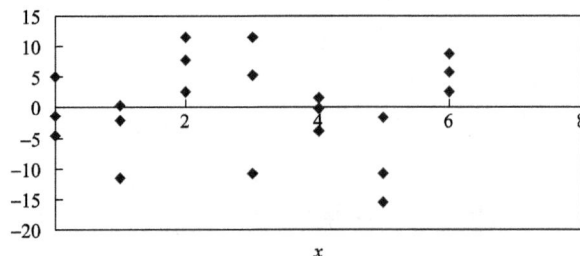

图 4.14　残差对自变量 x 的散布

估计回归方程为

$$\hat{y} = 495.3882 + 95.0643x - 5.6191x^2$$

一次和二次效应的变化范围可以由这两个参数的置信区间描述。对于置信度 0.95，则有

$$84.1601 < \beta_1 < 105.9685; \quad -7.3751 < \beta_{11} < -3.8730$$

4.2.2　二元多项式模型

称模型

$$y = \beta_0 + \beta_1 x_1 + \beta_2 x_2 + \beta_{11} x_1^2 + \beta_{22} x_2^2 + \beta_{12} x_1 x_2 + \varepsilon$$

为二元二次多项式模型。这里，含有两个自变量的交叉项，用于测度两个自变量对因变量的交互作用，因此，其系数 β_{12} 也称为交互影响系数。

例 4.3（保险额的影响因素）　表 4.5 是 18 个 35—44 岁经理的前两年平均年薪 x_1（单位：千美元）、风险反感度 x_2 和人寿保险额 Y（单位：千美元）的数据记录。

表 4.5　原始数据

序号	x_{i1}	x_{i2}	y_i
1	66.290	7	196
2	40.964	5	63
3	72.996	10	252
4	45.010	6	84
5	57.204	4	126
6	26.852	5	14
7	38.122	4	49
8	35.840	6	49
9	75.796	9	266
10	37.408	5	49
11	54.376	2	105
12	46.186	7	98
13	46.130	4	77
14	30.366	3	14
15	39.060	5	56
16	79.380	1	245
17	52.766	8	133
18	55.916	6	133

研究人员想要研究给定年龄组内经理的平均年薪、风险反感度和人寿保险额之间的关系。研究者预期，经理的收入与人寿保险额之间可能存在二次关系，风险反感度对人寿

保险额只有线性效应,而无二次效应。研究者认为可用含交互作用的二元二次多项式模型来描述经理年薪和风险反感度对人寿保险额的影响,即

$$Y_i = \beta_0 + \beta_1 x_{i1} + \beta_2 x_{i2} + \beta_{11} x_{i1}^2 + \beta_{22} x_{i2}^2 + \beta_{12} x_{i1} x_{i2} + \varepsilon_i$$

解　要估计方程

$$E(Y_i) = \beta_0 + \beta_1 x_{i1} + \beta_2 x_{i2} + \beta_{11} x_{i1}^2 + \beta_{22} x_{i2}^2 + \beta_{12} x_{i1} x_{i2}$$

这可以看成是有 5 个自变量 $x_1, x_2, x_1^2, x_2^2, x_1 x_2$ 的回归模型,其估计回归方程的 excel 输出结果如表 4.6 所示。

表 4.6　估计回归方程的 excel 输出结果

回归统计				
R(相关系数)	0.9998			
R^2(判定系数)	0.9997			
调整的 R^2	0.9995			
标准误差	1.7430			
观测值个数	18			

方差分析				
	自由度	平方和	均方	F 统计量	显著性水平 F
回归分析	5	108005.82	21601.16	7110.20	2.16×10^{-20}
残差	12	36.46	3.04		
总计	17	108042.28			
	系数	标准误差	t 统计量	P 值	
截距	-65.3856	6.1230	-10.6786	1.75×10^{-7}	
变量 X_1	1.0172	0.2281	4.4599	0.0008	
变量 X_2	5.2171	1.3487	3.8682	0.0022	
变量 X_3	0.0358	0.0022	16.3419	1.45×10^{-9}	
变量 X_4	0.1662	0.1202	1.3829	0.1919	
变量 X_5	-0.0196	0.0140	-1.4013	0.1865	

　　由此得到估计回归方程为

$$\hat{y}_i = -65.3856 + 1.0172 x_{i1} + 5.2171 x_{i2} + 0.0358 x_{i1}^2 + 0.1662 x_{i2}^2 - 0.0196 x_{i1} x_{i2}$$

　　又可以看到,变量 $x_2^2, x_1 x_2$ 前的系数不显著异于 0(在 0.05 的显著性水平下)。因此,综合后去掉这两个变量,从而有三个自变量的回归分析的 excel 输出结果如表 4.7 所示。即估计方程为

$$\hat{y}_i = -62.3489 + 0.8396 x_{i1} + 5.6846 x_{i2} + 0.0371 x_{i1}^2$$

表 4.7　回归分析的 excel 输出结果

回归统计				
R（相关系数）	0.9998			
R^2（判定系数）	0.9996			
调整的 R^2	0.9995			
标准误差	1.8033			
观测值个数	18			

方差分析				
	自由度	平方和	均方	F 统计量	显著性水平 F
回归分析	3	107996.75	35998.92	11070.29	7.41×10^{-24}
残差	14	45.53	3.25		
总计	17	108042.28			
	系数	标准误差	t 统计量	P 值	
截距	-62.3489	5.2004	-11.9892	9.46×10^{-9}	
变量 X_1	0.8396	0.2072	4.0517	0.001189	
变量 X_2	5.6846	0.1978	28.7381	7.55×10^{-14}	
变量 X_3	0.0371	0.0019	19.5146	1.5×10^{-11}	

4.3　因变量为指示变量的回归

4.3.1　回归模型

在许多应用中，因变量的取值只有两个可能的结果，或者说因变量是一个服从两点分布的随机变量。例如，在根据公司规模分析公司是否有产业关系部时，因变量将只有两种结果，即公司有产业关系部和无产业关系部；在研究妻子就业情况的案例中，作为妻子年龄、孩子数和丈夫收入的函数，因变量只有两个结果，即妻子已就业和妻子未就业；在是否参加赔偿责任保险的研究问题中，根据户主的年龄、流动资产额和户主的职业，因变量也只有两个结果，即户主有赔偿责任保险单和户主没有赔偿责任保险单。

对于回归模型

$$Y_i = \beta_0 + \beta_1 x_i + \varepsilon_i, \quad Y_i = 0,1$$

假设 $E(\varepsilon_i)=0$，则

$$E(Y_i) = \beta_0 + \beta_1 x_i$$

如服从两点分布的随机变量 Y_i 的分布律为

$$P\{Y_i = k\} = \pi_i^k (1-\pi_i)^{1-k}, \quad k=0,1$$

则 $E(Y_i)=\pi_i$，从而

$$\pi_i = \beta_0 + \beta_1 x_i$$

对产业关系部与公司规模之间关系的问题,公司有产业关系部的概率为公司规模的线性函数。即上述模型描述了公司规模是如何影响公司有产业关系部存在的概率。

4.3.2 关于误差项问题

1. 非正态误差项

对于模型

$$Y_i = \beta_0 + \beta_1 x_i + \varepsilon_i, \quad Y_i = 0,1$$

误差项只能取两个值,即

当 $Y_i = 1$ 时,$\varepsilon_i = 1 - \beta_0 - \beta_1 x_i$;

当 $Y_i = 0$ 时,$\varepsilon_i = -\beta_0 - \beta_1 x_i$。

容易看到,假设误差项 ε_i 服从正态分布不合理。

2. 非常数误差项的方差

对于模型

$$Y_i = \beta_0 + \beta_1 x_i + \varepsilon_i, \quad Y_i = 0,1$$

由于

$$D(Y_i) = \pi_i(1 - \pi_i) = (\beta_0 + \beta_1 x_i)(1 - \beta_0 - \beta_1 x_i)$$

故

$$D(\varepsilon_i) = D(Y_i) = (\beta_0 + \beta_1 x_i)(1 - \beta_0 - \beta_1 x_i)$$

即模型误差项的方差与自变量有关,这与线性回归模型中的误差项同方差的条件不符。普通的最小二乘估计的系数将不再最优。

3. 回归函数的限制

因变量均值 $E(Y_i) = \pi_i$,即 $0 \leqslant E(Y_i) \leqslant 1$。但 $\beta_0 + \beta_1 x_i$ 并不一定在 $[0,1]$ 内变化。对于这样的现实问题,需要寻找解决的办法。

4.3.3 参数估计

例 4.4(能力的影响因素) 一位系统分析人员研究计算机程序员设计经验对特定时间内完成包括调试的复杂程序设计能力的影响。为此,选择了 25 位有着不同程序设计经验的人(用月数来计量经历)。对每个人都分配相同的工作任务,每人完成任务程度的结果如表 4.8 所示。如在规定的时间内完成任务,则 $Y = 1$,否则,$Y = 0$。

表 4.8 计算用数据

程序设计人员 i	工作经历(月数)x_i	是否成功完成任务 y_i
1	14	0
2	29	0
3	6	0

程序设计人员 i	工作经历(月数)x_i	是否成功完成任务 y_i
4	25	1
5	18	1
6	4	0
7	18	0
8	12	0
9	22	1
10	6	0
11	30	1
12	11	0
13	30	1
14	5	0
15	20	1
16	13	0
17	9	0
18	32	1
19	24	0
20	13	1
21	19	0
22	4	0
23	28	1
24	22	1
25	8	1

解　如果不考虑误差项的方差而运用最小二乘法估计参数,则估计的系数仍然是无偏的,但不再具有有效性。估计结果如表 4.9 所示。

表 4.9　excel 计算输出表

回归统计				
R(相关系数)	0.5648			
R^2(判定系数)	0.3190			
调整的 R^2	0.2894			
标准误差	0.4271			
观测值个数	25			

续表

方差分析				
	自由度	平方和	均方	F 统计量	显著性水平 F
回归分析	1	1.96	1.96	10.77	0.0033
残差	23	4.20	0.18		
总计	24	6.16			
	系数	标准误差	t 统计量	P 值	
截距	-0.0922	0.1833	-0.503	0.6197	
变量 X	0.0315	0.0096	3.282	0.0033	

即得估计回归方程

$$\hat{y}_i = -0.0922 + 0.0315 x_i$$

可以如通常的回归模型的解释方式进行分析,如对于具有 10 个月工作经历的程序设计人员来说,能成功完成程序设计任务的概率为 0.2228。

由于误差项存在异方差,故参数估计量并非有效。对于处理误差项异方差的参数估计问题,可以运用加权最小二乘法进行参数估计。

由于 $D(\varepsilon_i) = \pi_i(1-\pi_i) = E(Y_i)(1-E(Y_i))$,但如果令权数

$$w_i = \frac{1}{\pi_i(1-\pi_i)} = \frac{1}{E(Y_i)(1-E(Y_i))}$$

则由于 $E(Y_i) = \beta_0 + \beta_1 x_i$,故 $E(Y_i)$ 未知,需要对其进行估计。因此,下面对参数的估计实际上使用的是两阶段的最小二乘估计。

第一阶段,运用普通最小二乘估计法回归方程,如上。

第二阶段,由第一阶段,估计权数 $\hat{w}_i = \dfrac{1}{\hat{E}(Y_i)(1-\hat{E}(Y_i))}$,如表 4.10 所示。

表 4.10 计算表

程序设计人员 i	工作经历(月数)x_i	是否成功完成任务 y_i	$\hat{Y}_i$	$\hat{w}_i$
1	14	0	0.3492	4.4003
2	29	0	0.8221	608382
3	6	0	0.0970	11.4196
4	25	1	0.6960	4.7263
5	18	1	0.4753	4.098
6	4	0	0.0339	30.5196
7	18	0	0.4753	4.0098
8	12	0	0.2861	4.8956
9	22	1	0.6014	4.1717
10	6	0	0.0970	11.4196

程序设计人员 i	工作经历(月数) x_i	是否成功完成任务 y_i	$\hat{Y}_i$	$\hat{w}_i$
11	30	1	0.8537	8.0044
12	11	0	0.2546	5.2691
13	30	1	0.8537	8.0044
14	5	0	0.0654	16.3502
15	20	1	0.5384	4.0237
16	13	0	0.3177	4.6135
17	9	0	0.1916	6.4573
18	32	1	0.9167	13.0967
19	24	0	0.6645	4.4854
20	13	1	0.3177	4.6135
21	19	0	0.5068	4.0007
22	4	0	0.0339	30.5196
23	28	1	0.7906	6.0403
24	22	1	0.6014	4.1717
25	8	1	0.1600	7.4394

以 $\hat{w}_i$ 为权数,进行加权最小二乘估计,得到下列估计回顾方程

$$\hat{y}_i = -0.1171 + 0.0327 x_i$$

如对于具有 10 个月设计经历的程序设计人员,能成功完成程序设计任务的概率为 0.2099。

4.4　逻辑斯蒂回归模型

由上面的讨论可以看到,对于服从两点分布的因变量,其均值函数取值范围在 $[0,1]$,故以线性函数来表达回归函数已不可行。因此,曲线回归函数的选择变得自然。

注意到上述曲线的特点,它有两条渐近线: $y=0$ 和 $y=1$。若以此曲线对应的函数为回归函数,则定义

$$E(Y) = \frac{\mathrm{e}^{\beta_0 + \beta_1 x}}{1 + \mathrm{e}^{\beta_0 + \beta_1 x}}$$

此函数称为逻辑斯蒂(Logistic)函数,此函数容易线性化,其图形如图 4.15 所示。

我们知道,当因变量为服从两点分布的随机变量时,因变量的均值 $E(Y)$ 是一个概率。如以 π 表示 $E(Y)$。通过如下变换

$$\pi' = \ln\left(\frac{\pi}{1-\pi}\right)$$

则由 $E(Y) = \dfrac{\mathrm{e}^{\beta_0 + \beta_1 x}}{1 + \mathrm{e}^{\beta_0 + \beta_1 x}}$,得到

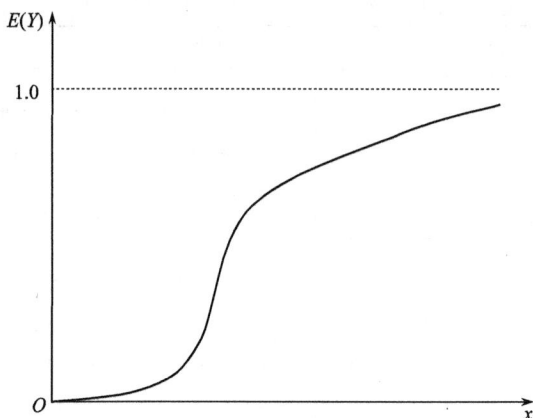

图 4.15　逻辑斯蒂曲线图

$$\pi' = \beta_0 + \beta_1 x$$

关于参数估计问题,举两个例子分别说明估计过程。

1. 分组数据

如果在 x 的不同水平 $x_1, x_2, \cdots, x_k$ 处分别观察了 $n_1, n_2, \cdots, n_k$ 个个体。因为每个个体仅取 0 和 1 两个值,记 r_i 为在 x_i 水平处因变量取值为 1 的个数,则 x_i 水平处因变量取值为 1 的比例 $p_i = \dfrac{r_i}{n_i}, i = 1, 2, \cdots, k$。令 $p_i' = \ln\left(\dfrac{p_i}{1 - p_i}\right)$,将 p_i' 看成因变量,则有

$$p_i' = \beta_0 + \beta_1 x_i$$

由于误差项的异方差性,所以,对参数的估计需用加权最小二乘法。权数为 $w_i = n_i p_i (1 - p_i)$,这里,要求样本容量 n_i 足够大。

例 4.5(优惠券效应)　一家超市研究某一商品降价优惠券的有效性,即分析持有优惠券的消费者在规定时间内兑现优惠券的可能性。优惠券的降价额分为 5 等,分别为 5,10,15,20 和 30 美分。为此,在每个降价类中随机选择 200 个家庭,并寄去这一商品的降级优惠券和广告材料。以 x 表示降价额,因变量以 Y 表示,为 0-1 随机变量,表示在活动期内是否兑换优惠券。数据如表 4.11 所示。

表 4.11　分析用数据

降价额 x_i	家庭数 n_i	优惠券兑换 家庭数 r_i	优惠券兑换家 庭数占比 p_i	逻辑斯蒂 变换值 p_i'	权数 w_i
5	200	32	0.160	−1.6582	26.880
10	200	51	0.255	−1.0721	37.995
15	200	70	0.350	−0.6190	45.500
20	200	103	0.515	0.0600	49.955
30	200	148	0.740	1.0460	38.480

解　利用加权最小二乘估计,得到

$$p'_i = -2.1856 + 0.1089 x_i$$

转换为原变量,则有

$$p_i = \frac{\mathrm{e}^{-2.1856+0.1089 x_i}}{1 + \mathrm{e}^{-2.1856+0.1089 x_i}}$$

由此,可以根据此估计式来分析不同优惠券额度下的家庭在优惠期内兑换优惠券的概率。如果有一种优惠额度为 25 美分,则由上式计算得到 $p=0.63$,即将有 63% 的持此优惠券的家庭在优惠期内兑现。

这里需要说明的是,自变量前面的系数不能像普通线性回归模型中的回归系数一样解释,同样地,因变量的涵义也不同于线性回归中的解释。

当然,自变量为多个情形的逻辑斯蒂模型也可类似讨论,读者可参阅相关文献。

2. 非分组数据

设 Y 为服从 0-1 分布的随机变量,$x_1, x_2, \cdots, x_p$ 为与 Y 相关的确定性变量。在 $(x_{i1}, x_{i2}, \cdots, x_{ip})$,$i=1,2,\cdots,n$ 处分别对 Y 进行了 n 次独立的观测 $Y_i(i=1,2,\cdots,n)$,相应的观测值记为 $y_i(i=1,2,\cdots,n)$。由于 $P\{Y_i=y_i\}=\pi_i^{y_i}(1-\pi_i)^{1-y_i}$,$y_i=0,1$,故得到参数 $\pi=(\pi_1,\pi_2,\cdots,\pi_n)$ 的似然函数

$$L(y,\pi) \triangleq L(y_1,y_2,\cdots,y_n,\pi_1,\pi_2,\cdots,\pi_n) = \prod_{i=1}^{n} \pi_i^{y_i}(1-\pi_i)^{1-y_i}$$

或对数似然函数

$$\ln L(y,\pi) = \sum_{i=1}^{n}\left[y_i\ln\pi_i + (1-y_i)\ln(1-\pi_i)\right]$$
$$= \sum_{i=1}^{n}\left[y_i\ln\frac{\pi_i}{1-\pi_i} + \ln(1-\pi_i)\right]$$

对于逻辑斯蒂回归函数,有

$$\pi_i = \frac{\mathrm{e}^{\beta_0+\beta_1 x_{i1}+\beta_2 x_{i2}+\cdots+\beta_p x_{ip}}}{1 + \mathrm{e}^{\beta_0+\beta_1 x_{i1}+\beta_2 x_{i2}+\cdots+\beta_p x_{ip}}}$$

由此得到

$$\ln L(y,\beta) = \sum_{i=1}^{n}\left[y_i(\beta_0+\beta_1 x_{i1}+\beta_2 x_{i2}+\cdots+\beta_p x_{ip}) - \ln(1+\mathrm{e}^{\beta_0+\beta_1 x_{i1}+\beta_2 x_{i2}+\cdots+\beta_p x_{ip}})\right]$$

使得上式达到最大的 $\hat{\beta}_0,\hat{\beta}_1,\cdots,\hat{\beta}_p$ 即为参数 $\beta_0,\beta_1,\cdots,\beta_p$ 的最大似然估计值。

例 4.6（公共交通调查）　在一次关于公共交通调查分析中,一个调查项目是“乘坐公共交通如公共汽车、地铁上下班,还是骑自行车上下班”。因变量 Y 为 0-1 随机变量,其中,$Y=1$ 表示乘坐公共交通上下班,$Y=0$ 表示骑自行车上下班。自变量 x_1 表示年龄,x_2 表示月收入,x_3 表示性别,其中 $x_3=1$ 表示男性,$x_3=0$ 表示女性。调查对象为工薪族群体。表 4.12 为随机调查的 28 名居民的数据,试分析这些自变量对因变量的影响。

表 4.12 原始数据

y	x_1	x_2	x_3
0	24	2850	0
0	26	3200	0
1	23	2850	0
1	24	2950	0
1	28	3200	0
0	29	2850	0
1	32	3500	0
1	33	3000	0
1	36	2950	0
0	40	3200	0
1	36	3800	0
1	45	4100	0
0	37	3800	0
0	23	2850	1
0	25	3000	1
0	22	3200	1
1	25	3300	1
0	28	3500	1
1	31	2950	1
0	32	3000	1
0	30	3800	1
0	33	3000	1
0	38	3200	1
0	40	3500	1
1	42	3800	1
0	39	3000	1
1	48	3500	1
1	46	3800	1

解 由表 4.12 数据,得

$$\hat{p} = \frac{\mathrm{e}^{-4.1968+0.0587x_1+0.0009x_2-1.4302x_3}}{1+\mathrm{e}^{-4.1968+0.0587x_1+0.0009x_2-1.4302x_3}}$$

逻辑斯蒂回归参数的估计可以运用 SPSS,eviews 软件实现。这里不详说。

另外,关于因变量为多类别的定性变量,也可类似讨论逻辑斯蒂回归模型。有兴趣的读者可以参考相关文献。

4.5　本 章 小 结

　　本章简要介绍了非线性回归的基本模型,主要包含曲线回归模型、多项式回归模型、因变量为离散变量回归模型等类型。实际上,非线性回归分析的内容十分丰富,理论和方法也更为复杂,已超出本书范围,有兴趣的多者可参阅相关文献。

　　非线性回归的参数估计与计算问题需要专门的计算工具,目前有许多统计软件可以帮助应用者方便地解决参数估计和预测问题。

问 题 与 思 考

1. 为什么要将非线性回归线性化处理?
2. 如何理解多项式回归在非线性回归中的作用?
3. 如何解释因变量为离散型变量的回归系数?
4. 为什么最小二乘估计在非线性回归参数估计中存在困难?
5. 在应用中,人们常常将非线性问题线性化处理,你如何理解?

第5章 主成分分析

在评价问题的理论与实践中,如竞争力评价,企业效益评价,大学排名等,都会涉及大量指标,由于人们并不能完全清晰指标之间信息重叠的程度,在指标设计上往往始于已有的认识或经验或直观,而大量指标给问题的分析带来了困难。如果能有某种方法从众多指标中挖掘出少数几个综合指标,用这几个综合指标可以解释原有大量指标所包含的信息,那将给问题的分析带来方便。正是实际问题的需要,相应的分析方法得以研究并在实践中得到有效应用。

在实践中,对于某一问题,需要许多变量来描述影响这一问题的变化因素。在回归分析中,常常会遇到自变量的多重共线性问题,这一现象实际上表明变量之间的信息重叠给分析带来的影响。另外,变量过多一是数据采集困难,二是需要较高的成本,再者,也难以找到适配的分析模型。因此,从已有众多变量中提炼出主要信息,或者说用少量的综合变量来表示众多变量的信息,而又对分析结果无明显影响,是主成分分析的研究内容。

主成分分析就是研究如何通过原来变量的少数几个线性组合来解释随机向量的协方差结构,其目的是化简数据及揭示变量之间的关系。

在解决问题的过程中,p 个变量的大部分变差可以由它们的 k(比 p 小很多)个主成分(原变量的某种线性组合)来概括。换言之,k 个主成分所包含的信息与原始变量的信息几乎一样多。这样,由 p 个变量的 n 次观测组成的数据就可以化简为 k 个主成分的 n 次观测数据。

主成分分析往往运用于某个问题分析的中间环节,是作为一种简化数据的分析工具。

5.1 随机矩阵和随机样本

5.1.1 随机矩阵

以随机变量为元素的矩阵称为随机矩阵,如果随机矩阵只有一列或一行,则称为随机向量。

例如,有随机矩阵

$$X = \begin{pmatrix} X_{11} & X_{12} & \cdots & X_{1n} \\ X_{21} & X_{22} & \cdots & X_{2n} \\ \vdots & \vdots & & \vdots \\ X_{p1} & X_{p2} & \cdots & X_{pn} \end{pmatrix}$$

定义随机矩阵的数学期望为

$$
E(X) = \begin{pmatrix} E(X_{11}) & E(X_{12}) & \cdots & E(X_{1n}) \\ E(X_{21}) & E(X_{22}) & \cdots & E(X_{2n}) \\ \vdots & \vdots & & \vdots \\ E(X_{p1}) & E(X_{p2}) & \cdots & E(X_{pn}) \end{pmatrix}
$$

若 $X = (X_1, X_2, \cdots, X_p)^{\mathrm{T}}$ 是一个随机向量,记

$$
\mu_i = E(X_i), \quad \sigma_i^2 = E(X_i - \mu_i)^2, \quad \sigma_{ik} = E(X_i - \mu_i)(X_k - \mu_k), \quad i, k = 1, 2, \cdots, p
$$

在后面的讨论中,一般记 $\sigma_{ii} = \sigma_i^2$。

若记 $\mu = (\mu_1, \mu_2, \cdots, \mu_p)^{\mathrm{T}}$,将 p 维随机向量 $X = (X_1, X_2, \cdots, X_p)^{\mathrm{T}}$ 的均值和协方差排列成一个矩阵,称为方差-协方差矩阵,简称协方差矩阵,记为 $\Sigma = E(X - \mu)(X - \mu)^{\mathrm{T}}$,即

$$
\begin{aligned}
\Sigma &= E(X - \mu)(X - \mu)^{\mathrm{T}} \\
&= E\left[\begin{pmatrix} X_1 - \mu_1 \\ X_2 - \mu_2 \\ \vdots \\ X_p - \mu_p \end{pmatrix} (X_1 - \mu_1, X_2 - \mu_2, \cdots, X_p - \mu_p) \right] \\
&= E \begin{pmatrix} (X_1 - \mu_1)^2 & (X_1 - \mu_1)(X_2 - \mu_2) & \cdots & (X_1 - \mu_1)(X_p - \mu_p) \\ (X_2 - \mu_2)(X_1 - \mu_1) & (X_2 - \mu_2)^2 & \cdots & (X_2 - \mu_2)(X_p - \mu_p) \\ \vdots & \vdots & & \vdots \\ (X_p - \mu_p)(X_1 - \mu_1) & (X_p - \mu_p)(X_2 - \mu_2) & \cdots & (X_p - \mu_p)^2 \end{pmatrix} \\
&= \begin{pmatrix} E(X_1 - \mu_1)^2 & E(X_1 - \mu_1)(X_2 - \mu_2) & \cdots & E(X_1 - \mu_1)(X_p - \mu_p) \\ E(X_2 - \mu_2)(X_1 - \mu_1) & E(X_2 - \mu_2)^2 & \cdots & E(X_2 - \mu_2)(X_p - \mu_p) \\ \vdots & \vdots & & \vdots \\ E(X_p - \mu_p)(X_1 - \mu_1) & E(X_p - \mu_p)(X_2 - \mu_2) & \cdots & E(X_p - \mu_p)^2 \end{pmatrix}
\end{aligned}
$$

或表示为

$$
\Sigma = \mathrm{Cov}(X) = \begin{pmatrix} \sigma_{11} & \sigma_{12} & \cdots & \sigma_{1p} \\ \sigma_{21} & \sigma_{22} & \cdots & \sigma_{2p} \\ \vdots & \vdots & & \vdots \\ \sigma_{p1} & \sigma_{p2} & \cdots & \sigma_{pp} \end{pmatrix}
$$

X_i 与 X_k 的相关系数 $\rho_{ik} = \dfrac{\sigma_{ik}}{\sqrt{\sigma_{ii}} \sqrt{\sigma_{kk}}}$。设总体相关系数矩阵为

$$\rho = \begin{pmatrix} \dfrac{\sigma_{11}}{\sqrt{\sigma_{11}}\,\sqrt{\sigma_{11}}} & \dfrac{\sigma_{12}}{\sqrt{\sigma_{11}}\,\sqrt{\sigma_{22}}} & \cdots & \dfrac{\sigma_{1p}}{\sqrt{\sigma_{11}}\,\sqrt{\sigma_{pp}}} \\[3mm] \dfrac{\sigma_{12}}{\sqrt{\sigma_{11}}\,\sqrt{\sigma_{22}}} & \dfrac{\sigma_{22}}{\sqrt{\sigma_{22}}\,\sqrt{\sigma_{22}}} & \cdots & \dfrac{\sigma_{2p}}{\sqrt{\sigma_{22}}\,\sqrt{\sigma_{pp}}} \\[3mm] \vdots & \vdots & & \vdots \\[2mm] \dfrac{\sigma_{1p}}{\sqrt{\sigma_{11}}\,\sqrt{\sigma_{pp}}} & \dfrac{\sigma_{2p}}{\sqrt{\sigma_{22}}\,\sqrt{\sigma_{pp}}} & \cdots & \dfrac{\sigma_{pp}}{\sqrt{\sigma_{pp}}\,\sqrt{\sigma_{pp}}} \end{pmatrix}$$

$$= \begin{pmatrix} 1 & \rho_{12} & \cdots & \rho_{1p} \\ \rho_{12} & 1 & \cdots & \rho_{2p} \\ \vdots & \vdots & & \vdots \\ \rho_{1p} & \rho_{2p} & \cdots & 1 \end{pmatrix}$$

又设标准离差矩阵

$$V^{\frac{1}{2}} = \begin{pmatrix} \sqrt{\sigma_{11}} & 0 & \cdots & 0 \\ 0 & \sqrt{\sigma_{22}} & \cdots & 0 \\ \vdots & \vdots & & \vdots \\ 0 & 0 & \cdots & \sqrt{\sigma_{pp}} \end{pmatrix}$$

则

$$V^{\frac{1}{2}} \rho V^{\frac{1}{2}} = \Sigma$$

或

$$\rho = \left(V^{\frac{1}{2}} \right)^{-1} \Sigma \left(V^{\frac{1}{2}} \right)^{-1}$$

5.1.2　随机样本

设对 p 维随机向量 $X = (X_1, X_2, \cdots, X_p)^{\mathrm{T}}$ 进行了 n 次观察,即有样本 $X_1 = (X_{11}, X_{21}, \cdots, X_{p1})^{\mathrm{T}}, X_2 = (X_{12}, X_{22}, \cdots, X_{p2})^{\mathrm{T}}, \cdots, X_n = (X_{1n}, X_{2n}, \cdots, X_{pn})^{\mathrm{T}}$,以及相应的样本观测值 $x_1 = (x_{11}, x_{21}, \cdots, x_{p1})^{\mathrm{T}}$, $x_2 = (x_{12}, x_{22}, \cdots, x_{p2})^{\mathrm{T}}$, $\cdots$, $x_n = (x_{1n}, x_{2n}, \cdots, x_{pn})^{\mathrm{T}}$,则有样本观测值矩阵

$$X_{p \times n} = \begin{pmatrix} x_{11} & x_{12} & \cdots & x_{1n} \\ x_{21} & x_{22} & \cdots & x_{2n} \\ \vdots & \vdots & & \vdots \\ x_{p1} & x_{p2} & \cdots & x_{pn} \end{pmatrix} = (x_1, x_2, \cdots, x_n)$$

定义样本均值向量 $\bar{x} = (\bar{x}_1, \bar{x}_2, \cdots, \bar{x}_p)^{\mathrm{T}}$,其中 $\bar{x}_i = \dfrac{1}{n} \sum_{j=1}^{n} x_{ij}$。

样本协方差矩阵

$$S = \begin{pmatrix} s_{11} & s_{12} & \cdots & s_{1p} \\ s_{21} & s_{22} & \cdots & s_{2p} \\ \vdots & \vdots & & \vdots \\ s_{p1} & s_{p2} & \cdots & s_{pp} \end{pmatrix}$$

其中，$s_{ik} = \dfrac{1}{n-1} \sum\limits_{j=1}^{n} (x_{ij} - \bar{x}_i)(x_{kj} - \bar{x}_k), i, k = 1, 2, \cdots, p$。

样本相关系数矩阵

$$R = \begin{pmatrix} \dfrac{s_{11}}{\sqrt{s_{11}}\sqrt{s_{11}}} & \dfrac{s_{12}}{\sqrt{s_{11}}\sqrt{s_{22}}} & \cdots & \dfrac{s_{1p}}{\sqrt{s_{11}}\sqrt{s_{pp}}} \\ \dfrac{s_{12}}{\sqrt{s_{11}}\sqrt{s_{22}}} & \dfrac{s_{22}}{\sqrt{s_{22}}\sqrt{s_{22}}} & \cdots & \dfrac{s_{2p}}{\sqrt{s_{22}}\sqrt{s_{pp}}} \\ \vdots & \vdots & & \vdots \\ \dfrac{s_{1p}}{\sqrt{s_{11}}\sqrt{s_{pp}}} & \dfrac{s_{2p}}{\sqrt{s_{22}}\sqrt{s_{pp}}} & \cdots & \dfrac{s_{pp}}{\sqrt{s_{pp}}\sqrt{s_{pp}}} \end{pmatrix}$$

$$= \begin{pmatrix} 1 & \dfrac{s_{12}}{\sqrt{s_{11}}\sqrt{s_{22}}} & \cdots & \dfrac{s_{1p}}{\sqrt{s_{11}}\sqrt{s_{pp}}} \\ \dfrac{s_{12}}{\sqrt{s_{11}}\sqrt{s_{22}}} & 1 & \cdots & \dfrac{s_{2p}}{\sqrt{s_{22}}\sqrt{s_{pp}}} \\ \vdots & \vdots & & \vdots \\ \dfrac{s_{1p}}{\sqrt{s_{11}}\sqrt{s_{pp}}} & \dfrac{s_{2p}}{\sqrt{s_{22}}\sqrt{s_{pp}}} & \cdots & 1 \end{pmatrix}$$

5.2　总体主成分

5.2.1　一般形式

主成分就是 p 个变量 $X_1, X_2, \cdots, X_p$ 满足某些条件的一些线性组合。在几何上，这些线性组合相当于将 p 维空间上的坐标系 $X_1, X_2, \cdots, X_p$ 旋转产生新的坐标系。

设随机向量 $X = (X_1, X_2, \cdots, X_p)^{\mathrm{T}}$ 的协方差矩阵为 Σ，$\lambda_1 \geqslant \lambda_2 \geqslant \cdots \geqslant \lambda_p \geqslant 0$ 为 Σ 的特征值。令

$$Y_1 = l_1^{\mathrm{T}} X = l_{11} X_1 + l_{21} X_2 + \cdots + l_{p1} X_p$$
$$Y_2 = l_2^{\mathrm{T}} X = l_{12} X_1 + l_{22} X_2 + \cdots + l_{p2} X_p$$
$$\cdots\cdots$$
$$Y_p = l_p^{\mathrm{T}} X = l_{1p} X_1 + l_{2p} X_2 + \cdots + l_{pp} X_p$$

则

$$\mathrm{Var}(Y_i) = l_i^{\mathrm{T}} \Sigma l_i, \quad i = 1, 2, \cdots, p$$

$$\mathrm{Cov}(Y_i, Y_k) = l_i^{\mathrm{T}} \Sigma l_k, \quad i, k = 1, 2, \cdots, p$$

主成分就是线性组合 $Y_1, Y_2, \cdots, Y_p$ 满足

(1) $Y_1, Y_2, \cdots, Y_p$ 不相关；

(2) $\mathrm{maxVar}(Y_i) = \max(l_i^{\mathrm{T}} \Sigma l_i)$，$i = 1, 2, \cdots, p$。

第一主成分满足 $\mathrm{maxVar}(Y_1) = \max(l_1^{\mathrm{T}} \Sigma l_1)$。为了限制 l_1 的增加导致 $\mathrm{Var}(Y_1)$ 的不断增大，需要对 l_1 加以某些条件，即定义

第一个主成分：线性组合 $l_1^{\mathrm{T}} X$，若 $l_1^{\mathrm{T}} l_1 = 1$，且 $\mathrm{maxVar}(l_1^{\mathrm{T}} X)$；

第二个主成分：线性组合 $l_2^{\mathrm{T}} X$，若 $l_2^{\mathrm{T}} l_2 = 1$，$\mathrm{Cov}(l_1^{\mathrm{T}} X, l_2^{\mathrm{T}} X) = 0$，且 $\mathrm{maxVar}(l_2^{\mathrm{T}} X)$；

第 i 个主成分：线性组合 $l_i^{\mathrm{T}} X$，若 $l_i^{\mathrm{T}} l_i = 1$，$\mathrm{Cov}(l_i^{\mathrm{T}} X, l_k^{\mathrm{T}} X) = 0$，$k < i$，且

$$\mathrm{maxVar}(l_i^{\mathrm{T}} X)$$

结论 5.1　设随机向量 $X = (X_1, X_2, \cdots, X_p)^{\mathrm{T}}$ 的协方差矩阵为 Σ，$\lambda_1 \geqslant \lambda_2 \geqslant \cdots \geqslant \lambda_p \geqslant 0$ 为 Σ 的特征值，$e_1, e_2, \cdots, e_p$ 为对应的标准正交特征向量，即第 i 个主成分为

$$Y_i = e_i^{\mathrm{T}} X = e_{1i} X_1 + e_{2i} X_2 + \cdots + e_{pi} X_p, \quad i = 1, 2, \cdots, p$$

此时

$$\mathrm{Var}(Y_i) = e_i^{\mathrm{T}} \Sigma e_i = \lambda_i, \quad i = 1, 2, \cdots, p; \quad \mathrm{Cov}(Y_i, Y_k) = e_i^{\mathrm{T}} \Sigma e_k = 0, \quad i \neq k$$

若有相等的特征值，则主成分不唯一。

结论 5.2　设随机向量 $X = (X_1, X_2, \cdots, X_p)^{\mathrm{T}}$ 的协方差矩阵为 Σ，$\lambda_1 \geqslant \lambda_2 \geqslant \cdots \geqslant \lambda_p \geqslant 0$ 为 Σ 的特征值，$e_1, e_2, \cdots, e_p$ 为对应的标准正交特征向量；记 $Y_i = e_i^{\mathrm{T}} X$，$i = 1, 2, \cdots, p$ 为主成分，则

$$\sigma_{11} + \sigma_{22} + \cdots + \sigma_{pp} = \sum_{i=1}^{p} \mathrm{Var}(X_i) = \lambda_1 + \lambda_2 + \cdots + \lambda_p = \sum_{i=1}^{p} \mathrm{Var}(Y_i)$$

定义 5.1　设随机向量 $X = (X_1, X_2, \cdots, X_p)^{\mathrm{T}}$ 的协方差矩阵为 Σ，$\lambda_1 \geqslant \lambda_2 \geqslant \cdots \geqslant \lambda_p \geqslant 0$ 为 Σ 的特征值，$e_1, e_2, \cdots, e_p$ 为对应的标准正交特征向量，则

$$\text{第 } i \text{ 个主成分的方差占总方差的比例} = \frac{\lambda_i}{\lambda_1 + \lambda_2 + \cdots + \lambda_p}, \quad i = 1, 2, \cdots, p$$

称为主成分 Y_i 的贡献率，$\dfrac{\lambda_1 + \lambda_2 + \cdots + \lambda_m}{\lambda_1 + \lambda_2 + \cdots + \lambda_p}$ 称为主成分 $Y_1, Y_2, \cdots, Y_m (m < p)$ 的累计贡献率。

在实际应用时，一般取 m，使得累计贡献率在 70% 以上。累计贡献率是前 m 个主成分从 $X_1, X_2, \cdots, X_p$ 中提取信息量的一种度量。

累计贡献率仅表明 m 个主成分提取了 $X_1, X_2, \cdots, X_p$ 中的信息量的多少，但不能说明 $X_1, X_2, \cdots, X_p$ 中的某个变量被提取的信息量的多少。

结论 5.3　设随机向量 $X = (X_1, X_2, \cdots, X_p)^{\mathrm{T}}$ 的协方差矩阵为 Σ，$\lambda_1 \geqslant \lambda_2 \geqslant \cdots \geqslant \lambda_p \geqslant 0$ 为 Σ 的特征值，$e_1, e_2, \cdots, e_p$ 为对应的标准正交特征向量；记 $Y_k = e_k^{\mathrm{T}} X$，$k = 1, 2, \cdots, p$ 为主成分，则 Y_k 与 X_i 的相关系数为

$$\rho_{Y_k, X_i} = \frac{e_{ik} \sqrt{\lambda_k}}{\sqrt{\sigma_{ii}}}, \quad i, k = 1, 2, \cdots, p$$

称为因子负荷量(或因子载荷量)。

结论 5.4　$\sum\limits_{k=1}^{p}\rho_{Y_k,X_i}^2=1(i=1,2,\cdots,p)$。

定义 5.2　m 个主成分 $Y_1,Y_2,\cdots,Y_m$ 对于原变量 X_i 的贡献率 v_i 为 X_i 与 $Y_1,Y_2,\cdots,$ Y_m 全相关系数的平方,即 $v_i=\sum\limits_{k=1}^{m}\rho_{Y_k,X_i}^2$。

例 5.1　设随机向量 $X=(X_1,X_2,X_3)^{\mathrm{T}}$ 的协方差矩阵为

$$\Sigma=\begin{pmatrix} 1 & -2 & 0 \\ -2 & 5 & 0 \\ 0 & 0 & 2 \end{pmatrix}$$

试计算 X 的主成分及其主成分对变量 X_i 的贡献率 $v_i(i=1,2,3)$。

解　Σ 的特征值及相应的正交特征向量分别为 $\lambda_1=5.83,\lambda_2=2,\lambda_3=0.17$,以及

$$e_1=\begin{pmatrix} 0.383 \\ -0.924 \\ 0.000 \end{pmatrix}, \quad e_2=\begin{pmatrix} 0 \\ 0 \\ 1 \end{pmatrix}, \quad e_3=\begin{pmatrix} 0.924 \\ 0.383 \\ 0.000 \end{pmatrix}$$

主成分为

$$Y_1=0.383X_1-0.924X_2$$
$$Y_2=X_3$$
$$Y_3=0.924X_1+0.383X_2$$

如果仅取主成分 Y_1,则其对 X 的贡献率为 $\dfrac{\lambda_1}{\lambda_1+\lambda_2+\lambda_3}=\dfrac{5.83}{8}=72.88\%$;如取主成分 Y_1,Y_2,则其对 X 的贡献率为 $\dfrac{\lambda_1+\lambda_2}{\lambda_1+\lambda_2+\lambda_3}=\dfrac{5.83+2}{8}=97.88\%$。

将主成分对各个变量 X_i 的贡献率如表 5.1 所示。

表 5.1　计算结果

i	ρ_{Y_1,X_i}	ρ_{Y_2,X_i}	$v_i(m=1)$	$v_i(m=2)$
1	0.925	0	0.856	0.856
2	-0.998	0	0.996	0.996
3	0.000	1	0.000	1.000

在实际问题中,各变量的计量单位各异,如果忽略这一点,得到的主成分将会出乎合理的解释。因此,为了避免由于数据量纲带来分析结果的不合理性,需要对数据无量纲化处理,即通常的标准化。

5.2.2　标准化变量的主成分

设有随机向量 $X=(X_1,X_2,\cdots,X_p)^{\mathrm{T}}$ 的协方差矩阵 Σ,令

$$Z_i=\frac{X_i-\mu_i}{\sqrt{\sigma_{ii}}}, \quad i=1,2,\cdots,p$$

以矩阵表示为

$$Z = (V^{1/2})^{-1}(X - \mu)$$

这里

$$V^{1/2} = \begin{pmatrix} \sqrt{\sigma_{11}} & 0 & \cdots & 0 \\ 0 & \sqrt{\sigma_{22}} & \cdots & 0 \\ \vdots & \vdots & & \vdots \\ 0 & 0 & \cdots & \sqrt{\sigma_{pp}} \end{pmatrix}$$

易见，$E(Z) = (E(Z_1), E(Z_2), \cdots, E(Z_p))^{\mathrm{T}} = (0, 0, \cdots, 0)^{\mathrm{T}}$，且

$$\mathrm{Cov}(Z) = (V^{1/2})^{-1}\Sigma(V^{1/2})^{-1} = \rho = \begin{pmatrix} 1 & \rho_{12} & \cdots & \rho_{1p} \\ \rho_{12} & 1 & \cdots & \rho_{2p} \\ \vdots & \vdots & & \vdots \\ \rho_{1p} & \rho_{2p} & \cdots & 1 \end{pmatrix}$$

即标准化随机向量 $Z = (Z_1, Z_2, \cdots, Z_p)^{\mathrm{T}}$ 的协方差矩阵为原始变量 $X = (X_1, X_2, \cdots, X_p)^{\mathrm{T}}$ 的相关系数矩阵。由此，Z 的主成分可以由 ρ 的特征向量构建。在 X 下的结论在这里一样成立，只是 $\mathrm{Var}(Z_i) = 1$。

如仍以 λ_i, e_i 表示矩阵 ρ 的特征值和特征向量，则有下列结论。

结论 5.5 对于标准化随机向量 $Z = (Z_1, Z_2, \cdots, Z_p)^{\mathrm{T}}$，$\mathrm{Cov}(Z) = \rho$，主成分为

$$Y_i = e_i^{\mathrm{T}} Z = e_i^{\mathrm{T}} (V^{1/2})^{-1}(X - \mu), \quad i = 1, 2, \cdots, p$$

同时，

$$\sum_{i=1}^{p} \mathrm{Var}(Y_i) = \sum_{i=1}^{p} \mathrm{Var}(Z_i) = p, \quad \rho_{Y_i, Z_k} = e_{ki}\sqrt{\lambda_i}, \quad i, k = 1, 2, \cdots, p$$

这里，$\lambda_1 \geqslant \lambda_2 \geqslant \cdots \geqslant \lambda_p \geqslant 0$ 为 ρ 的特征值，$e_1, e_2, \cdots, e_p$ 为对应的标准正交特征向量。

由此可见，

$$\text{第 } i \text{ 个主成分的方差占总方差的比例} = \frac{\lambda_i}{p}, \quad i = 1, 2, \cdots, p$$

例 5.2 分别从协方差阵和相关矩阵来计算主成分，设

$$\Sigma = \begin{pmatrix} 1 & 4 \\ 4 & 100 \end{pmatrix}$$

以及由其导出的相关矩阵

$$\rho = \begin{pmatrix} 1 & 0.4 \\ 0.4 & 1 \end{pmatrix}$$

解 Σ 的特征值和标准化正交特征向量分别为

$$\lambda_{1,\Sigma} = 100.16, \quad e_{1,\Sigma} = (0.040, 0.999)^{\mathrm{T}}$$

$$\lambda_{2,\Sigma} = 0.84, \quad e_{2,\Sigma} = (0.999, -0.040)^{\mathrm{T}}$$

ρ 的特征值和标准化正交特征向量分别为

$$\lambda_{1,\rho} = 1.4, \quad e_{1,\rho} = (0.707, 0.707)^{\mathrm{T}}$$

$$\lambda_{2,\rho}=0.6, \quad e_{2,\rho}=(0.707,-0.707)^{\mathrm{T}}$$

对应于 Σ 的主成分为

$$Y_1=0.040X_1+0.999X_2$$
$$Y_2=0.999X_1-0.040X_2$$

可以看到,由于 X_2 的方差为 100,所以第一主成分基本由 X_2 决定。第一主成分的贡献率为 $\dfrac{\lambda_{1,\Sigma}}{\lambda_{1,\Sigma}+\lambda_{2,\Sigma}}=0.992$。

对应于 ρ 的主成分

$$Y_1=0.707Z_1+0.707Z_2=0.707(X_1-\mu_1)+0.707(X_2-\mu_2)$$
$$Y_2=0.707Z_1-0.707Z_2=0.707(X_1-\mu_1)-0.707(X_2-\mu_2)$$

易见,Z_1,Z_2 对主成分的贡献是相等的,第一主成分的贡献率为 $\dfrac{\lambda_{1,\rho}}{\lambda_{1,\rho}+\lambda_{2,\rho}}=0.70$。

由本例可知,变量的标准化对主成分的影响是很大的。在实践中,如果由于变量计量单位的差异,表现为不同变量的取值差异很大时,对变量标准化是必要的。

5.3　样本主成分

如果 $x_1,x_2,\cdots,x_n$ 为从均值向量 μ,协方差阵 Σ 的 p 维正态总体中抽取的样本,则样本均值、样本协方差和样本相关矩阵分别记为 $\bar{x},S$ 和 R。

所谓样本主成分,就是样本的不相关的线性组合,且每个组合具有最大的样本方差。

对于任意一个线性组合 $l_1^{\mathrm{T}}x$,其 n 个样本

$$l_1^{\mathrm{T}}x_j=l_{11}x_{1j}+l_{21}x_{2j}+\cdots+l_{p1}x_{pj}, \quad j=1,2,\cdots,n$$

的均值和方差分别为 $l_1^{\mathrm{T}}\bar{x}$ 和 $l_1^{\mathrm{T}}Sl_1$;两个线性组合 $l_1^{\mathrm{T}}x$ 与 $l_2^{\mathrm{T}}x$ 的样本协方差为 $l_1^{\mathrm{T}}Sl_2$。

在定义样本主成分时,同样要求 $l_1^{\mathrm{T}}l_1=1$。

定义 5.3(样本主成分)　第一个样本主成分 $=l_1^{\mathrm{T}}x_j$,若 $l_1^{\mathrm{T}}l_1=1$,且 $\max\mathrm{Var}(l_1^{\mathrm{T}}x_j)$;

第二个样本主成分 $=l_2^{\mathrm{T}}x_j$,若 $l_2^{\mathrm{T}}l_2=1$,以及 $\mathrm{Cov}(l_1^{\mathrm{T}}x_j,l_2^{\mathrm{T}}x_j)=0$,且

$$\max\mathrm{Var}(l_2^{\mathrm{T}}x_j)$$

一般地,第 i 个样本主成分 $=l_i^{\mathrm{T}}x_j$,若 $l_i^{\mathrm{T}}l_i=1$,以及 $\mathrm{Cov}(l_i^{\mathrm{T}}x_j,l_k^{\mathrm{T}}x_j)=0,k<i$,且 $\max\mathrm{Var}(l_i^{\mathrm{T}}x_j)$。

设样本协方差矩阵 S 的特征值为 $\hat{\lambda}_1\geqslant\hat{\lambda}_2\geqslant\cdots\geqslant\hat{\lambda}_p\geqslant0,\hat{e}_1,\hat{e}_2,\cdots,\hat{e}_p$ 为对应的标准正交特征向量,则第 i 个样本主成分为

$$\hat{y}_i=\hat{e}_i^{\mathrm{T}}x=\hat{e}_{1i}x_1+\hat{e}_{2i}x_2+\cdots+\hat{e}_{pi}x_p, \quad i=1,2,\cdots,p$$

这里,x 为 $X=(X_1,X_2,\cdots,X_p)^{\mathrm{T}}$ 的任意一个观测向量。另外,

$$\mathrm{Var}(\hat{y}_k)=\hat{\lambda}_k, \quad k=1,2,\cdots,p$$
$$\mathrm{Cov}(\hat{y}_i,\hat{y}_k)=0, \quad i\neq k=1,2,\cdots,p$$

$$\sum_{j=1}^{p} \mathrm{Var}(\hat{y}_j) = \sum_{i=1}^{p} s_{ii} = \sum_{i=1}^{p} \hat{\lambda}_i$$

$$r_{\hat{y}_i, x_k} = \frac{\hat{e}_{ki} \sqrt{\hat{\lambda}_i}}{\sqrt{s_{kk}}}, \quad i, k = 1, 2, \cdots, p$$

在应用中,常常将观测向量 x_j 中心化,即以 $x_j - \bar{x}$ 代替 x_j,这不会改变样本协方差阵 S,则对于任意观测向量 x,第 i 个样本主成分为

$$\hat{y}_i = \hat{e}_i^{\mathrm{T}}(x - \bar{x}), \quad i = 1, 2, \cdots, p$$

如由第 j 个观测向量 x_j 产生的第 i 个样本主成分的值为

$$\hat{y}_{ij} = \hat{e}_i^{\mathrm{T}}(x_j - \bar{x}), \quad i = 1, 2, \cdots, p$$

则

$$\begin{aligned} \overline{\hat{y}_i} &= \frac{1}{n} \sum_{j=1}^{n} \hat{y}_{ij} \\ &= \frac{1}{n} \left[\hat{e}_{1i} \sum_{j=1}^{n} (x_{1j} - \bar{x}_1) + \hat{e}_{2i} \sum_{j=1}^{n} (x_{2j} - \bar{x}_2) + \cdots + \hat{e}_{pi} \sum_{j=1}^{n} (x_{pj} - \bar{x}_p) \right] \\ &= 0 \end{aligned}$$

即 p 个样本主成分的均值都是 0,样本方差则为 $\hat{\lambda}_i$。

从样本协方差矩阵计算样本主成分与从样本相关矩阵计算样本主成分是不一样的。

在实践中,当变量的度量单位不同或单位相同但变量的取值范围彼此之间差异很大时,需要考虑变量的标准化。

设有样本观测值矩阵 $X_{p \times n} = \begin{pmatrix} x_{11} & x_{12} & \cdots & x_{1n} \\ x_{21} & x_{22} & \cdots & x_{2n} \\ \vdots & \vdots & & \vdots \\ x_{p1} & x_{p2} & \cdots & x_{pn} \end{pmatrix} = (x_1, x_2, \cdots, x_n)$,则有标准化

的样本观测值矩阵,记为 Z,即有

$$Z_{p \times n} = (Z_1, Z_2, \cdots, Z_n)$$

$$= \begin{pmatrix} z_{11} & z_{12} & \cdots & z_{1n} \\ z_{21} & z_{22} & \cdots & z_{2n} \\ \vdots & \vdots & & \vdots \\ z_{p1} & z_{p2} & \cdots & z_{pn} \end{pmatrix}$$

$$= \begin{pmatrix} \dfrac{x_{11} - \bar{x}_1}{\sqrt{s_{11}}} & \dfrac{x_{12} - \bar{x}_1}{\sqrt{s_{11}}} & \cdots & \dfrac{x_{1n} - \bar{x}_1}{\sqrt{s_{11}}} \\ \dfrac{x_{21} - \bar{x}_2}{\sqrt{s_{22}}} & \dfrac{x_{22} - \bar{x}_2}{\sqrt{s_{22}}} & \cdots & \dfrac{x_{2n} - \bar{x}_2}{\sqrt{s_{22}}} \\ \vdots & \vdots & & \vdots \\ \dfrac{x_{p1} - \bar{x}_p}{\sqrt{s_{pp}}} & \dfrac{x_{p2} - \bar{x}_p}{\sqrt{s_{pp}}} & \cdots & \dfrac{x_{pn} - \bar{x}_p}{\sqrt{s_{pp}}} \end{pmatrix}$$

于是,易得样本均值向量为

$$\bar{Z} = \frac{1}{n}\begin{pmatrix} \sum_{j=1}^{n}\dfrac{x_{1j}-\bar{x}_1}{\sqrt{s_{11}}} \\ \sum_{j=1}^{n}\dfrac{x_{2j}-\bar{x}_2}{\sqrt{s_{22}}} \\ \vdots \\ \sum_{j=1}^{n}\dfrac{x_{pj}-\bar{x}_p}{\sqrt{s_{pp}}} \end{pmatrix} = \begin{pmatrix} 0 \\ 0 \\ \vdots \\ 0 \end{pmatrix}_{p\times 1}$$

样本协方差矩阵为

$$S = R$$

这里,R 为样本相关矩阵。

由此,从 R 出发得到标准化样本数据的样本主成分。

设 $Z_1,Z_2,\cdots,Z_n$ 为标准化观测向量,其相关矩阵为 R,则第 i 个样本主成分为

$$\hat{y}_i = \hat{e}_i^{\mathrm{T}}Z = \hat{e}_{1i}z_1 + \hat{e}_{2i}z_2 + \cdots + \hat{e}_{pi}z_p, \quad i=1,2,\cdots,p$$

其中,$\hat{\lambda}_1 \geqslant \hat{\lambda}_2 \geqslant \cdots \geqslant \hat{\lambda}_p \geqslant 0$ 为 R 的特征值,$e_1,e_2,\cdots,e_p$ 为对应的标准正交特征向量。另外,样本方差

$$\mathrm{Var}(\hat{Y}_i) = \hat{\lambda}_i, \quad i=1,2,\cdots,p$$

$\hat{Y}_i$ 与 $\hat{Y}_k$ 的协方差

$$\mathrm{Cov}(\hat{Y}_i,\hat{Y}_k) = 0, \quad i \neq k$$

$$总样本方差 = \mathrm{tr}(R) = p = \sum_{i=1}^{p}\hat{\lambda}_i$$

$$r_{\hat{Y}_i,z_k} = \hat{e}_{ki}\sqrt{\hat{\lambda}_i}, \quad i,k=1,2,\cdots,p$$

容易看到,第 i 个样本主成分占总样本方差的比例为 $\dfrac{\hat{\lambda}_i}{p}$,$i=1,2,\cdots,p$。

5.4　举　例

例 5.3(股票问题)　研究纽约股票市场上的 5 只股票,即 Allied Chemical,Du Pont,Union Carbide,Exxon 和 Texaco 的周回升率。周回升率=(本周五市场收盘价-上周五市场收盘价)/(上周五市场收盘价)。样本数据时段为 1975 年 1 月到 1976 年 12 月。每只股票均有 100 个观测值。试进行主成分分析。

解　记 $x_1,x_2,\cdots,x_5$ 分别为 Allied Chemical,Du Pont,Union Carbide,Exxon 和 Texaco 股票的周回升率,则由观测数据得到 $\bar{x}^{\mathrm{T}} = (0.0054,0.0048,0.0057,0.0063,0.0037)$。标准化变量的相关矩阵

$$R = \begin{pmatrix} 1.000 & 0.577 & 0.509 & 0.387 & 0.462 \\ & 1.000 & 0.599 & 0.389 & 0.322 \\ & & 1.000 & 0.436 & 0.426 \\ & & & 1.000 & 0.523 \\ & & & & 1.000 \end{pmatrix}$$

以及 R 的特征值与标准正交特征向量分别如表 5.2 和表 5.3 所示。

表 5.2　R 的特征值以及方差占比

$\hat{\lambda}_i$	累积贡献率/%
2.857	57.13
0.809	73.30
0.540	84.10
0.452	93.14
0.343	100

表 5.3　标准正交特征向量

$\hat{e}_1$	$\hat{e}_2$	$\hat{e}_3$	$\hat{e}_4$	$\hat{e}_5$
0.464	0.240	−0.612	0.387	−0.451
0.457	0.509	0.178	0.206	0.676
0.470	0.260	0.335	−0.662	−0.400
0.421	−0.526	0.541	0.472	−0.176
0.421	−0.582	−0.435	−0.382	0.385

由于前两个主成分的方差贡献率为 73%，故可以就前两个主成分进行分析。

标准化变量的前两个主成分为

$$\hat{y}_1 = 0.464z_1 + 0.457z_2 + 0.470z_3 + 0.421z_4 + 0.421z_5$$

$$\hat{y}_2 = 0.240z_1 + 0.509z_2 + 0.260z_3 - 0.526z_4 - 0.582z_5$$

解释　第一个主成分基本上等于 5 只股票周回升率和的一个常数倍，一般称为股票市场主成分。第二主成分代表化学股票和石油股票的一个比较，可以称为工业主成分。由此，这 5 值股票的周回升率的大部分变差来自市场活动和与其不相关的工业活动。

注　主成分分析可以由 SPSS，SAS 或 eviews 等分析软件实现，应用起来十分方便。

问题与思考

1. 主成分分析的基本思想是什么？
2. 主成分的特征是什么？
3. 为什么有时主成分含义的解释较为困难？

第6章 因子分析

在多元统计分析中,如何从众多的数据中挖掘出核心信息,是一个令人感兴趣的话题。对数据降维但又能获取满足需求的信息,无疑意义重大,第5章的主成分分析就是一种有效的方法。对于相关性较强的若干变量,其一定会体现出少数几个共同的特征,而这些不同的特征又有明显差异。如要研究中学生的知识和能力,可以通过设计一些相当宽泛的问题来测试学生,通过学生的回答判断其知识和能力的水平。这些问题基本上可以归结为语言水平、数理推导、艺术修养、历史知识和生活常识五个方面的内容,称为因子。这五个方面都会在每个学生身上有不同的体现。如果这五个方面的水平分别用 $F_1, F_2, \cdots, F_5$ 表示,可以设想将每个学生的得分表示成这五个因子的函数,如下面的形式(因子分析模型)

$$X_i - \mu_i = l_{i1} F_1 + l_{i2} F_2 + \cdots + l_{i5} F_5 + \varepsilon_i$$

这里,系数 $l_{i1}, l_{i2}, \cdots, l_{i5}$ 称为因子载荷,表示第 i 个学生在五个方面的能力。

这一模型从形式上看就是一个回归模型,实际上,这里的"自变量"是不可观测的变量,系数的解释也不同于回归模型。

再如,在调查青年对婚姻态度的问题上,随机抽查了 1000 名青年回答 30 个问题,这些问题可以归结为诸如对于文化和职业的要求、对经济收入的态度、对老人的责任、对相貌的重视和对孩子的看法等方面。这一问题可以纳入因子分析模型,每一个方面就是一个因子。

因子分析的目的是用少数的随机变量去描述多个变量之间的协方差关系,而这些随机变量不可观测,通常称为因子。

因子分析最初从心理学和教育学发展而来。

6.1 正交因子模型

设 p 维随机向量 $X = (X_1, X_2, \cdots, X_p)^\mathsf{T}$ 的均值向量为 $\mu = (\mu_1, \mu_2, \cdots, \mu_p)^\mathsf{T}$,协方差矩阵为 Σ。因子模型假定 X 线性地依赖于少数几个不可观测的随机变量 $F_1, F_2, \cdots, F_m$($m < p$)和 p 个附加的方差源 $\varepsilon_1, \varepsilon_2, \cdots, \varepsilon_p$。一般称 $F_1, F_2, \cdots, F_m$ 为公共因子,称 $\varepsilon_1, \varepsilon_2, \cdots, \varepsilon_p$ 为特殊因子或误差。

因子分析模型为

$$\begin{aligned}
X_1 - \mu_1 &= l_{11} F_1 + l_{12} F_2 + \cdots + l_{1m} F_m + \varepsilon_1 \\
X_2 - \mu_2 &= l_{21} F_1 + l_{22} F_2 + \cdots + l_{2m} F_m + \varepsilon_2 \\
&\vdots \\
X_p - \mu_p &= l_{p1} F_1 + l_{p2} F_2 + \cdots + l_{pm} F_m + \varepsilon_p
\end{aligned} \tag{6.1}$$

或用矩阵表示为

$$X_{p\times1} - \mu_{p\times1} = L_{p\times m}F_{m\times1} + \varepsilon_{p\times1} \tag{6.2}$$

这里,

$$X_{p\times1} = \begin{pmatrix} X_1 \\ X_2 \\ \vdots \\ X_p \end{pmatrix}, \quad \mu_{p\times1} = \begin{pmatrix} \mu_1 \\ \mu_2 \\ \vdots \\ \mu_p \end{pmatrix}, \quad L_{p\times m} = \begin{pmatrix} l_{11} & l_{12} & \cdots & l_{im} \\ l_{21} & l_{22} & \cdots & l_{2m} \\ \vdots & \vdots & & \vdots \\ l_{p1} & l_{p2} & \cdots & l_{pm} \end{pmatrix}$$

$$F_{m\times1} = \begin{pmatrix} F_1 \\ F_2 \\ \vdots \\ F_m \end{pmatrix}, \quad \varepsilon_{p\times1} = \begin{pmatrix} \varepsilon_1 \\ \varepsilon_2 \\ \vdots \\ \varepsilon_p \end{pmatrix}$$

模型中的 l_{ij} 称为第 i 个变量在第 j 个因子上的载荷,L 称为因子载荷矩阵。第 i 个特殊因子 ε_i 仅仅对第 i 个变量 X_i 起作用。

由因子模型可以看到,用 $p+m$ 个不可观测的随机变量 $F_1, F_2, \cdots, F_m, \varepsilon_1, \varepsilon_2, \cdots, \varepsilon_p$ 来表示 p 个偏差 $X_1-\mu_1, X_2-\mu_2, \cdots, X_p-\mu_p$。这与多元线性回归模型是不同的,因为回归模型中的自变量是可以观测的。

由于因子分析模型中含有较多不可观测的量,所以,如要通过因子分析模型进行分析,需要限定一些条件。因此,需要假定

$$E(F_{m\times1}) = O_{m\times1}, \quad \mathrm{Var}(F_{m\times1}) = E(F_{m\times1}F_{m\times1}^{\mathrm{T}}) = I_m, \quad E(\varepsilon_{p\times1}) = O_{p\times1}$$

$$\mathrm{Var}(\varepsilon_{p\times1}) = E(\varepsilon_{p\times1}\varepsilon_{p\times1}^{\mathrm{T}}) = \Psi_p = \begin{pmatrix} \psi_1 & 0 & \cdots & 0 \\ 0 & \psi_2 & \cdots & 0 \\ \vdots & \vdots & & \vdots \\ 0 & 0 & \cdots & \psi_p \end{pmatrix} \tag{6.3}$$

且设 F 与 ε 不相关,即 $\mathrm{Cov}(\varepsilon_{p\times1}, F_{m\times1}) = E(\varepsilon_{p\times1}F_{m\times1}^{\mathrm{T}}) = O_{p\times m}$。

这里,I_m 表示 m 阶单位矩阵,$O_{p\times1}$ 表示 p 个零元素组成的列向量,$O_{p\times m}$ 表示元素全为零的 p 行 m 列的矩阵。

满足(6.2)式和(6.3)式的模型称为正交因子模型。

由因子分析模型可以认识因子分析模型的协方差结构

$$\begin{aligned} \Sigma &= \mathrm{Var}(X_{p\times1}) \\ &= E[(X-\mu)(X-\mu)^{\mathrm{T}}] \\ &= E[(LF+\varepsilon)(LF+\varepsilon)^{\mathrm{T}}] \\ &= LD(F)L^{\mathrm{T}} + D(\varepsilon) \\ &= LL^{\mathrm{T}} + \Psi \end{aligned}$$

或

$$\Sigma - \Psi = LL^{\mathrm{T}}$$

及

$$\mathrm{Cov}(X_{p\times 1},F_{m\times 1})=L_{p\times m}$$

也或者

$$\begin{cases} \mathrm{Var}(X_i)=l_{i1}^2+l_{i2}^2+\cdots+l_{im}^2+\psi_i, & i=1,2,\cdots,p \\ \mathrm{Cov}(X_i,X_k)=l_{i1}l_{k1}+l_{i2}l_{k2}+\cdots+l_{im}l_{km}, & i,k=1,2,\cdots,p \\ \mathrm{Cov}(X_i,F_j)=l_{ij}, & i=1,2,\cdots,p, \quad j=1,2,\cdots,m \end{cases} \tag{6.4}$$

m 个公共因子对第 i 个变量方差的贡献称为第 i 个共同度,一般记为 h_i^2;特殊因子的方差称为特殊方差。易见

$$h_i^2=l_{i1}^2+l_{i2}^2+\cdots+l_{im}^2$$

即第 i 个共同度等于第 i 个变量在 m 个公共因子上的载荷平方和。

这样,

$$\sigma_i^2=h_i^2+\psi_i, \quad i=1,2,\cdots,p$$

记 T 为 m 阶的正交矩阵,即 $TT^\mathrm{T}=T^\mathrm{T}T=I$,则(6.2)式可以写成

$$\begin{aligned} X_{p\times 1}-\mu_{p\times 1} &=L_{p\times m}F_{m\times 1}+\varepsilon_{p\times 1} \\ &=L_{p\times m}T_{m\times m}T_{m\times m}^\mathrm{T}F_{m\times 1}+\varepsilon_{p\times 1} \\ &=L^*F^*+\varepsilon \end{aligned} \tag{6.5}$$

这里,$L^*=LT$,$F^*=T^\mathrm{T}F$。容易验证

$$E(F^*)=0, \quad \mathrm{Var}(F^*)=I$$

由此,对于同样一个随机向量,可以有不同的因子分析模型。而从随机向量的观测值,并不能区分载荷 L 和 L^*,但有

$$\Sigma=LL^\mathrm{T}+\Psi=(L^*)(L^*)^\mathrm{T}+\Psi \tag{6.6}$$

这里的正交变换实际上是对因子实施的旋转,称为因子旋转。在应用中,一般都要通过因子旋转才可得到较为清晰的解释。可以看到,如果不计一个正交矩阵,因子载荷是唯一确定的。

如果将各因子表示成各变量的函数,则可以得到所谓的因子得分。

6.2　参　数　估　计

6.2.1　主成分法

设随机向量 $X=(X_1,X_2,\cdots,X_p)^\mathrm{T}$ 的协方差阵为 Σ,$\lambda_1\geqslant\lambda_2\geqslant\cdots\geqslant\lambda_p\geqslant 0$ 为 Σ 的特征值,$e_1,e_2,\cdots,e_p$ 为对应的标准正交特征向量,则

$$\Sigma=\lambda_1 e_1 e_1^\mathrm{T}+\lambda_2 e_2 e_2^\mathrm{T}+\cdots+\lambda_p e_p e_p^\mathrm{T}$$

$$=(\sqrt{\lambda_1}\,e_1,\sqrt{\lambda_2}\,e_2,\cdots,\sqrt{\lambda_p}\,e_p)\begin{pmatrix} \sqrt{\lambda_1}\,e_1^\mathrm{T} \\ \sqrt{\lambda_2}\,e_2^\mathrm{T} \\ \vdots \\ \sqrt{\lambda_p}\,e_p^\mathrm{T} \end{pmatrix}$$

$$=L_{p\times m}L_{m\times p}^{\mathrm{T}}+O$$

这一分解式实际上是无用的,因为,我们仅需要少数几个公共因子来解释总体的协方差结构。可以略去后面 $p-m$ 项对 Σ 的贡献,即考虑

$$\Sigma \approx \lambda_1 e_1 e_1^{\mathrm{T}}+\lambda_2 e_2 e_2^{\mathrm{T}}+\cdots+\lambda_m e_m e_m^{\mathrm{T}}+\Psi$$

$$=(\sqrt{\lambda_1}e_1,\sqrt{\lambda_2}e_2,\cdots,\sqrt{\lambda_m}e_m)\begin{pmatrix}\sqrt{\lambda_1}e_1^{\mathrm{T}}\\\sqrt{\lambda_2}e_2^{\mathrm{T}}\\\vdots\\\sqrt{\lambda_m}e_m^{\mathrm{T}}\end{pmatrix}+\begin{pmatrix}\psi_1&0&\cdots&0\\0&\psi_2&\cdots&0\\\vdots&\vdots&&\vdots\\0&0&\cdots&\psi_p\end{pmatrix} \tag{6.7}$$

这里,$\psi_i=\sigma_i^2-\sum_{j=1}^{m}l_{ij}^2,i=1,2,\cdots,p$。

在实际应用时,一般先对数据

$$X=(X_1,X_2,\cdots,X_p)^{\mathrm{T}}=\begin{pmatrix}x_{11}&x_{12}&\cdots&x_{1n}\\x_{21}&x_{22}&\cdots&x_{2n}\\\vdots&\vdots&&\vdots\\x_{p1}&x_{p2}&\cdots&x_{pn}\end{pmatrix}$$

标准化,即有

$$Z=\begin{pmatrix}\dfrac{x_{11}-\bar{x}_1}{s_{11}}&\dfrac{x_{12}-\bar{x}_1}{s_{11}}&\cdots&\dfrac{x_{1n}-\bar{x}_1}{s_{11}}\\\dfrac{x_{21}-\bar{x}_2}{s_{22}}&\dfrac{x_{22}-\bar{x}_2}{s_{22}}&\cdots&\dfrac{x_{2n}-\bar{x}_2}{s_{22}}\\\vdots&\vdots&&\vdots\\\dfrac{x_{p1}-\bar{x}_p}{s_{pp}}&\dfrac{x_{p2}-\bar{x}_p}{s_{pp}}&\cdots&\dfrac{x_{pn}-\bar{x}_p}{s_{pp}}\end{pmatrix}$$

则 $Z=(Z_1,Z_2,\cdots,Z_p)^{\mathrm{T}}$ 的样本协方差阵就是 $X=(X_1,X_2,\cdots,X_p)^{\mathrm{T}}$ 的样本相关系数矩阵

$$R=\begin{pmatrix}1&\dfrac{s_{12}}{s_{11}\times s_{22}}&\cdots&\dfrac{s_{1p}}{s_{11}\times s_{pp}}\\\dfrac{s_{21}}{s_{22}\times s_{11}}&1&\cdots&\dfrac{s_{2p}}{s_{22}\times s_{pp}}\\\vdots&\vdots&&\vdots\\\dfrac{s_{p1}}{s_{pp}\times s_{11}}&\dfrac{s_{p2}}{s_{pp}\times s_{22}}&\cdots&1\end{pmatrix}$$

这里,

$$s_{ii}=\sqrt{\frac{1}{n}\sum_{j=1}^{n}(x_{ij}-\bar{x}_i)^2},\quad s_{ik}=\frac{1}{n}\sum_{j=1}^{n}(x_{ij}-\bar{x}_i)(x_{kj}-\bar{x}_k),\quad i,k=1,2,\cdots,p$$

由上述分析,可以得到因子载荷和特殊因子方差的估计。

设 $\hat{\lambda}_1 \geqslant \hat{\lambda}_2 \geqslant \cdots \geqslant \hat{\lambda}_p$ 为样本协方差 S 的特征根,$\hat{e}_1,\hat{e}_2,\cdots,\hat{e}_p$ 为对应的标准正交化特征向量。设 $m < p$,则样本协方差 S 主成分因子分析的载荷矩阵、特殊因子的方差和共同度的估计分别为

$$\hat{L} = (\sqrt{\hat{\lambda}_1}\,\hat{e}_1, \sqrt{\hat{\lambda}_2}\,\hat{e}_2, \cdots, \sqrt{\hat{\lambda}_m}\,\hat{e}_m)$$

$$\hat{\psi}_i = s_{ii}^2 - \sum_{j=1}^{m} \hat{l}_{ij}^2, \quad i = 1, 2, \cdots, p$$

$$\hat{h}_i^2 = \hat{l}_{i1}^2 + \hat{l}_{i2}^2 + \cdots + \hat{l}_{im}^2$$

若用的是样本相关系数矩阵 R,则可类似获得 R 的主成分因子分析的参数估计。

在应用时,对于 m 的确定可如下进行:

$$\text{前 } m \text{ 个因子对样本方差的累积贡献} = \begin{cases} \dfrac{\hat{\lambda}_1 + \hat{\lambda}_2 + \cdots + \hat{\lambda}_m}{s_{11}^2 + s_{22}^2 + \cdots + s_{pp}^2}, & \text{对 } S \text{ 的因子分析} \\[3mm] \dfrac{\hat{\lambda}_1 + \hat{\lambda}_2 + \cdots + \hat{\lambda}_m}{p}, & \text{对 } R \text{ 的因子分析} \end{cases}$$

一般取累积贡献达到 85% 以上时的 m 值作为公共因子的个数,也有文献认为选择 m 等于 R 的大于 1 的特征值的个数,后者需谨慎使用。

6.2.2　主因子法

对于 $X = (X_1, X_2, \cdots, X_p)^{\mathrm{T}}$ 的样本相关系数矩阵 R,由

$$R_{p \times p} = L_{p \times m} L_{m \times p}^{\mathrm{T}} + \Psi_{p \times p}$$

令

$$R^* = R - \Psi_{p \times p} = LL^{\mathrm{T}}$$

并称 R^* 为约化样本相关阵,且

$$R^* = \begin{pmatrix} h_1^{*\,2} & r_{12} & \cdots & r_{1p} \\ r_{21} & h_2^{*\,2} & \cdots & r_{2p} \\ \vdots & \vdots & & \vdots \\ r_{p1} & r_{p2} & \cdots & h_p^{*\,2} \end{pmatrix}$$

如果有了特殊方差的一个初始估计 ψ_i^*,则以共同度的估计 $h_i^{*\,2} = 1 - \psi_i^*$ 代替 R 的主对角线上第 i 个元素。

设 $\hat{\lambda}_1^* \geqslant \hat{\lambda}_2^* \geqslant \cdots \geqslant \hat{\lambda}_m^*$ 是 R^* 的 $m\,(m \leqslant p)$ 个正的特征值,$\hat{e}_1^*, \hat{e}_2^*, \cdots, \hat{e}_m^*$ 为对应的标准正交化特征向量,则以

$$L^* = (\sqrt{\hat{\lambda}_1^*}\,\hat{e}_1^*, \sqrt{\hat{\lambda}_2^*}\,\hat{e}_2^*, \cdots, \sqrt{\hat{\lambda}_m^*}\,\hat{e}_m^*) \quad \text{和} \quad \psi_i^* = 1 - \sum_{j=1}^{m} l_{ij}^{*\,2}$$

作为因子载荷和特殊方差的估计。

实际上,特殊因子的方差也是未知的,因此,需要通过样本估计,得到 $h_i^{*\,2}$ 的初始估计值,构造出 R^*。$h_i^{*\,2}$ 的初始估计一般有下列方法:

（1）取 $h_i^{*2}=1$，此时与主成分法一致；

（2）h_i^{*2} 取为第 i 个变量与其他变量相关系数绝对值的最大值；

（3）$h_i^{*2}=1-\dfrac{1}{r^{ii}}$，其中，$r^{ii}$ 是 R^{-1} 的对角元素。

6.2.3　极大似然估计法

如果假定公共因子和特殊因子均服从正态分布，则可以运用极大似然估计法估计因子载荷和特殊方差。

设 p 维观测向量 $X_1,X_2,\cdots,X_n$ 为来自正态总体 $N_p(\mu,\Sigma)$ 的随机样本。设 $\Sigma=LL^{\mathrm{T}}+\Psi$，取 $\hat{\mu}=\bar{X}$，则似然函数的对数 $\ln[L(\mu,\Sigma)]$ 为 L 和 Ψ 的函数，使得此函数取最大值的 $\hat{L}$ 和 $\hat{\Psi}$ 满足

$$\begin{cases} S\hat{\Psi}^{-1}\hat{L}=\hat{L}(I+\hat{L}^{\mathrm{T}}\hat{\Psi}^{-1}\hat{L}) \\ \hat{\Psi}=\mathrm{diag}(S-\hat{L}\hat{L}^{\mathrm{T}}) \end{cases} \tag{6.8}$$

这里，$S=\dfrac{1}{n}\sum\limits_{i=1}^{n}(X_i-\bar{X})(X_i-\bar{X})^{\mathrm{T}}$。

要从（6.8）式求出 $\hat{L}$ 和 $\hat{\Psi}$ 的唯一解，需要附加一个条件

$$\hat{L}^{\mathrm{T}}\hat{\Psi}^{-1}\hat{L}=\Lambda \quad （对角阵）$$

这一建议基于贝叶斯观点：设 $F\sim N_m(0,I_m)$，当给定 F 时，$X-\mu$ 的条件分布为 $N_p(LF,\Psi)$；当给定 X 时，F 的条件分布为 $N_m(L^{\mathrm{T}}\Sigma^{-1}(X-\mu),(L^{\mathrm{T}}\Psi^{-1}L+I)^{-1})$；若 $L^{\mathrm{T}}\Psi^{-1}L=\Lambda$ 时，则 F 的分量相互独立。

（6.8）式的解需要通过数值法求得。

注　虽然极大似然估计只适用于 S 而不适用于 R，如需对 R 作因子分析时，可以用 $\dfrac{n}{n-1}R$ 代替 S，也可得到 $\hat{L}$ 和 $\hat{\Psi}$ 的极大似然估计。

6.3　因 子 旋 转

因子分析的最终目的是要获得公共因子的合理的实际解释。然后，通过参数估计得到初始公共因子的估计往往难有很好的具有明确实际意义的解释。由于因子载荷矩阵不唯一，可以通过对因子载荷矩阵进行变换即所谓的因子旋转来获得直观合理的解释，使得每个变量仅在一个公共因子上有较大载荷，而在其余公共因子上的载荷比较小，即通过因子旋转，使得新的载荷要么尽可能地接近于 0，要么尽可能地接近于 1。常用的有方差最大旋转法，本章仅介绍此法。其余的方法读者可以参阅有关文献。

6.3.1　基本原理

由（6.6）式可见，对一个载荷矩阵施行正交变换 T，并不影响协方差（或相关矩阵）矩阵的估计，特殊方差和共同度的估计也都不变。当然，变换后载荷矩阵的解释更为鲜明。

设有初始的因子载荷估计阵

$$\hat{L} = \begin{pmatrix} \hat{l}_{11} & \hat{l}_{12} & \cdots & \hat{l}_{1m} \\ \hat{l}_{21} & \hat{l}_{22} & \cdots & \hat{l}_{2m} \\ \vdots & \vdots & & \vdots \\ \hat{l}_{p1} & \hat{l}_{p2} & \cdots & \hat{l}_{pm} \end{pmatrix}$$

且 $\hat{h}_i^2 = \hat{l}_{i1}^2 + \hat{l}_{i2}^2 + \cdots + \hat{l}_{im}^2, i = 1, 2, \cdots, p$。

若 $\hat{L}$ 的每一列的数值越分散,相应的因子载荷向量的方差就越大。为了消除由于 $\hat{l}_{ij}$ 符号不同的影响及各变量对公共因子依赖程度不同的影响,令

$$d_{ij}^2 = \frac{\hat{l}_{ij}^2}{\hat{h}_i^2}, \quad i = 1, 2, \cdots, p; \quad j = 1, 2, \cdots, m$$

这是一种类似变量标准化的处理,又记 $\bar{d}_j = \frac{1}{p} \sum_{i=1}^{p} d_{ij}^2, j = 1, 2, \cdots, m$。

将第 j 列的 p 个数据 $d_{1j}^2, d_{2j}^2, \cdots, d_{pj}^2$ 的方差定义为

$$V_j = \frac{\sum_{i=1}^{p} (d_{ij}^2 - \bar{d}_j)}{p} = \frac{1}{p^2} \left[p \sum_{i=1}^{p} \frac{\hat{l}_{ij}^4}{\hat{h}_i^4} - \left(\sum_{i=1}^{p} \frac{\hat{l}_{ij}^2}{\hat{h}_i^2} \right)^2 \right], \quad j = 1, 2, \cdots, m$$

令

$$V = \sum_{j=1}^{m} V_j = \frac{1}{p^2} \sum_{j=1}^{m} \left[p \sum_{i=1}^{p} \frac{\hat{l}_{ij}^4}{\hat{h}_i^4} - \left(\sum_{i=1}^{p} \frac{\hat{l}_{ij}^2}{\hat{h}_i^2} \right)^2 \right], \quad j = 1, 2, \cdots, m$$

所谓方差最大旋转,就是选择正交矩阵 T,使得 V 达到最大。

6.3.2　计算过程

以 $m = 2$ 的情形来介绍因子旋转过程。初始因子载荷阵为

$$\hat{L} = \begin{pmatrix} \hat{l}_{11} & \hat{l}_{12} \\ \hat{l}_{21} & \hat{l}_{22} \\ \vdots & \vdots \\ \hat{l}_{p1} & \hat{l}_{p2} \end{pmatrix}$$

取正交阵

$$T = \begin{pmatrix} \cos\theta & -\sin\theta \\ \sin\theta & \cos\theta \end{pmatrix}$$

则经过正交变换后的因子载荷矩阵为

$$\hat{L}^* = \hat{L}T = \begin{pmatrix} \hat{l}_{11}\cos\theta + \hat{l}_{12}\sin\theta & -\hat{l}_{11}\sin\theta + \hat{l}_{12}\cos\theta \\ \hat{l}_{21}\cos\theta + \hat{l}_{22}\sin\theta & -\hat{l}_{21}\sin\theta + \hat{l}_{22}\cos\theta \\ \vdots & \vdots \\ \hat{l}_{p1}\cos\theta + \hat{l}_{p2}\sin\theta & -\hat{l}_{p1}\sin\theta + l_{p2}\cos\theta \end{pmatrix} \triangleq \begin{pmatrix} l_{11}^* & l_{12}^* \\ l_{21}^* & l_{22}^* \\ \vdots & \vdots \\ l_{p1}^* & l_{p2}^* \end{pmatrix}$$

此时，

$$V_t = \frac{1}{p^2}\left[p\sum_{i=1}^{p}\frac{(\hat{l}_{ij}^*)^4}{\hat{h}_i^4} - \left(\sum_{i=1}^{p}\frac{(\hat{l}_{ij}^*)^2}{\hat{h}_i^2}\right)^2 \right], \quad t = 1,2$$

令

$$\frac{\partial V}{\partial \theta} = \frac{\partial(V_1 + V_2)}{\partial \theta} = 0$$

则易得 θ 满足下列关系式：

$$\tan 4\theta = \frac{d - 2ab/p}{c - (a^2 - b^2)/p} \tag{6.9}$$

这里，

$$a = \sum_{j=1}^{p}\left[\left(\frac{\hat{l}_{j1}}{\hat{h}_j}\right)^2 - \left(\frac{\hat{l}_{j2}}{\hat{h}_j}\right)^2\right], \quad b = 2\sum_{j=1}^{p}\frac{\hat{l}_{j1}\hat{l}_{j2}}{\hat{h}_j^2}$$

$$c = \sum_{j=1}^{p}\left\{\left[\left(\frac{\hat{l}_{j1}}{\hat{h}_j}\right)^2 - \left(\frac{\hat{l}_{j2}}{\hat{h}_j}\right)^2\right]^2 - \left(2\frac{\hat{l}_{j1}\hat{l}_{j2}}{\hat{h}_j^2}\right)^2\right\}$$

$$d = 4\sum_{j=1}^{p}\left[\left(\frac{\hat{l}_{j1}}{\hat{h}_j}\right)^2 - \left(\frac{\hat{l}_{j2}}{\hat{h}_j}\right)^2\right]\frac{\hat{l}_{j1}\hat{l}_{j2}}{\hat{h}_j^2}$$

当 $m > 2$ 时，可以逐次对每两个公共因子进行上述旋转，这样就有 C_m^2 次旋转，全部进行完算一轮，再重复进行第二轮、第三轮旋转等，直到 V 不能再增大为止。

例 6.1（招聘问题） 公司人力资源部对 48 名求职者面试，然后就求职者 15 个方面进行打分。这 15 个变量有：

x_1：求职信的形式；x_2：外貌；x_3：专业能力；x_4：讨人喜欢的能力；x_5：自信心；x_6：洞察力；x_7：诚实；x_8：推销本领；x_9：经验；x_{10}：驾驶汽车本领；x_{11}：志向；x_{12}：领会能力；x_{13}：潜在能力；x_{14}：对工作要求强烈程度；x_{15}：对工作是否合适。

由样本数据得到这 15 个变量的相关矩阵如表 6.1 所示。

表 6.1　样本相关矩阵

1.00	0.24	0.04	0.31	0.09	0.23	−0.11	0.27	0.55	0.35	0.28	0.34	0.37	0.47	0.59
	1.00	0.12	0.38	0.43	0.37	0.35	0.48	0.14	0.34	0.55	0.51	0.51	0.28	0.38
		1.00	0.00	0.00	0.08	−0.03	0.05	0.27	0.09	0.04	0.20	0.29	−0.32	0.14
			1.00	0.30	0.48	0.65	0.35	0.14	0.39	0.35	0.50	0.61	0.69	0.33
				1.00	0.81	0.41	0.82	0.02	0.70	0.84	0.72	0.67	0.48	0.25
					1.00	0.36	0.83	0.15	0.70	0.76	0.88	0.78	0.53	0.42
						1.00	0.23	−0.16	0.28	0.21	0.39	0.42	0.45	0.00

续表

						1.00	0.23	0.81	0.86	0.77	0.73	0.55	0.55
							1.00	0.34	0.20	0.30	0.35	0.21	0.69
								1.00	0.78	0.71	0.79	0.61	0.62
									1.00	0.78	0.77	0.55	0.43
										1.00	0.88	0.55	0.53
											1.00	0.54	0.57
												1.00	0.40
													1.00

试进行因子分析。

解　取 m 为大于零的特征值的个数。通过求样本相关阵的特征值可知 $m=7$。由极大似然法求出 7 个公共因子的载荷矩阵如表 6.2 所示。

表 6.2　极大似然法的因子载荷阵

变量	因子载荷						
	1	2	3	4	5	6	7
1	0.090	−0.134	−0.338	0.400	0.411	−0.001	0.277
2	−0.466	0.171	0.037	−0.002	0.517	−0.194	0.167
3	−0.131	0.466	0.153	0.413	−0.031	0.330	0.316
4	0.004	−0.023	−0.318	−0.362	0.657	0.070	0.307
5	−0.093	0.017	0.434	−0.092	0.784	0.019	−0.213
6	0.281	0.212	0.330	−0.037	0.875	0.001	0.000
7	−0.133	0.234	−0.181	−0.807	0.494	0.001	−0.000
8	−0.018	0.055	0.258	0.207	0.853	0.019	−0.180
9	−0.043	0.173	−0.345	0.522	0.296	0.085	0.185
10	−0.079	−0.012	0.058	0.241	0.817	0.417	−0.221
11	−0.265	−0.131	0.411	0.201	0.839	−0.000	−0.001
12	0.037	0.202	0.188	0.025	0.875	0.077	0.200
13	−0.112	0.188	0.109	0.081	0.844	0.324	0.277
14	0.098	−0.462	−0.336	−0.116	0.807	−0.001	0.000
15	−0.056	0.293	−0.441	0.577	0.619	0.001	−0.000

由表 6.2 可知,7 个公共因子的实际意义不鲜明,需要因子旋转。运用最大方差旋转后的因子载荷阵如表 6.3 所示。

表 6.3　最大方差旋转后的因子载荷阵

变量	因子载荷						
	1	2	3	4	5	6	7
1	0.129	0.074	0.665	−0.096	0.017	−0.042	0.267
2	0.329	0.242	0.182	0.095	0.611	−0.013	−0.006
3	0.048	−0.017	0.097	0.688	0.043	0.007	0.008
4	0.249	0.759	0.252	−0.058	0.090	−0.096	0.204
5	0.882	0.184	−0.082	−0.074	0.190	0.059	−0.045
6	0.907	0.266	0.136	0.046	−0.042	−0.290	−0.016
7	0.199	0.911	−0.224	−0.013	0.174	−0.094	−0.204
8	0.875	0.082	0.264	−0.076	0.140	0.043	−0.058
9	0.073	−0.027	0.718	0.158	0.069	0.036	0.009
10	0.780	0.197	0.386	0.026	−0.051	0.398	−0.023
11	0.874	0.036	0.157	−0.052	0.382	0.142	0.205
12	0.775	0.346	0.286	0.172	0.143	−0.159	0.111
13	0.703	0.409	0.354	0.329	0.140	0.070	0.193
14	0.432	0.540	0.381	−0.540	−0.013	0.099	0.275
15	0.313	0.079	0.909	0.049	0.142	0.027	−0.214

可是,旋转后的公共因子有较为明确的实际意义,读者可自行详细分析。

6.4　因子得分

将公共因子表示成变量的线性组合,或通过样本数据计算公共因子取值的估计值,即所谓的因子得分。因子得分只是对不可观测的随机向量 F 取值的估计,而非通常意义下的参数估计。常用的有加权最小二乘法和回归分析法。

6.4.1　加权最小二乘法

对于因子模型
$$X_{p\times1} - \mu_{p\times1} = L_{p\times m}F_{m\times1} + \varepsilon_{p\times1}$$
先假定均值 μ 向量因子、载荷阵 L 和特殊因子方差阵 Ψ 均已知,将特殊因子 ε 看成误差。一般 ε_i 的方差未必相等,故用加权最小二乘法估计公共因子 F 的取值 f。

用误差方差的倒数为权数的误差平方和
$$\sum_{i=1}^{p}\frac{\varepsilon_i^2}{\psi_i} = \varepsilon^{\mathrm{T}}\Psi^{-1}\varepsilon = (x-\mu-Lf)^{\mathrm{T}}\Psi^{-1}(x-\mu-Lf) \triangleq \varphi(f) \tag{6.10}$$
这里,x 是随机向量 X 的一个观测。

若 $\varphi(\hat{f}) = \min\varphi(f)$,则得到 f 的估计

$$\hat{f} = (L^{\mathrm{T}}\Psi^{-1}L)^{-1}L^{\mathrm{T}}\Psi^{-1}(x-\mu) \tag{6.11}$$

实际上，μ, L 和 Ψ 均未知，可用它们的某种估计 $\bar{x}, \hat{L}$ 和 $\hat{\Psi}$ 来代替。由此，对于 X_i 的观测 x_i，因子得分

$$\hat{f}_j = (\hat{L}^{\mathrm{T}}\hat{\Psi}^{-1}\hat{L})^{-1}\hat{L}^{\mathrm{T}}\hat{\Psi}^{-1}(x_j-\bar{x}) \tag{6.12}$$

若假定 $X \sim N_p(\mu+Lf, \Psi)$，则可得 f 的极大似然估计 $\hat{f}$ 仍如（6.11）式所示，此时这个估计也称为巴特莱特因子得分。

在应用中，如由主成分法得到因子载荷的估计，则在计算因子得分时，通常不用加权最小二乘法，即直接用极小化

$$\sum_{i=1}^{p}\varepsilon_i^2 = \varepsilon^{\mathrm{T}}\varepsilon = (x-\mu-Lf)^{\mathrm{T}}(x-\mu-Lf)$$

来估计 f。此时因子得分

$$\hat{f}_j = (\hat{L}^{\mathrm{T}}\hat{L})^{-1}\hat{L}^{\mathrm{T}}(x_j-\bar{x})$$

而

$$\hat{L} = (\sqrt{\hat{\lambda}_1}\hat{e}_1, \sqrt{\hat{\lambda}_2}\hat{e}_2, \cdots, \sqrt{\hat{\lambda}_m}\hat{e}_m)$$

从而

$$\hat{f}_j = \begin{pmatrix} \hat{e}_1^{\mathrm{T}}(x_j-\bar{x})/\sqrt{\hat{\lambda}_1} \\ \hat{e}_2^{\mathrm{T}}(x_j-\bar{x})/\sqrt{\hat{\lambda}_2} \\ \vdots \\ \hat{e}_m^{\mathrm{T}}(x_j-\bar{x})/\sqrt{\hat{\lambda}_m} \end{pmatrix}$$

对这些因子得分，样本均值 $\frac{1}{n}\sum_{j=1}^{n}\hat{f}_j = 0$，样本协方差阵 $\frac{1}{n-1}\sum_{j=1}^{n}\hat{f}_j\hat{f}_j^{\mathrm{T}} = I$。

可以看到，因子得分 $\hat{f}_j$ 与从 x_j 得到的主成分仅差一个常数 $1/\sqrt{\hat{\lambda}_i}$。

6.4.2　回归分析法

在因子分析模型中，可以通过将公共因子表示为变量的线性组合，即

$$F_j = \beta_{j1}X_1 + \beta_{j2}X_2 + \cdots + \beta_{jp}X_p, \quad j=1,2,\cdots,m$$

来计算每个样本的公共因子得分。这里，需要估计参数 β_{ij}。

假设变量和公共因子都已标准化。建立回归模型如下：

$$F_j = \beta_{j1}X_1 + \beta_{j2}X_2 + \cdots + \beta_{jp}X_p + u_j, \quad j=1,2,\cdots,m$$

记 $b_{ji} = \hat{\beta}_{ji}$。

由于因子得分是待估的，同时由样本数据可估计出因子载荷矩阵 $\hat{L}$，所以

$$\hat{l}_{ij} = E(X_iF_j) = b_{j1}r_{i1} + b_{j2}r_{i2} + \cdots + b_{jp}r_{ip}, \quad i=1,2,\cdots,p$$

即有

$$\begin{pmatrix} r_{11} & r_{12} & \cdots & r_{1p} \\ r_{21} & r_{22} & \cdots & r_{2p} \\ \vdots & \vdots & & \vdots \\ r_{p1} & r_{p2} & \cdots & r_{pp} \end{pmatrix} \begin{pmatrix} b_{j1} \\ b_{j2} \\ \vdots \\ b_{jp} \end{pmatrix} = \begin{pmatrix} \hat{l}_{1j} \\ \hat{l}_{2j} \\ \vdots \\ \hat{l}_{pj} \end{pmatrix}, \quad j=1,2,\cdots,m$$

这里，$R = \begin{pmatrix} r_{11} & r_{12} & \cdots & r_{1p} \\ r_{21} & r_{22} & \cdots & r_{2p} \\ \vdots & \vdots & & \vdots \\ r_{p1} & r_{p2} & \cdots & r_{pp} \end{pmatrix}$ 为样本相关系数矩阵。又记 $B = \begin{pmatrix} b_{11} & b_{12} & \cdots & b_{1p} \\ b_{21} & b_{22} & \cdots & b_{2p} \\ \vdots & \vdots & & \vdots \\ b_{p1} & b_{p2} & \cdots & b_{pp} \end{pmatrix}$，则

$B = \hat{L}^{\mathrm{T}} R^{-1}$，从而

$$\hat{F} = \begin{pmatrix} \hat{F}_1 \\ \hat{F}_2 \\ \vdots \\ \hat{F}_m \end{pmatrix} = \hat{L}^{\mathrm{T}} R^{-1} X$$

其中，$X = (X_1, X_2, \cdots, X_p)^{\mathrm{T}}$。

此方法由汤普森(Thompson)于 1939 年提出，故所得因子也称为汤普森因子得分。

如果用样本协方差阵 $S = \dfrac{1}{n-1}\sum\limits_{i=1}^{n}(X_i - \overline{X})(X_i - \overline{X})^{\mathrm{T}}$ 来计算因子得分，则

$$\hat{F} = \hat{L}^{\mathrm{T}} S^{-1} X$$

6.5　应用举例

企业 R&D 活动在地区上的差异与哪些因素有关，弄清楚这个问题，对于提高企业 R&D 活动效率具有重要指导意义。下面就江苏省规模以上的工业企业的数据，运用因子分析法，研究江苏 13 个地区 R&D 活动差异成因。

解　设计的变量有：

X_1：R&D 人员全时当量；X_2：新产品销售收入；X_3：R&D 项目数；X_4：专利申请数；X_5：发明专利数；X_6：拥有发明专利数；X_7：R&D 经费内部支出；X_8：博士毕业人数；X_9：R&D 经费平均新产品销售收入；X_{10}：R&D 人员人均专利申请数。

原始数据及变量的相关系数矩阵分别如表 6.4 和表 6.5 所示。

表 6.4　原始数据

变量 地区	X_1	X_2	X_3	X_4	X_5	X_6	X_7	X_8	X_9	X_{10}
南京	8762	6836156.1	1163	809	267	448	204042.3	126	33.5036	0.0923
无锡	9359	4489298.3	843	1489	354	510	321726.5	103	13.9538	0.1591
徐州	4595	772114.3	408	165	52	71	73408.6	30	10.5180	0.0359

续表

变量 地区	X_1	X_2	X_3	X_4	X_5	X_6	X_7	X_8	X_9	X_{10}
常州	7451	1966189.2	934	601	159	197	151910.3	51	12.9431	0.0807
苏州	11752	5470992.3	1019	1683	412	743	360179.5	82	15.1896	0.1432
南通	5240	2303151.8	485	709	178	369	98954.9	62	23.2748	0.1353
连云港	1020	294513.7	173	127	55	91	20842.8	12	14.1302	0.1245
淮安	823	381563.6	81	64	8	39	19219	24	19.8535	0.0778
盐城	1571	470877.2	165	224	69	131	31017.6	43	15.1810	0.1426
扬州	4902	1559922.2	512	692	100	197	100753.8	22	15.4825	0.1412
镇江	2045	1449688.8	237	168	39	48	80862	42	17.9279	0.0822
泰州	2250	1606941.6	287	341	104	146	65554.5	73	24.5131	0.1516
宿迁	282	36689.5	10	38	3	0	2091.2	6	17.5447	0.1348

表 6.5　变量之间的相关系数矩阵

变量 变量	X_1	X_2	X_3	X_4	X_5	X_6	X_7	X_8	X_9	X_{10}
X_1	1.000	0.878	0.954	0.922	0.938	0.911	0.951	0.751	0.057	0.105
X_2	0.878	1.000	0.900	0.822	0.897	0.883	0.867	0.912	0.466	0.163
X_3	0.954	0.900	1.000	0.809	0.862	0.820	0.860	0.793	0.216	0.009
X_4	0.922	0.822	0.809	1.000	0.973	0.961	0.966	0.709	0.018	0.431
X_5	0.938	0.897	0.862	0.973	1.000	0.981	0.969	0.815	0.137	0.368
X_6	0.911	0.883	0.820	0.961	0.981	1.000	0.929	0.770	0.184	0.390
X_7	0.951	0.867	0.860	0.966	0.969	0.929	1.000	0.758	0.010	0.249
X_8	0.751	0.912	0.793	0.709	0.815	0.770	0.758	1.000	0.545	0.198
X_9	0.057	0.466	0.216	0.018	0.137	0.184	0.010	0.545	1.000	0.089
X_{10}	0.105	0.163	0.009	0.431	0.368	0.390	0.249	0.198	0.089	1.000

经计算得到样本相关矩阵的特征值如表 6.6 所示。按照特征值大于 1 的原则提取前三个公共因子。容易看到,前三个公共因子的累积方差贡献率高达 96.718%,说明这三个公共因子已经包含了原始变量 96.718% 的信息量。旋转后的前三个公共因子的累积贡献率并没有发生变化,说明信息量经过旋转后并没有减少,可以初步得出提取三个公共因子就能概括绝大部分信息。因此,选前三个因子作为公共因子。采用方差最大旋转法得到旋转后的因子载荷矩阵如表 6.7 所示。

表 6.6　相关阵的特征值

初始特征值			提取平方和载入			旋转平方和载入		
合计	方差占比/%	累积占比/%	合计	方差占比/%	累积占比/%	合计	方差占比/%	累积占比/%
7.277	72.773	72.773	7.277	72.773	72.773	6.828	68.279	68.279
1.304	13.042	85.815	1.304	13.042	85.815	1.575	15.747	84.027

续表

初始特征值			提取平方和载入			旋转平方和载入		
合计	方差占比/%	累积占比/%	合计	方差占比/%	累积占比/%	合计	方差占比/%	累积占比/%
1.090	10.903	96.718	1.090	10.903	96.718	1.269	12.691	96.718
0.137	1.371	98.089						
0.113	1.130	99.219						
0.043	0.432	99.651						
0.023	0.234	99.885						
0.007	0.072	99.957						
0.003	0.027	99.985						
0.002	0.015	100.000						

表 6.7　因子载荷矩阵

公共因子 变量	成分		
	F_1	F_2	F_3
X_1	0.992	0.026	-0.030
X_2	0.882	0.447	0.030
X_3	0.932	0.200	-0.151
X_4	0.938	-0.029	0.325
X_5	0.957	0.107	0.252
X_6	0.923	0.136	0.289
X_7	0.977	-0.016	0.137
X_8	0.762	0.568	0.073
X_9	0.024	0.989	0.041
X_{10}	0.127	0.051	0.983

　　由表 6.7 可知,公共因子 F_1 在 X_1,X_3,X_4,X_5,X_6,X_7 和 X_8 上有较大的载荷。这 8 个变量分别从不同侧面反映 R&D 活动基础环境以及投入产出总量水平状况,故称之为 R&D 活动基础及投入产出总量因子;公共因子 F_2 在 X_9 上有较高载荷,而 X_9 反映了 R&D 经费的产出水平,也反映了经费的使用效率,故称之为 R&D 经费使用效率因子;公共因子 F_3 在 X_{10} 上有较高载荷,而 X_{10} 为 R&D 人员人均专利申请数,即 X_{10} 反映了 R&D 人员的产出水平,故称之为 R&D 人员产出能力因子。

　　下面来计算各地区的因子得分。

　　为了对江苏省 13 个省属市工业企业 R&D 活动状况进行综合评价,根据因子得分系数矩阵表 6.8 给出的系数和原始变量的标准化值,利用回归法可以计算出各因子的得分函数。

表 6.8 成分得分系数矩阵表

变量 因子	成分		
	F_1	F_2	F_3
X_1	0.189	-0.117	-0.154
X_2	0.102	0.211	-0.084
X_3	0.169	0.019	-0.253
X_4	0.141	-0.148	0.167
X_5	0.135	-0.050	0.101
X_6	0.120	-0.024	0.138
X_7	0.171	-0.145	-0.005
X_8	0.057	0.318	-0.029
X_9	-0.137	0.733	0.041
X_{10}	-0.110	0.029	0.856

$$F_1 = 0.189X_1 + 0.102X_2 + 0.169X_3 + 0.141X_4 + 0.135X_5$$
$$+ 0.120X_6 + 0.171X_7 + 0.057X_8 - 0.137X_9 - 0.110X_{10}$$
$$F_2 = -0.117X_1 + 0.211X_2 + 0.019X_3 - 0.148X_4 - 0.050X_5$$
$$- 0.024X_6 - 0.145X_7 + 0.318X_8 + 0.733X_9 + 0.029X_{10}$$
$$F_3 = -0.154X_1 - 0.084X_2 - 0.253X_3 + 0.167X_4 + 0.101X_5$$
$$+ 0.138X_6 - 0.005X_7 - 0.029X_8 + 0.041X_9 + 0.856X_{10}$$

这里的变量 $X_i(i=1,2,\cdots,10)$ 为标准化的变量。

各地区的因子得分的计算公式为

$$F = 0.68279F_1 + 0.15474F_2 + 0.12691F_3$$

各因子得分如表 6.9 所示。

表 6.9 因子得分

因子得分 地区	第一主因子 F_1 得分	第二主因子 F_2 得分	第三主因子 F_3 得分	综合因子 得分
南京	1.1093	2.6029	-0.9744	0.9822
无锡	1.4803	-0.5361	1.0303	1.0571
徐州	-0.0757	-1.0738	-2.0280	-0.4781
常州	0.6160	-0.7862	-1.2237	0.1415
苏州	2.0053	-0.7059	0.6873	1.3453
南通	0.0092	0.6813	0.6170	0.1919
连云港	-0.8278	-0.6045	0.3625	-0.6144
淮安	-0.9413	0.2045	-0.7000	-0.6993
盐城	-0.7454	-0.2416	0.7984	-0.4457

续表

因子得分 地区	第一主因子 F_1 得分	第二主因子 F_2 得分	第三主因子 F_3 得分	综合因子 得分
扬州	−0.1124	−0.6104	0.5847	0.0986
镇江	−0.5443	0.0901	−0.7632	−0.4543
泰州	−0.6640	1.1523	0.9601	−0.1500
宿迁	−1.2193	−0.1726	0.6490	−0.7774

问题与思考

1. 进行因子分析时对变量之间的相关性有什么要求？
2. 因子分析与主成分分析的区别是什么？
3. 为什么要进行因子旋转？

第7章　马尔可夫链

7.1　随机过程的基本概念

7.1.1　随机过程的定义

随机过程就是一族无穷多个随机变量 $\{X(t),t\in T\}$，其中的 T 称为参数集。T 常见的形式有 $T_1=\{0,1,2,\cdots\}$，$T_2=\{\cdots,-3,-2,-1,0,1,2,\cdots\}$ 和 $T_3=(a,b)$，其中 a,b 可以是 $\pm\infty$。当 T 是可数集时，如 T_1,T_2 情形，随机过程称为离散时间过程。当 T 为离散情形时，也称 $\{X(t),t\in T\}$ 为随机序列。当 T 是一个实数区间时，如 T_3 情形，随机过程称为连续时间过程。

一般将 t 看成时间，称 $X(t)$ 为时刻 t 时过程的状态。例如，对于 $t=t_0$，$X(t_0)=x_0$（实数），则称过程在 t_0 时刻处于状态 x_0。对于一切 $t\in T$，$X(t)$ 所有可能取值的全体称为随机过程的状态空间。

按照随机过程的参数集和状态空间的不同情形，一般可以将随机过程分成四类：离散时间，离散状态空间；离散时间，连续状态空间；连续时间，离散状态空间；连续时间，连续状态空间。

在离散时间情形中，一般将随机过程表成 $\{X_n,n=0,1,2,\cdots\}$。

随机过程的理论产生于 20 世纪的初期，是由物理学、生物学、通信与控制、经济学和管理科学等方面的需要而逐步发展起来的。例如，在管理科学中的排队和存储控制问题。

对于排队问题，顾客来到服务站要求服务，当服务站中的服务员都忙碌时，即此时服务员都正在为顾客服务，这样来到的顾客就要排队以等待服务。由于顾客的来到是随机的，所以每个顾客所需要的服务时间也是随机的。例如，用 $X(t)$ 表示时刻 t 时的队长，$Y(t)$ 表示时刻 t 来到的顾客所需要等待的时间，显然，$X(t)$ 和 $Y(t)$ 都是随机变量，因而，$\{X(t),t\in T\}$ 和 $\{Y(t),t\in T\}$ 都是随机过程。这里的"顾客"与"服务员"是一个相当宽泛的概念。在实践中，"顾客"可以是电话的"呼唤"，"服务员"则是"电话交换总机"；"顾客"可以是"待修复的设备"，"服务员"则是"修理工"；"顾客"可以是"待处理的程序"，"服务员"则是"中央处理器"等。因此排队论有着广泛的应用，如关心排队的长度，顾客等待的时间等都是随机过程早期研究的问题之一。

对于存储控制问题，有两个基本问题值得研究，一是何时开始订货，二是每次的订货量。易见，这两个基本问题的解均依赖于商品的销售速度和每次订货到货到所需时间两个变量，这两个变量显然是不确定的。例如，以 $X(t)$ 表示在时间 $[0,t]$ 中的销售量，$Y(t)$ 表示在时刻 t 时订货到货到所需时间，则它们均为随机变量，因而，$\{X(t),t\in T\}$ 和 $\{Y(t),t\in T\}$ 都是随机过程。随机过程的理论和方法可以为最优的储存控制问题提供答案。

在预测与控制问题中也存在大量的随机现象，它们也是推动随机过程发展的重要因素。如预测问题一般可以表述为：如何根据对随机过程 $X(t)$ 在时间间隔 $t_0-s<t\leqslant t_0$ $(s>0)$ 上的观测值来估计以后某时段 $t_0+\tau(\tau>0)$ 的值 $X(t+\tau),\tau>0$。例如，$X(t)$ 表示时刻 t 时某处的气温，那就是天气预报问题；再如，$X(t)$ 表示时刻 t 时某股票的价格，就是股票价格的预测问题等。

对随机过程 $\{X(t),t\in T\}$ 进行一次观测，就得到了普通意义下的函数 $x(t)$，称它为随机过程 $\{X(t),t\in T\}$ 的一个"现实"或"样本函数"。在时间参数为离散的场合，就是一个序列，通常称为时间序列。

时间序列在实践中广泛存在。例如，某地历年来的月平均气温、某股票从某一时间开始周五的收盘价和某地区历年的 GDP 等，都属于时间序列。

时间序列问题的一个重要课题是，如何根据时间序列的观测数据建立一个合适的随机过程模型，用于预测和控制等目的。

7.1.2 有限维分布族

设有随机过程 $\{X(t),t\in T\}$，为描述其统计特性，需要知道对于每个 $t\in T$，$X(t)$ 的分布函数。定义

$$F_X(t;x)=P\{X(t)\leqslant x\}, \quad x\in \mathbf{R}$$

为随机过程 $\{X(t),t\in T\}$ 的一维分布，称 $\{F_X(t;x),t\in T\}$ 为一维分布函数族。

若 $m_X(t)=E\{X(t)\}$，$D_X(t)=E\{(X(t)-m(t))^2\}$ 存在，则分别称它们为随机过程 $\{X(t),t\in T\}$ 的均值函数和方差函数。

毕竟一维分布难以描述随机过程的变化特征和规律。因此，需要引入多维分布。

定义 7.1（有限维分布）

$$F_X(t_1,t_2;x_1,x_2)=P\{X(t_1)\leqslant x_1,X(t_2)\leqslant x_2\}, \quad t_1,t_2\in T$$

为随机过程 $\{X(t),t\in T\}$ 的二维分布。

若 $E\{(X(s)-m(s))(X(t)-m(t))\}$ 存在，则记

$$C_{XX}(s,t)=\mathrm{Cov}\{X(s),X(t)\}=E\{(X(s)-m(s))(X(t)-m(t))\}$$

并称 $C_{XX}(s,t)$ 为随机过程 $\{X(t),t\in T\}$ 的协方差函数。易见

$$D_X(t)=C_{XX}(t,t)$$

一般地，对任意的 $t_1,t_2,\cdots,t_n\in T$，定义

$$F_X(t_1,t_2,\cdots,t_n;x_1,x_2,\cdots,x_n)$$
$$=P\{X(t_1)\leqslant x_1,X(t_2)\leqslant x_2,\cdots,X(t_n)\leqslant x_n\}, \quad t_1,t_2,\cdots,t_n\in T$$

为随机过程 $\{X(t),t\in T\}$ 的 n 维分布。

随机过程 $\{X(t),t\in T\}$ 的一维分布，二维分布，$\cdots$，n 维分布等，其全体 $F_X(t_1,t_2,\cdots,t_n;x_1,x_2,\cdots,x_n),t_1,t_2,\cdots,t_n\in T,n\geqslant 1$ 称为随机过程 $\{X(t),t\in T\}$ 的有限维分布族。

可见，如果知道随机过程 $\{X(t),t\in T\}$ 的 n 维分布，则能知道随机过程 $\{X(t),t\in T\}$ 中任意 n 个随机变量的联合分布。

7.1.3 独立增量过程与平稳过程

定义 7.2（独立增量过程） 随机过程 $\{X(t),t\geqslant 0\}$ 称为独立增量过程，若对任意的

正整数 n，以及任意选定的 $0 \leqslant t_0 < t_1 < t_2 < \cdots < t_n$，

$$X(t_1) - X(t_0), \quad X(t_2) - X(t_1), \cdots, \quad X(t_n) - X(t_{n-1})$$

是相互独立的随机变量。

在 $X(0) = 0$ 和方差函数 $D_X(t)$ 已知的条件下，可通过计算得到独立增量过程 $\{X(t), t \geqslant 0\}$ 的协方差函数 $C_{XX}(s, t) = D_X(\min(s, t))$，对于任意的 $s, t \geqslant 0$。

对于独立增量过程，只要知道 $X(0)$ 的分布及全部增量 $X(t) - X(s)$（$0 \leqslant s < t$）的分布，就可以获得全部有限维分布。

设 $\{X(t), t \geqslant 0\}$ 为独立增量过程，如对任意的 $0 \leqslant s < t$，增量 $X(t) - X(s)$ 的分布仅依赖于 $t - s$，与 s 和 t 本身无关，则称 $\{X(t), t \geqslant 0\}$ 为独立平稳增量过程或齐次独立增量过程。

对于独立平稳增量过程，只要知道 $X(0)$ 的分布及 $X(t) - X(0)$（$t > 0$）的分布，就可以获得全部有限维分布。

定义 7.3（严平稳过程）　一个随机过程 $\{X(t), t \in T\}$ 称为严平稳过程，如果其有限维分布对时间推移不变，即如果对任意的 $t_1, t_2, \cdots, t_n \in T$ 和任意的实数 τ，当 $t_1 + \tau, t_2 + \tau, \cdots, t_n + \tau \in T$ 时，有

$$
\begin{aligned}
& F_X(t_1, t_2, \cdots, t_n; x_1, x_2, \cdots, x_n) \\
= & P\{X(t_1) \leqslant x_1, X(t_2) \leqslant x_2, \cdots, X(t_n) \leqslant x_n\} \\
= & P\{X(t_1 + \tau) \leqslant x_1, X(t_2 + \tau) \leqslant x_2, \cdots, X(t_n + \tau) \leqslant x_n\} \\
= & F_X(t_1 + \tau, t_2 + \tau, \cdots, t_n + \tau; x_2, x_2, \cdots, x_n)
\end{aligned}
$$

定义 7.4（二阶矩过程）　若随机过程 $\{X(t), t \in T\}$ 对每个 $t \in T$，二阶矩 $E[X^2(t)]$ 存在，则称此随机过程为二阶矩过程。

特别地，如果 $\{X(t), t \in T\}$ 的有限维分布都是正态分布，则称为正态过程。

随机过程 $\{X(t), t \geqslant 0\}$ 称为维纳过程（或布朗运动），如过程满足：

（1）$X(0) = 0$；

（2）有独立增量；

（3）对于任意的 $0 \leqslant s < t$，增量 $X(t) - X(s)$ 服从正态分布 $N(0, \sigma^2(t - s))$，其中，$\sigma > 0$ 为常数。

定义 7.5（宽平稳过程）　一个二阶矩过程 $\{X(t), t \in T\}$ 称为宽平稳的，或宽平稳过程，如果其均值函数 $m_X(t)$ 为常数，且其协方差函数 $C_{XX}(s, t)$ 只与 $s - t$ 有关，而与 s, t 本身无关，即存在一个一元函数 $g(\tau)$，使

$$C_{XX}(s, t) = g(s - t), \quad s, t \in T,$$

这里，$g(\tau)$ 称为宽平稳过程的协方差函数。

一般地，严平稳过程未必有二阶矩，因而，不一定是宽平稳过程；反之，宽平稳过程也不一定是严平稳过程。对正态过程而言，宽平稳过程与严平稳是一致的。

在理论研究或应用中，宽平稳过程受到更多的研究。因此，常将宽平稳过程简称为平稳过程。

7.2 泊 松 过 程

7.2.1 计数过程

一个随机过程$\{N(t),t\geqslant 0\}$称为计数过程,如$N(t)$表示到时间t为止发生的事件的总数。

举两个实践中的计数过程的例子。

例如,记$N(t)$为t时刻或以前已经进入某一商店(或某一银行网点等)的人数,那么,$\{N(t),t\geqslant 0\}$就是一个计数过程,其中一个事件对应着一个进入这一商店的人。

再如,以$N(t)$表示某一足球队员在时间t或以前的进球数,那么,$\{N(t),t\geqslant 0\}$就是一个计数过程。易见,只要该球员进一个球,就表明此过程的一个事件发生。

由计数过程的定义可以看到,一个计数过程必须满足:

(1) $N(t)\geqslant 0$;

(2) $N(t)$取值自然数;

(3) 若$s<t$,则$N(s)\leqslant N(t)$;

(4) 对于任意的$s<t$,$N(t)-N(s)$表示在区间$(s,t]$中发生事件的个数。

7.2.2 泊松过程的定义

一个重要的计数过程就是所谓的泊松过程。

1. 泊松过程的定义

计数过程$\{N(t),t\geqslant 0\}$称为具有速率$\lambda(\lambda>0)$的泊松过程,如此过程满足:

(1) $N(0)=0$;

(2) 过程有独立增量;

(3) 在长度为t的任意时间区间中的事件数服从参数为λt的泊松分布,即对于所有的$s,t\geqslant 0$,有

$$P\{N(t+s)-N(s)=n\}=\frac{(\lambda t)^{n}\mathrm{e}^{-\lambda t}}{n!},\quad n=0,1,2,\cdots$$

由条件(3),容易得到泊松过程具有平稳增量,且有$E[N(t)]=\lambda t$,这也是称λ为泊松过程速率的缘由,也称此过程为齐次泊松过程。

事实上,任意一个计数过程都是泊松过程。由此,可给出泊松过程的一个定价定义。

泊松过程的等价定义   计数过程$\{N(t),t\geqslant 0\}$称为具有速率$\lambda(\lambda>0)$的泊松过程,如果此过程满足:

(1) $N(0)=0$;

(2) 过程有平稳增量和独立增量;

(3) 对于充分小的Δt,$P\{N(\Delta t)=1\}=\lambda\Delta t+o(\Delta t)$;

(4) 对于充分小的Δt,$P\{N(\Delta t)\geqslant 2\}=o(\Delta t)$,

这里,$o(\Delta t)$表示Δt的高阶无穷小。

也称满足条件(1)—(4)的计数过程$\{N(t),t\geq 0\}$为强度 λ 的泊松过程,相应的质点流或质点出现的随机时刻 $T_1,T_2,\cdots$ 称为强度 λ 的泊松流。

有兴趣的读者可以自行证明两个定义的等价性。

2. 到达间隔时间与等待时间的分布

1) 到达时间间隔分布

对于一个到达速率为 λ 的泊松过程$\{N(t),t\geq 0\}$,记第一个事件发生的时刻为 T_1,在经过时间 T_2 后第二个事件发生,以 T_n 表示第 $n-1$ 个事件发生后第 n 个事件发生所等待的时间,则称 $T_n(n=1,2,\cdots)$ 为到达间隔时间序列(图 7.1)。

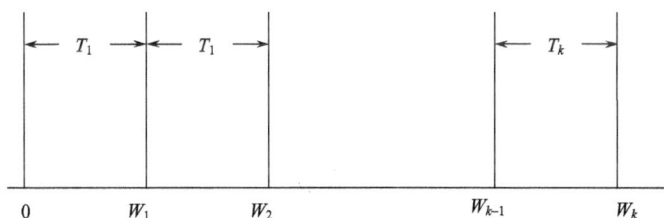

图 7.1　到达时间间隔与等待时间示意图

易见,$T_n(n=1,2,\cdots)$ 为随机变量序列。显然,我们关注这一随机序列的分布问题。

事件$\{T_1>t\}$发生等价于泊松过程在时间区间$[0,t]$中无事件发生,即

$$P\{T_1>t\}=P\{N(t)=0\}=\mathrm{e}^{-\lambda t}$$

即 T_1 服从均值为 $1/\lambda$ 的指数分布。

下面求已知 T_1 的条件下 T_2 的分布。由于

$$P\{T_2>t|T_1=s\}=P\{在(s,s+t]内没有事件发生|T_1=s\}$$

由独立增量,有

$$\begin{aligned}P\{T_2>t|T_1=s\}&=P\{在(s,s+t]内没有事件发生|T_1=s\}\\&=P\{在(s,s+t]内没有事件发生\}\\&=\mathrm{e}^{-\lambda t}\end{aligned}$$

最后一个等式的获得基于过程的平稳性。

类似地,可以得到如下结论:

$T_n(n=1,2,\cdots)$是独立同分布的具有均值 $1/\lambda$ 的指数随机变量。

这个结论的意义并不难理解。平稳独立增量的假定等价于在概率意义上过程在任何时刻都重新开始,即从任何时刻起过程独立于先前已发生的一切(由独立增量),且有与原过程一样的分布(由平稳增量)。或者说,此过程无记忆,即事件发生的时间间隔用相同的指数分布随机变量来描述。

例 7.1　某银行网点经过长时间的观察分析,发现顾客到达此网点的顾客人数近似为强度为 30 人/小时的泊松过程。试计算下列事件发生的概率:相继到达的两顾客之间的时间间隔:

(1)超过 2 分钟;

(2)少于 4 分钟；

(3)在 1 分钟到 3 分钟之间。

解 由题意可知,在$(0,t]$时间内顾客达到的人数 $N(t)$ 服从参数为 $0.5t$ 的泊松分布。由此,任意相继到达的两个顾客的时间间隔 T 服从参数为 0.5 个/分钟的指数分布。从而,

(1) $P\{T > 2\} = \int_2^{+\infty} 0.5e^{-0.5t} dt = e^{-1}$;

(2) $P\{T < 4\} = \int_0^4 0.5e^{-0.5t} dt = 1 - e^{-2}$;

(3) $P\{1 \leqslant T \leqslant 3\} = \int_1^3 0.5e^{-0.5t} dt = e^{-0.5} - e^{-1.5}$ 。

2) 等待时间的分布

对于一个到达速率为 λ 的泊松过程 $\{N(t), t \geqslant 0\}$,记 W_n(图 7.1)为第 n 个事件发生的时刻(其中,记 $W_0 = 0$),则 W_n 表示第 n 个事件发生需要等待的时间长度,则有

$$W_n = \sum_{i=1}^n T_i, \quad n \geqslant 1$$

由于 $T_n(n=1,2,\cdots)$ 为独立同分布的均值为 $1/\lambda$ 的指数分布随机变量,故容易得到 W_n 服从 $\Gamma(n,\lambda)$ 分布。

事实上,对于 $t \geqslant 0$,

$$F_{W_n(t)}(t) = P\{W_n \leqslant t\} = 1 - P\{W_n > t\}$$
$$= 1 - P\{N(t) < n\} = P\{N(t) \geqslant t\}$$
$$= \sum_{k=n}^{\infty} \frac{(\lambda t)^n e^{-\lambda k}}{k!}$$

而对于 $t < 0$,显然有 $F_{W_n(t)}(t) = 0$。

从而,得到 W_n 的分布密度函数

$$f_{W_n}(t) = \frac{dF_{W_n}(t)}{dt} = \begin{cases} \dfrac{\lambda(\lambda t)^{n-1} e^{-\lambda t}}{(n-1)!}, & t \geqslant 0 \\ 0, & t < 0 \end{cases}$$

3. 到达时间的条件分布

假定被告知直到时刻 t 为止泊松过程的事件恰好发生一个,要确定这个事件发生时间的分布。由于泊松过程有平稳和独立增量,在 $[0,t]$ 中每个相等长度的区间应该有相同的概率包含这个事件,即事件发生的时间在 $[0,t]$ 上均匀分布。事实上,对于 $s \leqslant t$,

$$P\{T_1 \leqslant s | N(t) = 1\} = \frac{P\{T_1 \leqslant s, N(t) = 1\}}{P\{N(t) = 1\}}$$

$$= \frac{P\{在[0,s]中有一个事件发生,在[s,t]中无事件发生\}}{P\{N(t) = 1\}}$$

$$= \frac{P\{在[0,s]中有一个事件发生\}P\{在[s,t]中无事件发生\}}{P\{N(t) = 1\}}$$

$$= \frac{\lambda s \, e^{-\lambda s} \, e^{-\lambda(t-s)}}{\lambda t \, e^{-\lambda t}} = \frac{s}{t}$$

在下列结果下,上述结论可以推广。

设 $Y_1, Y_2, \cdots, Y_n$ 是 n 个随机变量,$Y_{(1)}, Y_{(2)}, \cdots, Y_{(n)}$ 是其对应的次序统计量。例如,$Y_i(i=1,2,\cdots,n)$ 是具有概率密度 $f(y)$ 的独立同分布的连续型随机变量,则次序统计量 $Y_{(1)}, Y_{(2)}, \cdots, Y_{(n)}$ 的联合密度函数为

$$f(y_1, y_2, \cdots, y_n) = n! \prod_{i=1}^{n} f(y_i), \quad y_1 < y_2 < \cdots < y_n$$

定理 7.1　给定 $N(t) = n$,则 n 个到达时间 $S_1, S_2, \cdots, S_n$ 与 n 个在 $(0, t]$ 上均匀分布的独立随机变量所对应的次序统计量有相同的分布。

证　为得到给定 $N(t) = n$ 时,$S_1, S_2, \cdots, S_n$ 的条件密度,注意对 $0 < S_1 < S_2 < \cdots < S_n < t$,事件 $\{S_1 = s_1, S_2 = s_2, \cdots, S_n = s_n, N(t) = n\}$ 等价于前 $n+1$ 个到达间隔时间满足 $\{T_1 = s_1, T_2 = s_2 - s_1, \cdots, T_n = s_n - s_{n-1}, T_{n+1} > t - s_n\}$ 这个事件。由前面的结果,得到给定 $N(t) = n$ 时,$S_1, S_2, \cdots, S_n$ 的条件联合密度为

$$f(s_1, s_2, \cdots, s_n | n) = \frac{f(s_1, s_2, \cdots, s_n, n)}{P\{N(t) = n\}}$$

$$= \frac{\lambda e^{-\lambda s_1} \lambda e^{-\lambda(s_2 - s_1)} \cdots \lambda e^{-\lambda(s_n - s_{n-1})} e^{-\lambda(t - s_n)}}{e^{-\lambda t}(\lambda t)^n / n!}$$

$$= \frac{n!}{t^n}, \quad 0 < s_1 < s_2 < \cdots < s_n < t$$

这一结论意味着,在 $(0, t]$ 中已经发生 n 个事件的条件下,事件发生的时间 $S_1, S_2, \cdots, S_n$(作为无次序的随机变量)是在 $(0, t]$ 上独立均匀地分布的。

例 7.2（等待时间估计）　设到达某火车站的乘客形成强度为 λ 的齐次泊松过程。若火车在时刻 t 发车,求在时间段 $(0, t]$ 内到达车站的乘客平均等待的总时间。

解　在时间段 $(0, t]$ 内有 $N(t)$ 个乘客到达车站,其中第 i 个到达的乘客等待时间为 $t - S_i$,这里,S_i 表示该乘客的到达时刻,$i = 1, 2, \cdots, N(t)$。故在时间段 $(0, t]$ 内到达的乘客平均等待的总时间为 $E\left[\sum_{i=1}^{N(t)} (t - S_i)\right]$。为此,

$$E\left[\sum_{i=1}^{N(t)} (t - S_i) \,\Big|\, N(t) = n\right] = E\left[\sum_{i=1}^{n} (t - S_i) \,\Big|\, N(t) = n\right]$$

$$= nt - E\left(\sum_{i=1}^{n} S_i \,\Big|\, N(t) = n\right)$$

设 $U_1, U_2, \cdots, U_n$ 是 n 个在 $(0, t]$ 上均匀分布的独立随机变量,$U_{(1)}, U_{(2)}, \cdots, U_{(n)}$ 是其次序统计量,则由定理 7.1,有

$$E\left(\sum_{i=1}^{n} S_i | N(t) = n\right) = E\left(\sum_{i=1}^{n} U_{(i)}\right) = E\left(\sum_{i=1}^{n} U_i\right) = \frac{nt}{2}$$

故 $E\left(\sum_{i=1}^{N(t)} (t - S_i) \,\Big|\, N(t) = n\right) = nt - \frac{nt}{2} = \frac{nt}{2}$。

从而，

$$E\left(\sum_{i=1}^{N(t)}(t-S_i)\,\Big|\,N(t)\right)=\frac{N(t)t}{2}$$

这样，

$$E\left[\sum_{i=1}^{N(t)}(t-S_i)\right]=E\left\{E\left[\sum_{i=1}^{N(t)}(t-S_i)\,\Big|\,N(t)\right]\right\}$$

$$=E\left(\frac{N(t)t}{2}\right)=\frac{tE(N(t))}{2}=\frac{\lambda t^2}{2}$$

7.3　马尔可夫链

7.3.1　马尔可夫性

如有随机过程$\{X(t),t\in T\}$在时刻t_0所处的状态为已知的条件下，过程在t_0后的时刻$t(>t_0)$所处状态的条件分布与过程在时刻t_0以前所处的状态无关。这一性质称为马尔可夫性。

可以用分布来描述马尔可夫性。设随机过程$\{X(t),t\in T\}$的状态空间为I，如对时间t的任意n个时刻$t_1<t_2<\cdots<t_n,n\geqslant 3,t_i\in T$，有

$$P\{X(t_n)\leqslant x_n|X(t_1)=x_1,X(t_2)=x_2,\cdots,X(t_{n-1})=x_{n-1}\}$$
$$=P\{X(t_n)\leqslant x_n|X(t_{n-1})=x_{n-1}\}$$

或表成为

$$F_{t_n|t_1,t_2,\cdots,t_{n-1}}(x_n,t_n\mid x_1,x_2,\cdots,x_{n-1};t_1,t_2,\cdots,t_{n-1})=F_{t_n|t_{n-1}}(x_n,t_n\mid x_{n-1},t_{n-1})$$

称具有马尔可夫性的随机过程为马尔可夫过程。

连续时间随机过程$\{X(t),t\in T\}$称为有独立增量，若对一切$t_0<t_1<\cdots<t_n$，随机变量

$$X(t_1)-X(t_0),\quad X(t_2)-X(t_1),\cdots,\quad X(t_n)-X(t_{n-1})$$

相互独立。若$X(t+s)-X(t)$对一切$t\in T$有相同的分布，则称此随机过程有平稳增量。也即过程在不相重叠的区间上的增量独立时，过程有独立增量；过程在任意两点间的增量的分布仅依赖于该两点间的距离时，过程有平稳增量。

例7.3　设$\{X(t),t\geqslant 0\}$是独立增量过程，且$X(0)=0$，则此过程为马尔可夫过程。读者可自行证明。

7.3.2　马尔可夫链的定义

令$\{X_n,n=0,1,2,\cdots\}$是有有限个值或者可数个可能值的随机过程。若无特别说明，此随机过程可能取值的集合将以自然数集$\{0,1,2,\cdots\}$表示。若$X_n=i$，则称该过程在时刻n处于状态i。假定每当过程处于状态i，则在下一个时刻过程将处于状态j的概率是固定的p_{ij}，也即假设对于一切状态$i_0,i_1,\cdots,i_{n-1},i,j$及一切$n\geqslant 0$，有

$$P\{X_{n+1}=j\,|\,X_n=i,X_{n-1}=i_{n-1},\cdots,X_1=i_1,X_0=i_0\}=p_{ij}$$

这样的随机过程称为马尔可夫链。

p_{ij} 表示过程处于状态 i 时下一步转移到状态 j 的概率。由概率的非负性,且过程下一步必须转移到某一状态,故有

$$p_{ij}\geqslant 0,\quad i,j\geqslant 0;\quad \sum_{j=0}^{\infty}p_{ij}=1,\quad i=0,1,2,\cdots$$

以 P 记一步转移概率 p_{ij} 的矩阵,从而

$$P=\begin{pmatrix} p_{00} & p_{01} & p_{02} & \cdots \\ p_{10} & p_{11} & p_{12} & \cdots \\ \vdots & \vdots & \vdots & \\ p_{i0} & p_{i1} & p_{i2} & \cdots \\ \vdots & \vdots & \vdots & \end{pmatrix}$$

例 7.4（天气预报）　假设明天是否下雨只依赖于前一天的天气状况,即今天是否下雨,而不依赖于前天或更前时间的天气状况。再假设若今天下雨,则明天下雨的概率为 α;若今天未下雨,则明天下雨的概率为 β。如果下雨,则记过程处于状态 0,若不下雨,则记过程处于状态 1。本例描述的是两个状态的马尔可夫链,其转移概率矩阵为

$$P=\begin{pmatrix} \alpha & 1-\alpha \\ \beta & 1-\beta \end{pmatrix}$$

例 7.5（随机游走模型）　一个状态空间由整数 $i=0,\pm1,\pm2,\cdots$ 给出的马尔可夫链称为随机游走,若对于某个数 $0<p<1,p_{i,i+1}=p=1-p_{i,i-1},i=0,\pm1,\pm2$。

这样的马尔可夫链称为随机游走,是因为可以将它想象成一个人在直线上行走,他在每一个时点以概率 p 向右走一步,或者以概率 $1-p$ 向左走一步。

例 7.6（赌博模型）　考察一个赌徒,在每局中赢 1 元的概率为 p,输 1 元的概率为 $1-p$。若假定其在破产时或者财富达到 N 元时离开,则赌徒的财富是一个马尔可夫链,具有转移概率

$$p_{i,i+1}=p=1-p_{i,i-1},\quad i=0,1,2,\cdots,N-1,\quad p_{00}=p_{NN}=1$$

状态 0 和 N 称为吸收态,因为一旦进入此状态,它们就不离开。本例中的马尔可夫链是一个具有吸收壁(状态 0 和 N)的有限状态的随机游走。

例 7.7（排队模型）　设服务系统由一个服务员和只可能容纳两个人的等候室组成,如图 7.2 所示。服务规则:先到先服务,后到者如遇服务员正在服务时需在等候室等待并依次排队。假定一个顾客到达时发现系统有 3 个顾客则离开。设时间间隔 Δt 内有一个顾客进入系统的概率为 q,有一个在系统中被服务的顾客离开系统的概率为 p。又设 Δt 充分小时,在这一时段内有两个或两个以上顾客进入系统或离开系统是不可能的。再设有无顾客来到与是否服务完毕这两个事件相互独立。请用马尔可夫链描述这一系统。

解　设 $X_n=X(n\Delta t)$ 表示时刻 $n\Delta t$ 系统内的顾客数,即系统所处的状态。$\{X_n,n=0,1,2,\cdots\}$ 是一随机过程,状态空间 $I=\{0,1,2,3\}$,且过程为齐次马尔可夫链。

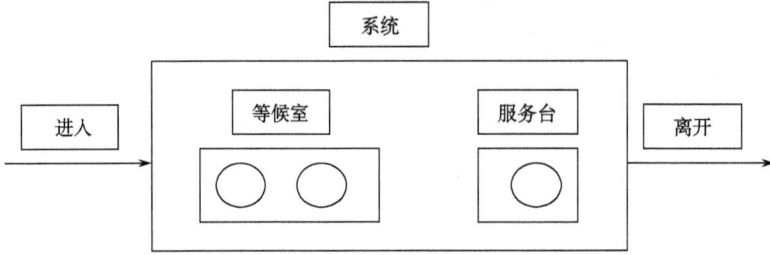

图 7.2　排队系统

p_{00} 表示在系统内没有顾客的条件下,经过 Δt 时段后系统内仍无顾客的概率,则

$$p_{00} = 1 - q$$

p_{01} 表示在系统内没有顾客的条件下,经过 Δt 时段后有一个顾客进入系统的概率,则

$$p_{01} = q$$

p_{02} 表示系统中无顾客,在 Δt 时段内有两个顾客进入系统的概率,由假设,在充分小的时间段内至多只有一个顾客进入系统,故 $p_{02} = 0$。

类似地,易得 $p_{03} = 0$。

p_{10} 表示系统内有一个顾客正在接受服务的条件下,在 Δt 时段内服务完毕离开系统,同时在 Δt 时段内无顾客进入系统的概率,则 $p_{10} = p(1-q)$。

p_{11} 表示系统内刚好有一个顾客的条件下,在 Δt 时段内,系统中的顾客服务完毕离开,且有一个顾客进入系统;或者,在 Δt 时段内此顾客仍在接受服务且无顾客进入该系统,则 $p_{11} = pq + (1-p)(1-q)$。

p_{12} 表示正在接受服务的顾客在 Δt 时段内仍需继续接受服务,且有一个顾客进入系统的概率,则 $p_{12} = (1-p)q$。

p_{13} 表示系统中有一个顾客正在接受服务,并在 Δt 时段内仍需继续接受服务,同时有两个顾客进入系统的概率,或在系统中接受服务的顾客在 Δt 时段内服务完离开,同时有 3 个顾客进入系统。由假设,在充分小的时间段内至多只有一个顾客进入系统,故 $p_{13} = 0$。

p_{20} 表示系统中有一个顾客正在接受服务,另一个等待,在 Δt 时段内这两个顾客服务完都离开,或有一个顾客进入系统,但在 Δt 时段内这 3 个顾客均离开的概率。由假设,这两个事件都不可能发生,故 $p_{20} = 0$。

p_{21} 表示系统中有一个顾客正在接受服务,另一个等待,在 Δt 时段内有一个顾客离开且无顾客进入系统,或有一个顾客在 Δt 时段内进入系统,而原系统中的两个顾客均离开的概率。实际上,由假设,后一个事件不可能发生,故 $p_{21} = p(1-q)$。

p_{22} 表示系统中有一个顾客正在接受服务,另一个等待,在 Δt 时段内原先接受服务的顾客仍需服务,且无顾客进入系统,或在 Δt 时段内原先接受服务的顾客服务完离开,同时有一个顾客进入系统的概率,则 $p_{22} = (1-p)(1-q) + pq$。

p_{23} 表示系统中有一个顾客正在接受服务,另一个等待,在 Δt 时段内原先接受服务的顾客仍需服务,且有一个顾客进入系统;或原先接受服务的顾客在 Δt 时段内离开,同时有两个顾客进入系统的概率。由假设,后一个事件显然不可能发生,故 $p_{23}=(1-p)q$。

显然 $p_{30}=0,p_{31}=0$。

p_{32} 表示系统中有一个顾客正在接受服务,两个顾客等待,在 Δt 时段内原先接受服务的顾客离开,且无顾客进入系统,或在 Δt 时段内有两个顾客离开,同时有一个顾客进入系统的概率。显然,后一事件由假设不可能发生,故 $p_{32}=p(1-q)$。

p_{33} 表示系统中有一个顾客正在接受服务,两个顾客等待,在 Δt 时段内无顾客离开系统,或原先接受服务的顾客离开,同时有一个顾客进入系统,或在 Δt 时段内有两个顾客离开,同时有两个顾客进入系统的概率。显然,最后一个事件不可能发生,故

$$p_{33}=pg+1-p$$

由此,该马尔可夫链的一步转移概率矩阵为

$$P=\begin{pmatrix} 1-q & q & 0 & 0 \\ p(1-q) & pq+(1-p)(1-q) & (1-p)q & 0 \\ 0 & p(1-q) & pq+(1-p)(1-q) & (1-p)q \\ 0 & 0 & p(1-q) & pq+1-p \end{pmatrix}$$

称 $p_{ij}^{m}=P\{X_{n+m}=j\,|\,X_{n}=i\},m\geqslant 1,i,j\geqslant 0$ 为马尔可夫链 $\{X_{n},n=0,1,2,\cdots\}$ 的 m 步转移概率,即链处于状态 i 下经过 m 次转以后到达状态 j 的概率。显然,$p_{ij}^{1}=p_{ij}$。

当 p_{ij}^{m} 只与状态 i,j 和时间间隔 m 有关,而与起始时间无关,则称此转移概率具有平稳性,且称此链为齐次马尔可夫链。

在实践中,一步转移概率可以通过样本数据进行估计。

例7.8（转移概率估计）　某计算机经过长时间运行后目前经常出现故障。研究人员想要对故障发生的规律性进行分析,为此,每隔 15 分钟观察一次计算机的运行状态,共收集了 24 小时的数据,即作了 97 次观察。以 1 表示计算机运行正常,0 表示不正常。观察数据按照时间顺序如表 7.1 所示。试确定一步转移概率矩阵。若已知计算机在某一时段的状态为 0,则从此时段开始计算机能连续正常工作 3 个时段的条件概率为多少?

表 7.1　观察数据

1	1	1	0	0	1	0	0	1	1	1	1	1	1	1	0	0	1	1	1
1	0	1	1	1	1	1	1	0	0	1	1	1	1	1	1	1	1	1	0
0	0	1	1	0	1	1	0	1	1	1	1	0	1	1	0	1	1	0	1
0	1	1	1	1	1	1	1	0	1	1	1	1	1	0	1	1	1	1	1
1	0	0	1	1	0	1	1	1	1	1	1	0	0	1	1	1			

解　以 X_{n} 表示第 $n(n=1,2,\cdots,97)$ 个时段的计算机状态。将其看成一个齐次马尔可夫链,状态空间为 $I=\{0,1\}$。96 次状态转移的情况如下:

由状态 0 转移到状态 0 共有 8 次;

由状态 0 转移到状态 1 共有 18 次;

由状态 1 转移到状态 0 共有 18 次;

由状态 1 转移到状态 1 共有 52 次;

以频率作为转移概率的近似值,则有

$$p_{00} = P\{X_{n+1} = 0 | X_n = 0\} \approx \frac{8}{8+18} = \frac{4}{13}$$

$$p_{01} = P\{X_{n+1} = 1 | X_n = 0\} \approx \frac{18}{8+18} = \frac{9}{13}$$

$$p_{10} = P\{X_{n+1} = 0 | X_n = 1\} \approx \frac{18}{18+52} = \frac{9}{35}$$

$$p_{11} = P\{X_{n+1} = 1 | X_n = 1\} \approx \frac{52}{18+52} = \frac{26}{35}$$

从而一步转移概率矩阵

$$P = \begin{pmatrix} 4/13 & 9/13 \\ 9/35 & 26/35 \end{pmatrix}$$

$$P\{X_1 = 1, X_2 = 1, X_3 = 1 \mid X_0 = 0\}$$

$$= \frac{P\{X_0 = 0, X_1 = 1, X_2 = 1, X_3 = 1\}}{P\{X_0 = 0\}}$$

$$= \frac{\begin{array}{c} P\{X_0 = 0\} P\{X_1 = 1 \mid X_0 = 0\} P\{X_2 = 1 \mid X_1 = 1, X_0 = 0\} \\ \times P\{X_3 = 1 \mid X_2 = 1, X_1 = 1, X_0 = 0\} \end{array}}{P\{X_0 = 0\}}$$

$$= P\{X_1 = 1 | X_0 = 0\} P\{X_2 = 1 \mid X_1 = 1\} P\{X_3 = 1 \mid X_2 = 1\}$$

$$= p_{01} p_{11} p_{11} = \frac{9}{13} \times \frac{26}{35} \times \frac{26}{35} = 0.382$$

7.3.3 C-K 方程

下面的讨论限于齐次马尔可夫链。

C-K 方程(切普曼–柯尔莫哥洛夫方程)提供了计算 n 步转移概率的一个方法,该方程是

$$p_{ij}^{n+m} = \sum_{k=0}^{\infty} p_{ik}^n p_{kj}^m, \quad 对一切 n, m \geqslant 0, 一切 i, j \tag{7.1}$$

事实上,有

$$p_{ij}^{n+m} = P\{X_{n+m} = j \mid X_0 = i\}$$

$$= \sum_{k=0}^{\infty} P\{X_{n+m} = j, X_n = k \mid X_0 = i\}$$

$$= \sum_{k=0}^{\infty} P\{X_{n+m} = j \mid X_n = k, X_0 = i\} P\{X_n = k \mid X_0 = i\}$$

$$= \sum_{k=0}^{\infty} P\{X_{n+m} = j \mid X_n = k\} P\{X_n = k \mid X_0 = i\}$$

$$= \sum_{k=0}^{\infty} p_{ik}^n p_{kj}^m$$

这里,第二个等式用到了马尔可夫性。

以 $P^{(n)}$ 记 n 步转移概率 p_{ij}^n 的矩阵,则由 C-K 方程可得

$$P^{(n+m)} = P^{(n)} \cdot P^{(m)}$$

特别地,

$$P^{(2)} = P^{(1)} \cdot P^{(1)} = P \cdot P = P^2$$

由归纳法可得

$$P^{(n)} = P^n$$

例 7.9　在例 7.4 中,$\alpha = 0.7, \beta = 0.4$,那么假定今天下雨,则从今天开始的第 4 天下雨的概率?

解　一步转移概率矩阵

$$P = \begin{pmatrix} 0.7 & 0.3 \\ 0.4 & 0.6 \end{pmatrix}$$

因此

$$P^{(2)} = P^2 = \begin{pmatrix} 0.61 & 0.39 \\ 0.52 & 0.48 \end{pmatrix}$$

$$P^{(4)} = (P^2)^2 = \begin{pmatrix} 0.5749 & 0.4251 \\ 0.5668 & 0.4332 \end{pmatrix}$$

则 $p_{00}^4 = 0.5749$。

7.3.4　遍历性

由例 7.9,$P^{(4)} = (P^2)^2 = \begin{pmatrix} 0.5749 & 0.4251 \\ 0.5668 & 0.4332 \end{pmatrix}$,由此,可以推出

$$P^{(8)} = (P^4)^2 = \begin{pmatrix} 0.572 & 0.428 \\ 0.570 & 0.430 \end{pmatrix}$$

可以看到,随着 n 增大,$P^{(n)}$ 中每一列中的各元素越来越接近,即存在一固定的状态 j,不管链在某一时刻从何状态出发,经过相当多步的转移以后,到达状态 j 的概率都相等。这就是遍历性。一般可以表达如下:

设齐次马尔可夫链的状态空间为 I,若对所有的 $i, j \in I$,转移概率 $P_{ij}(n)$ 的极限存在,即

$$\lim_{n \to \infty} P_{ij}(n) = \pi_j, \quad 对一切 i \in I$$

或

$$P^{(n)} \to \begin{pmatrix} \pi_1 & \pi_2 & \cdots & \pi_j & \cdots \\ \pi_1 & \pi_2 & \cdots & \pi_j & \cdots \\ \vdots & \vdots & & \vdots & \\ \pi_1 & \pi_2 & \cdots & \pi_j & \cdots \\ \vdots & \vdots & & \vdots & \end{pmatrix}$$

则称此链具有遍历性。若 $\sum\limits_{j}\pi_j=1$，则称 $(\pi_1,\pi_2,\cdots,\pi_j,\cdots)$ 为链的极限分布。

对于只有有限个状态的齐次马尔可夫链的遍历性，即有限链的遍历性有如下的充分条件。

定理 7.2　设齐次马尔可夫链 $\{X_n,n=1,2,\cdots\}$ 的状态空间为 $I=\{1,2,\cdots,N\}$，P 是它的一步转移概率矩阵。若存在正整数 m，使对任意的 $i,j\in I$，都有

$$P_{ij}(m)>0,\quad i,j=1,2,\cdots,N$$

则称此链具有遍历性，其极限分布 $\pi=(\pi_1,\pi_2,\cdots,\pi_N)$ 是方程组

$$\pi_1=\pi_1 p_{11}+\pi_2 p_{21}+\cdots+\pi_N p_{N1}$$
$$\pi_2=\pi_1 p_{12}+\pi_2 p_{22}+\cdots+\pi_N p_{N2}$$
$$\cdots\cdots \tag{7.2}$$
$$\pi_N=\pi_1 p_{1N}+\pi_2 p_{2N}+\cdots+\pi_N p_{NN}$$

的满足条件

$$\pi_j>0\,(j=1,2,\cdots,N),\quad \sum_{j=1}^{N}\pi_j=1 \tag{7.3}$$

的唯一解。

例 7.10（阶层迁移模型）　社会学家感兴趣的一个问题是确定高职业阶层或较低职业阶层在社会中的比例。一个思路是运用马尔可夫链描述职业阶层的转移，即假定将一个家庭中相继后代在社会职业阶层之间的转移看成如马尔可夫链那样的变动，或即一个孩子的职业只决定于其父母的职业，这一假定具有现实性。如果这一模型是合适的，且假定转移概率矩阵为

$$P=\begin{pmatrix}0.45 & 0.48 & 0.07\\ 0.05 & 0.70 & 0.25\\ 0.01 & 0.50 & 0.49\end{pmatrix}$$

这里，阶层的三个划分分别为较高阶层、中间阶层和较低阶层，即马尔可夫链的三个状态。由此，上述矩阵的第一行表示，一个较高阶层的孩子分别以概率 $0.45,0.48$ 和 0.07 获得较高阶层、中间阶层和较低阶层的职业。

解　极限概率可由下列方程组求得

$$\pi_1=0.45\pi_1+0.05\pi_2+0.01\pi_3$$
$$\pi_2=0.48\pi_1+0.70\pi_2+0.50\pi_N$$
$$\pi_3=0.07\pi_1+0.25\pi_2+0.49\pi_N$$
$$\pi_1+\pi_2+\pi_3=1$$

由此得

$$\pi_1=0.07,\quad \pi_2=0.62,\quad \pi_3=0.31$$

即能用马尔可夫链描述职业阶层转移。无论你目前处于那种职业阶层，则经过长时间后，将有 7% 的人处于较高职业阶层，62% 的人处于中间职业阶层，31% 的人处于较低职业

阶层。

例 7.11(市场份额)　某镇位于制造业发达的地区,该镇有 3 家规模较大的快餐馆,分别以 A,B 和 C 表示,尽管还有一些小的餐馆,但与这 3 家相比几乎可以忽略。因此,为方便起见,可以假设该镇仅有这 3 家快餐馆。根据观察,顾客对快餐馆的选择唯一受上次光临的快餐馆的影响。一个顾客上次光临 A 餐馆而下次仍光临 A 餐馆的概率为 0.70,光临 B 餐馆的概率为 0.20,光临 C 餐馆的概率为 0.10。一个顾客上次光临 B 餐馆而下次仍光临 A 餐馆的概率为 0.35,光临 B 餐馆的概率为 0.50,光临 C 餐馆的概率为 0.15。一个顾客上次光临 C 餐馆下次光临 A 餐馆的概率为 0.25,下次光临 B 餐馆的概率为 0.30,仍光临 C 餐馆的概率为 0.45。经过长时间后,这 3 个餐馆的市场份额?

解　用马尔可夫链来描述本例的问题。由题意得此马尔可夫链的一步转移概率为

$$P = \begin{pmatrix} 0.70 & 0.20 & 0.10 \\ 0.35 & 0.50 & 0.15 \\ 0.25 & 0.30 & 0.45 \end{pmatrix}$$

极限概率满足下列方程组

$$\pi_1 = 0.70\pi_1 + 0.35\pi_2 + 0.25\pi_3$$

$$\pi_2 = 0.20\pi_1 + 0.50\pi_2 + 0.30\pi_N$$

$$\pi_3 = 0.10\pi_1 + 0.15\pi_2 + 0.45\pi_N$$

$$\pi_1 + \pi_2 + \pi_3 = 1$$

因而,$\pi_1 = 0.511, \pi_2 = 0.311, \pi_3 = 0.178$。

问题与思考

1. 举例说明时间序列与随机过程的关系。
2. 马尔可夫性的现实解释是什么?
3. 如何理解随机过程的平稳性?

参 考 文 献

方开泰. 1989. 实用多元统计分析. 上海:华东师范大学出版社

方开泰,全辉,陈庆云. 1988. 实用回归分析. 北京:科学出版社

高惠璇. 2005. 实用多元统计分析. 北京:北京大学出版社

何晓群,刘文卿. 2007. 应用回归分析. 2 版. 北京:中国人民大学出版社

凯勒,沃拉克. 2006. 统计学:在经济和管理中的应用. 6 版. 王琪延,等,译. 北京:中国人民大学出版社

李卫东. 2008. 实用多元统计分析. 北京:北京大学出版社

梅长林,周家良. 2009. 实用统计方法. 北京:科学出版社

盛骤,谢式千,潘承毅. 2001. 概率论与数理统计. 3 版. 北京:高等教育出版社

王静龙,梁小筠. 2006. 非参数统计分析. 北京:高等教育出版社

王学仁,王松桂. 1990. 实用多元统计分析. 上海:上海科学出版社

约翰·内特,威廉·沃塞曼,迈克尔·H·库特纳. 1990. 应用线性回归模型. 张勇,等,译. 北京:中国统
    计出版社

Conover W J. 2006. 实用非参数统计. 3 版. 崔恒建,译. 北京:人民邮电大学出版社

Ross S M. 1997. 随机过程. 何声武,等,译. 北京:中国统计出版社

Ross S M. 2011. 应用随机过程:概率模型导论. 10 版. 龚鲁光,译. 北京:人民邮电大学出版社

附　　录

附表 1　标准正态分布表

$$\Phi(z) = P\{Z \leqslant z\}$$

z	0	1	2	3	4	5	6	7	8	9
0.0	0.5000	0.5040	0.5080	0.5120	0.5160	0.5199	0.5239	0.5279	0.5319	0.5359
0.1	0.5398	0.5438	0.5478	0.5517	0.5557	0.5596	0.5636	0.5675	0.5714	0.5753
0.2	0.5793	0.5832	0.5871	0.5910	0.5948	0.5987	0.6026	0.6064	0.6103	0.6141
0.3	0.6179	0.6217	0.6255	0.6293	0.6331	0.6368	0.6406	0.6443	0.6480	0.6517
0.4	0.6554	0.6591	0.6628	0.6664	0.6700	0.6736	0.6772	0.6808	0.6844	0.6879
0.5	0.6915	0.6950	0.6985	0.7019	0.7054	0.7088	0.7123	0.7157	0.7190	0.7224
0.6	0.7257	0.7291	0.7324	0.7357	0.7389	0.7422	0.7454	0.7486	0.7519	0.7549
0.7	0.7580	0.7611	0.7642	0.7673	0.7703	0.7734	0.7764	0.7794	0.7823	0.7852
0.8	0.7881	0.7910	0.7939	0.7967	0.7995	0.8023	0.8051	0.8078	0.8106	0.8133
0.9	0.8159	0.8186	0.8212	0.8238	0.8264	0.8289	0.8315	0.8340	0.8365	0.8389
1.0	0.8413	0.8438	0.8461	0.8485	0.8508	0.8531	0.8554	0.8577	0.8599	0.8621
1.1	0.8643	0.8665	0.8686	0.8708	0.8729	0.8749	0.8770	0.8790	0.8810	0.8830
1.2	0.8849	0.8869	0.8888	0.8907	0.8925	0.8944	0.8962	0.8980	0.8997	0.9015
1.3	0.9032	0.9049	0.9066	0.9082	0.9099	0.9115	0.9131	0.9147	0.9162	0.9177
1.4	0.9192	0.9207	0.9222	0.9236	0.9251	0.9265	0.9278	0.9292	0.9306	0.9319
1.5	0.9332	0.9345	0.9357	0.9370	0.9382	0.9394	0.9406	0.9418	0.9430	0.9441
1.6	0.9452	0.9463	0.9474	0.9484	0.9495	0.9505	0.9515	0.9525	0.9535	0.9545
1.7	0.9554	0.9564	0.9573	0.9582	0.9591	0.9599	0.9608	0.9616	0.9625	0.9633
1.8	0.9641	0.9648	0.9656	0.9664	0.9671	0.9678	0.9686	0.9693	0.9700	0.9706
1.9	0.9713	0.9719	0.9726	0.9732	0.9738	0.9744	0.9750	0.9756	0.9762	0.9767
2.0	0.9772	0.9778	0.9783	0.9788	0.9793	0.9798	0.9803	0.9808	0.9812	0.9817
2.1	0.9821	0.9826	0.9830	0.9834	0.9838	0.9842	0.9846	0.9850	0.9854	0.9857
2.2	0.9861	0.9864	0.9868	0.9871	0.9874	0.9878	0.9881	0.9884	0.9887	0.9890
2.3	0.9893	0.9896	0.9898	0.9901	0.9904	0.9906	0.9909	0.9911	0.9913	0.9916
2.4	0.9918	0.9920	0.9922	0.9925	0.9927	0.9929	0.9931	0.9932	0.9934	0.9936
2.5	0.9938	0.9940	0.9941	0.9943	0.9945	0.9946	0.9948	0.9949	0.9951	0.9952
2.6	0.9953	0.9955	0.9956	0.9957	0.9959	0.9960	0.9961	0.9962	0.9963	0.9964
2.7	0.9965	0.9966	0.9967	0.9968	0.9969	0.9970	0.9971	0.9972	0.9973	0.9974
2.8	0.9974	0.9975	0.9976	0.9977	0.9977	0.9978	0.9979	0.9979	0.9980	0.9981
2.9	0.9981	0.9982	0.9982	0.9983	0.9984	0.9984	0.9985	0.9985	0.9986	0.9986
3.0	0.9987	0.9990	0.9983	0.9995	0.9997	0.9998	0.9998	0.9999	0.9999	1.0000

附表 2 t 分布表

$$P\{t(n) > t_\alpha(n)\} = \alpha$$

n	$\alpha=0.25$	$\alpha=0.10$	$\alpha=0.05$	$\alpha=0.025$	$\alpha=0.01$	$\alpha=0.005$
1	1.0000	3.0777	6.3188	12.7062	31.8207	63.6547
2	0.8165	1.8856	2.9200	4.3027	6.9646	9.9248
3	0.7649	1.6377	2.3534	3.1824	4.5407	5.8409
4	0.7407	1.5332	2.1318	2.7764	3.7469	4.6041
5	0.7267	1.4759	2.0150	2.5706	3.3649	4.0322
6	0.7176	1.4398	1.9432	2.4469	3.1427	3.7074
7	0.7111	1.4149	1.8946	2.3646	2.9980	3.4995
8	0.7064	1.3968	1.8595	2.3060	2.8965	3.3554
9	0.7027	1.3830	1.8331	2.2622	2.8214	3.2498
10	0.6998	1.3722	1.8125	2.2281	2.7638	3.1693
11	0.6974	1.3634	1.7959	2.2010	2.7181	3.1058
12	0.6955	1.3562	1.7823	2.1788	2.6810	3.0545
13	0.6938	1.3502	1.7709	2.1604	2.6503	3.0123
14	0.6924	1.3450	1.7613	2.1488	2.6245	2.9768
15	0.6912	1.3406	1.7531	2.1315	2.6025	2.9467
16	0.6901	1.3368	1.7459	2.1199	2.5835	2.9208
17	0.6892	1.3334	1.7396	2.1098	2.5669	2.8982
18	0.6884	1.3304	1.7341	2.1009	2.5524	2.8784
19	0.6876	1.3277	1.7291	2.0930	2.5395	2.8609
20	0.6870	1.3253	1.7247	2.0860	2.5280	2.8453
21	0.6864	1.3232	1.7207	2.0796	2.5177	2.8314
22	0.6858	1.3212	1.7171	2.0739	2.5083	2.8188
23	0.6853	1.3195	1.7139	2.0687	2.4999	2.8073
24	0.6848	1.3178	1.7109	2.0639	2.4922	2.7969
25	0.6844	1.3163	1.7081	2.0595	2.4851	2.7874
26	0.6840	1.3150	1.7058	2.0555	2.4786	2.7787
27	0.6837	1.3137	1.7033	2.0518	2.4727	2.7707
28	0.6834	1.3125	1.7011	2.0484	2.4671	2.7633
29	0.6830	1.3114	1.6991	2.0452	2.4620	2.7564
30	0.6828	1.3104	1.6973	2.0423	2.4573	2.7500
31	0.6825	1.3095	1.6955	2.0395	2.4528	2.7440
32	0.6822	1.3086	1.6939	2.0369	2.4487	2.7385
33	0.6820	1.3077	1.6924	2.0345	2.4448	2.7333
34	0.6818	1.3070	1.6909	2.0322	2.4411	2.7284

续表

n	$\alpha=0.25$	$\alpha=0.10$	$\alpha=0.05$	$\alpha=0.025$	$\alpha=0.01$	$\alpha=0.005$
35	0.6816	1.3062	1.6896	2.0301	2.4377	2.7238
36	0.6814	1.3055	1.6883	2.0281	2.4345	2.7195
37	0.6812	1.3049	1.6871	2.0262	2.4314	2.7154
38	0.6810	1.3042	1.6860	2.0244	2.4286	2.7116
39	0.6808	1.3036	1.6849	2.0227	2.4258	2.7079
40	0.6807	1.3031	1.6839	2.0211	2.4233	2.7045
41	0.6805	1.3025	1.6829	2.0195	2.4208	2.7012
42	0.6804	1.3020	1.6820	2.0181	2.4185	2.6981
43	0.6802	1.3016	1.6811	2.0167	2.4163	2.6951
44	0.6801	1.3011	1.6802	2.0154	2.4141	2.6923
45	0.6800	1.3006	1.6794	2.0141	2.4121	2.6806

附表3　χ^2 分布表

n	$\alpha=0.995$	$\alpha=0.99$	$\alpha=0.975$	$\alpha=0.95$	$\alpha=0.90$	$\alpha=0.75$	$\alpha=0.25$	$\alpha=0.10$	$\alpha=0.05$	$\alpha=0.025$	$\alpha=0.01$	$\alpha=0.005$
1	—	—	0.001	0.004	0.016	0.102	1.323	2.706	3.841	5.024	6.635	7.897
2	0.010	0.020	0.051	0.103	0.211	0.575	2.733	4.605	5.991	7.378	9.210	10.597
3	0.072	0.115	0.216	0.352	0.584	1.213	4.108	6.251	7.815	9.348	11.345	12.838
4	0.207	0.297	0.484	0.711	1.064	1.923	5.385	7.779	9.488	11.143	13.277	14.860
5	0.412	0.554	0.831	1.145	1.610	2.675	6.626	9.236	11.071	12.833	15.086	16.750
6	0.676	0.872	1.237	1.635	2.204	3.455	7.841	10.645	12.592	14.449	16.812	18.548
7	0.989	1.239	1.690	2.167	2.833	4.255	9.037	12.017	14.067	16.013	18.475	20.278
8	1.344	1.646	2.180	2.733	3.490	5.071	10.219	13.362	15.507	17.535	20.090	21.955
9	1.735	2.088	2.700	3.325	4.168	5.899	11.389	14.684	16.919	19.023	21.666	23.589
10	2.156	2.588	3.247	3.940	4.865	6.737	12.549	15.987	18.307	20.483	23.209	25.188
11	2.603	3.053	3.816	4.575	5.578	7.584	13.701	17.275	19.675	21.920	24.725	26.757
12	3.074	3.571	4.404	5.226	6.304	8.438	14.845	18.549	21.026	23.337	26.217	28.299
13	3.565	4.107	5.009	5.892	7.042	9.299	15.984	19.812	22.362	24.736	27.688	29.819
14	4.075	4.660	5.629	6.571	7.790	10.165	17.117	21.064	23.685	26.119	29.141	31.319
15	4.601	5.229	6.262	7.261	8.547	11.037	18.245	22.307	24.996	27.488	30.578	32.801
16	5.142	5.812	6.908	7.962	9.312	11.912	19.369	23.542	26.296	28.845	32.000	34.267
17	5.697	6.408	7.564	8.672	10.085	12.792	20.489	24.769	27.587	30.191	33.409	35.718
18	6.265	7.015	8.231	9.390	10.865	13.675	21.605	25.989	28.869	31.526	34.805	37.156

n	$\alpha=0.995$	$\alpha=0.99$	$\alpha=0.975$	$\alpha=0.95$	$\alpha=0.90$	$\alpha=0.75$	$\alpha=0.25$	$\alpha=0.10$	$\alpha=0.05$	$\alpha=0.025$	$\alpha=0.01$	$\alpha=0.005$
19	6.844	7.633	8.907	10.117	11.651	14.562	22.718	27.204	30.144	32.852	36.191	38.582
20	7.434	8.260	9.591	10.851	12.443	15.452	23.828	28.412	31.410	34.170	37.566	39.997
21	8.034	8.897	10.283	11.591	13.240	16.344	24.935	29.615	32.671	35.479	38.932	41.401
22	8.643	9.542	10.982	12.338	14.042	17.240	26.039	30.813	33.924	36.781	40.289	42.796
23	9.260	10.196	11.689	13.091	14.848	18.137	27.141	32.007	35.172	38.076	41.638	44.181
24	9.886	10.856	12.401	13.848	15.659	19.037	28.241	33.196	36.415	39.364	42.980	45.559
25	10.520	11.524	13.120	14.611	16.473	19.939	29.339	34.382	37.652	40.646	44.314	46.928
26	11.160	12.198	13.844	15.379	17.292	20.843	30.435	35.563	38.885	41.923	45.642	48.290
27	11.808	12.879	14.573	16.151	18.114	21.749	31.528	36.741	40.113	43.194	46.963	49.645
28	12.461	13.565	15.308	16.928	18.939	22.657	32.620	37.916	41.337	44.461	48.278	50.993
29	13.121	14.257	16.047	17.708	19.768	23.567	33.711	39.087	42.557	45.722	49.588	52.336
30	13.787	14.954	16.791	18.493	20.599	24.478	34.800	40.256	43.773	46.979	50.892	53.672
31	14.458	15.655	17.539	19.281	21.434	25.390	35.887	41.422	44.985	48.232	52.191	55.003
32	15.134	16.362	18.291	20.072	22.271	26.304	36.973	42.585	46.194	49.480	53.486	56.328
33	15.815	17.074	19.047	20.807	23.110	27.219	38.053	43.745	47.400	50.725	54.776	57.648
34	16.501	17.789	19.806	21.664	23.952	28.136	39.141	44.903	48.602	51.966	56.061	58.964
35	17.192	18.509	20.569	22.465	24.797	29.054	40.223	46.059	49.802	53.203	57.342	60.275
36	17.887	19.233	21.336	23.269	25.613	29.973	41.304	47.212	50.998	54.437	58.619	61.581
37	18.586	19.960	22.106	24.075	26.492	30.893	42.383	48.363	52.192	55.668	59.892	62.883
38	19.289	20.691	22.878	24.884	27.343	31.815	43.462	49.513	53.384	56.896	61.162	64.181
39	19.996	21.426	23.654	25.695	28.196	32.737	44.539	50.660	54.572	58.120	62.428	65.476
40	20.707	22.164	24.433	26.509	29.051	33.660	45.616	51.805	55.758	59.342	63.691	66.766
41	21.421	22.906	25.215	27.326	29.907	34.585	46.692	52.949	53.942	60.561	64.950	68.053
42	22.138	23.650	25.999	28.144	30.765	35.510	47.766	54.090	58.124	61.777	66.206	69.336
43	22.859	24.398	26.785	28.965	31.625	36.430	48.840	55.230	59.304	62.990	67.459	70.606
44	23.584	25.143	27.575	29.787	32.487	37.363	49.913	56.369	60.481	64.201	68.710	71.893
45	24.311	25.901	28.366	30.612	33.350	38.291	50.985	57.505	61.656	65.410	69.957	73.166

附表 4　F 分布表

$$P\{F(n_1,n_2)>F_\alpha(n_1,n_2)\}=\alpha$$

$$\alpha=0.10$$

n_2 \ n_1	1	2	3	4	5	6	7	8	9	10	12	15	20	24	30	40	60	120	∞
1	39.86	49.50	53.59	55.83	57.24	58.20	58.91	59.44	59.86	60.19	60.71	61.22	61.47	62.00	62.26	62.53	62.79	63.06	63.33
2	8.53	9.00	9.16	9.24	9.29	9.33	9.35	9.37	9.38	9.39	9.41	9.42	9.44	9.45	9.46	9.47	9.47	9.48	9.49
3	5.54	5.46	5.39	5.39	5.31	5.28	5.27	5.25	5.24	5.23	5.22	5.20	5.18	5.18	5.17	5.16	5.15	5.14	5.13
4	4.54	4.32	4.19	4.19	4.05	4.01	3.98	3.95	3.94	3.92	3.90	3.87	3.84	3.83	3.82	3.80	3.79	3.78	3.76
5	4.06	3.78	3.62	3.62	3.45	3.40	3.37	3.34	3.32	3.30	3.27	3.24	3.21	3.19	3.17	3.16	3.14	3.12	3.10
6	3.78	3.46	3.29	3.29	3.11	3.05	3.01	2.98	2.96	2.94	2.90	2.87	2.84	2.82	2.80	2.78	2.76	2.74	2.72
7	3.59	3.26	3.07	3.07	2.88	2.83	2.78	2.75	2.72	2.70	2.67	2.63	2.59	2.58	2.56	2.54	2.51	2.49	2.47
8	3.46	3.11	2.92	2.92	2.73	2.67	2.62	2.59	2.56	2.54	2.50	2.46	2.42	2.40	2.38	2.36	2.34	2.32	2.29
9	3.36	3.01	2.81	2.81	2.61	2.55	2.51	2.47	2.44	2.42	2.38	2.34	2.30	2.28	2.25	2.23	2.21	2.18	2.16
10	3.29	2.92	2.73	2.73	2.52	2.46	2.14	2.38	2.35	2.32	2.28	2.24	2.20	2.18	2.16	2.13	2.11	2.08	2.06
11	3.23	2.86	2.66	2.66	2.45	2.39	2.34	2.30	2.27	2.25	2.21	2.17	2.12	2.10	2.08	2.05	2.03	2.00	1.97
12	3.18	2.81	2.61	2.61	2.39	2.33	2.28	2.24	2.21	2.19	2.15	2.10	2.06	2.04	2.01	1.99	1.96	1.93	1.90
13	3.14	2.76	2.56	2.56	2.35	2.28	2.23	2.20	2.16	2.14	2.10	2.05	2.01	1.98	1.96	1.93	1.90	1.88	1.85
14	3.10	2.73	2.52	2.52	2.31	2.24	2.19	2.15	2.12	2.10	2.05	2.01	1.96	1.94	1.91	1.89	1.86	1.83	1.80
15	3.07	2.70	2.49	2.49	2.27	2.21	2.16	2.12	2.09	2.06	2.02	1.97	1.92	1.90	1.87	1.85	1.82	1.79	1.76
16	3.05	2.67	2.46	2.46	2.24	2.18	2.13	2.09	2.06	2.03	1.99	1.94	1.89	1.87	1.84	1.81	1.78	1.75	1.72
17	3.03	2.64	2.44	2.44	2.22	2.15	2.10	2.06	2.03	2.00	1.96	1.91	1.86	1.84	1.81	1.78	1.75	1.72	1.69
18	3.01	2.62	2.42	2.42	2.20	2.13	2.08	2.04	2.00	1.98	1.93	1.89	1.84	1.81	1.78	1.75	1.72	1.69	1.66
19	2.99	2.61	2.40	2.40	2.18	2.11	2.06	2.02	1.98	1.96	1.91	1.86	1.81	1.79	1.76	1.73	1.70	1.67	1.63
20	2.97	2.59	2.38	2.25	2.16	2.09	2.04	2.00	1.96	1.94	1.89	1.84	1.79	1.77	1.74	1.71	1.68	1.64	1.61
21	2.96	2.57	2.36	2.23	2.14	2.08	2.02	1.98	1.95	1.92	1.87	1.83	1.78	1.75	1.72	1.69	1.66	1.62	1.59
22	2.95	2.56	2.35	2.22	2.13	2.06	2.01	1.97	1.93	1.90	1.86	1.81	1.76	1.73	1.70	1.67	1.64	1.60	1.57
23	2.94	2.55	2.34	2.21	2.11	2.05	1.99	1.95	1.92	1.89	1.84	1.80	1.74	1.72	1.69	1.66	1.62	1.59	1.55
24	2.93	2.54	2.33	2.19	2.10	2.04	1.98	1.94	1.91	1.88	1.83	1.78	1.73	1.70	1.67	1.64	1.61	1.57	1.53
25	2.92	2.53	2.32	2.18	2.09	2.02	1.97	1.93	1.89	1.87	1.82	1.77	1.72	1.69	1.66	1.63	1.59	1.56	1.52
26	2.91	2.52	2.31	2.17	2.08	2.01	1.96	1.92	1.88	1.86	1.81	1.76	1.71	1.68	1.65	1.61	1.58	1.54	1.50
27	2.90	2.51	2.30	2.17	2.07	2.00	1.95	1.91	1.87	1.85	1.80	1.75	1.70	1.67	1.64	1.60	1.57	1.53	1.49
28	2.89	2.50	2.29	2.16	2.06	2.00	1.94	1.90	1.87	1.84	1.79	1.74	1.69	1.66	1.63	1.59	1.56	1.52	1.48
29	2.89	2.50	2.28	2.15	2.06	1.99	1.93	1.89	1.86	1.83	1.78	1.73	1.68	1.65	1.62	1.58	1.55	1.51	1.47
30	2.88	2.49	2.28	2.14	2.05	1.98	1.93	1.88	1.85	1.82	1.77	1.72	1.67	1.64	1.61	1.57	1.54	1.50	1.46
40	2.84	2.44	2.23	2.09	2.00	1.93	1.87	1.83	1.79	1.76	1.71	1.66	1.61	1.57	1.54	1.51	1.47	1.42	1.38
60	2.79	2.39	2.18	2.04	1.95	1.87	1.82	1.77	1.74	1.71	1.66	1.60	1.54	1.51	1.48	1.44	1.40	1.35	1.29
120	2.75	2.35	2.13	1.99	1.90	1.82	1.77	1.72	1.68	1.65	1.60	1.55	1.48	1.45	1.41	1.37	1.32	1.26	1.19
∞	2.71	2.30	2.08	1.94	1.85	1.77	1.72	1.67	1.63	1.60	1.55	1.49	1.42	1.38	1.34	1.30	1.24	1.17	1.00

$\alpha = 0.05$ 续表

n_2＼n_1	1	2	3	4	5	6	7	8	9	10	12	15	20	24	30	40	60	120	∞
1	161.4	199.5	215.7	224.6	230.2	234.0	236.8	238.9	240.5	241.9	243.9	245.9	248.0	249.1	250.1	251.1	252.2	253.3	254.3
2	18.51	19.00	19.16	19.25	19.30	19.33	19.35	19.37	19.38	19.40	19.41	19.43	19.45	19.45	19.46	19.47	19.48	19.49	19.50
3	10.13	9.55	9.28	9.12	9.01	8.94	8.89	8.85	8.81	8.79	8.74	8.70	8.66	8.64	8.62	8.59	8.57	8.55	8.53
4	7.71	6.94	6.59	6.39	6.26	6.16	6.09	6.04	6.00	5.96	5.91	5.86	5.80	5.77	5.75	5.72	5.69	5.66	5.63
5	6.61	5.79	5.41	5.19	5.05	4.95	4.88	4.82	4.77	4.74	4.68	4.62	4.56	4.53	4.50	4.46	4.43	4.40	4.36
6	5.99	5.14	4.76	4.53	4.39	4.28	4.21	4.15	4.10	4.06	4.00	3.94	3.87	3.84	3.81	3.77	3.74	3.70	3.67
7	5.59	4.74	4.35	4.12	3.97	3.87	3.79	3.73	3.68	3.64	3.57	3.51	3.44	3.41	3.38	3.34	3.30	3.27	3.23
8	5.32	7.46	4.07	3.84	3.69	3.58	3.50	3.44	3.39	3.35	3.28	3.22	3.15	3.12	3.08	3.04	3.01	2.97	2.94
9	5.12	4.26	3.86	3.63	3.48	3.37	3.29	3.23	3.18	3.14	3.07	3.01	2.94	2.90	2.86	2.83	2.79	2.75	2.71
10	4.96	4.10	3.71	3.48	3.33	3.22	3.14	3.07	3.02	2.98	2.91	2.85	2.77	2.74	2.70	2.66	2.62	2.58	2.54
11	4.84	3.98	3.59	3.36	3.20	3.09	3.01	2.95	2.90	2.85	2.79	2.72	2.65	2.61	2.57	2.53	2.49	2.45	2.40
12	4.75	3.89	3.49	3.26	3.11	3.00	2.91	2.85	2.80	2.75	2.69	2.62	2.54	2.51	2.47	2.43	2.38	2.34	2.30
13	4.67	3.81	3.41	3.18	3.03	2.92	2.83	2.77	2.71	2.67	2.60	2.53	2.46	2.42	2.38	2.34	2.30	2.25	2.21
14	4.60	3.74	3.34	3.11	2.96	2.85	2.76	2.70	2.65	2.60	2.53	2.46	2.39	2.35	2.31	2.27	2.22	2.18	2.13
15	4.54	3.68	3.29	3.06	2.90	2.79	2.71	2.64	2.59	2.54	2.48	2.40	2.33	2.29	2.25	2.20	2.16	2.11	2.07
16	4.49	3.63	3.24	3.01	2.85	2.74	2.66	2.59	2.54	2.49	2.42	2.35	2.28	2.24	2.19	2.15	2.11	2.06	2.01
17	4.45	3.59	3.20	2.96	2.81	2.70	2.61	2.55	2.49	2.45	2.38	2.31	2.23	2.19	2.15	2.10	2.06	2.01	1.96
18	4.41	3.55	3.16	2.93	2.77	2.66	2.58	2.51	2.46	2.41	2.34	2.27	2.19	2.15	2.11	2.06	2.02	1.97	1.92
19	4.38	3.52	3.13	2.90	2.74	2.63	2.54	2.48	2.42	2.38	2.31	2.23	2.16	2.11	2.07	2.03	1.98	1.93	1.88
20	4.35	3.49	3.10	2.87	2.71	2.60	2.51	2.45	2.39	2.35	2.28	2.20	2.12	2.08	2.04	1.99	1.95	1.90	1.84
21	4.32	3.47	3.07	2.84	2.68	2.57	2.49	2.42	2.37	2.32	2.25	2.18	2.10	2.05	2.01	1.96	1.92	1.87	1.81
22	4.30	3.44	3.05	2.82	2.66	2.55	2.46	2.40	2.34	2.30	2.23	2.15	2.07	2.03	1.98	1.94	1.89	1.84	1.78
23	4.28	3.42	3.03	2.80	2.64	2.53	2.44	2.37	2.32	2.27	2.20	2.13	2.05	2.01	1.96	1.91	1.86	1.81	1.76
24	4.26	3.40	3.01	2.78	2.62	2.51	2.42	2.36	2.30	2.25	2.18	2.11	2.03	1.98	1.94	1.89	1.84	1.79	1.73
25	4.24	3.39	2.99	2.76	2.60	2.49	2.40	2.34	2.28	2.24	2.16	2.09	2.01	1.96	1.92	1.87	1.82	1.77	1.71
26	4.23	3.37	2.98	2.74	2.59	2.47	2.39	2.32	2.27	2.22	2.15	2.07	1.99	1.95	1.90	1.85	1.80	1.75	1.69
27	4.21	3.35	2.96	2.73	2.57	2.46	2.37	2.31	2.25	2.20	2.13	2.06	1.97	1.93	1.88	1.84	1.79	1.73	1.67
28	4.20	3.34	2.95	2.71	2.56	2.45	2.36	2.29	2.24	2.19	2.12	2.04	1.96	1.91	1.87	1.82	1.77	1.71	1.65
29	4.18	3.33	2.93	2.70	2.55	2.43	2.35	2.28	2.22	2.18	2.10	2.03	1.94	1.90	1.85	1.81	1.75	1.70	1.64
30	4.17	3.32	2.92	2.69	2.53	2.42	2.33	2.27	2.21	2.16	2.09	2.01	1.93	1.89	1.84	1.79	1.74	1.68	1.62
40	4.08	3.23	2.84	2.61	2.45	2.34	2.25	2.18	2.12	2.08	2.00	1.92	1.84	1.79	1.74	1.69	1.64	1.58	1.51
60	4.00	3.15	2.76	2.53	2.37	2.25	2.17	2.10	2.04	1.99	1.92	1.84	1.75	1.70	1.65	1.59	1.53	1.47	1.39
120	3.92	3.07	2.68	2.45	2.29	2.17	2.09	2.02	1.96	1.91	1.83	1.75	1.66	1.61	1.55	1.50	1.43	1.35	1.25
∞	3.84	3.00	2.60	2.27	2.21	2.10	2.01	1.94	1.88	1.83	1.75	1.64	1.57	1.52	1.46	1.39	1.32	1.22	1.00

$\alpha = 0.025$　　　　　　　　　　　　　续表

n_1 / n_2	1	2	3	4	5	6	7	8	9	10	12	15	20	24	30	40	60	120	∞
1	647.8	799.5	864.2	899.6	921.8	937.1	948.2	956.7	963.3	368.6	976.7	984.9	993.1	997.2	1001	1006	1010	1014	1018
2	38.51	39.00	39.17	39.25	39.30	39.33	39.36	39.37	39.39	39.40	39.41	39.43	39.45	39.46	39.46	39.47	39.48	39.49	39.50
3	17.44	16.04	15.44	15.10	14.88	14.73	14.62	14.54	14.47	14.42	14.34	14.25	14.17	14.12	14.08	14.04	13.99	13.95	13.90
4	12.22	10.65	9.98	9.60	9.36	9.20	9.07	8.98	8.90	8.84	8.75	8.66	8.56	8.51	8.46	8.41	8.36	8.31	8.26
5	10.01	8.43	7.76	7.39	7.15	6.98	6.85	6.76	6.68	6.62	6.52	6.43	6.33	6.28	6.23	6.18	6.12	6.07	6.02
6	8.81	7.26	6.60	6.23	5.99	5.82	5.70	5.60	5.52	5.46	5.37	5.27	5.17	5.12	5.07	5.01	4.96	4.90	4.85
7	8.07	6.54	5.89	5.52	5.29	5.12	4.99	4.90	4.82	4.76	4.67	4.57	4.47	4.42	4.36	4.31	4.25	4.20	4.14
8	7.57	6.06	5.42	5.05	4.82	4.65	4.53	4.43	4.36	4.30	4.20	4.10	4.00	3.95	3.89	3.84	3.78	3.73	3.67
9	7.21	5.71	5.08	4.72	4.48	4.23	4.20	4.10	4.03	3.96	3.87	3.77	3.67	3.61	3.56	3.51	3.45	3.39	3.33
10	6.94	5.46	4.83	4.47	4.24	4.07	3.95	3.85	3.78	3.72	3.62	3.52	3.42	3.37	3.31	3.26	3.20	3.14	3.08
11	6.72	5.26	4.63	4.28	4.04	3.88	3.76	3.66	3.59	3.53	3.43	3.33	3.23	3.17	3.12	3.06	3.00	2.94	2.88
12	6.55	5.10	4.47	4.12	3.89	3.73	3.61	3.51	3.44	3.37	3.28	3.18	3.07	3.02	2.96	2.91	2.85	2.79	2.72
13	6.41	4.97	4.35	4.00	3.77	3.60	3.48	3.39	3.31	3.25	3.15	3.05	2.95	2.89	2.84	2.78	2.72	2.66	2.60
14	6.30	4.86	4.24	3.89	3.66	3.50	3.38	3.29	3.21	3.15	3.05	2.95	2.84	2.79	2.73	2.67	2.61	2.55	2.49
15	6.20	4.77	4.15	3.80	3.58	3.41	3.29	3.20	3.12	3.06	2.96	2.86	2.76	2.70	2.64	2.59	2.52	2.46	2.40
16	6.12	4.69	4.08	3.73	3.50	3.34	3.22	3.12	3.05	2.99	2.89	2.79	2.68	2.63	2.57	2.51	2.45	2.38	2.32
17	6.04	4.62	4.01	3.66	3.44	3.28	3.16	3.06	2.98	2.92	2.82	2.72	2.62	2.56	2.50	2.44	2.38	2.32	2.25
18	5.98	4.56	3.95	3.61	3.38	3.22	3.10	3.01	2.93	2.87	2.77	2.67	2.56	2.50	2.44	2.38	2.32	2.26	2.19
19	5.92	4.51	3.90	3.56	3.33	3.17	3.05	2.96	2.88	2.82	2.72	2.62	2.51	2.45	2.39	2.33	2.27	2.20	2.13
20	5.87	4.46	3.86	3.51	3.29	3.13	3.01	2.91	2.84	2.77	2.68	2.57	2.46	2.41	2.35	2.29	2.22	2.16	2.09
21	5.83	4.42	3.82	3.48	3.25	3.09	2.97	2.87	2.80	2.73	2.64	2.53	2.42	2.37	2.31	2.25	2.18	2.11	2.04
22	5.79	4.38	3.78	3.44	3.22	3.05	2.93	2.84	2.76	2.70	2.60	2.50	2.39	2.33	2.27	2.22	2.14	2.08	2.00
23	5.75	4.35	3.75	3.41	3.18	3.02	2.90	2.81	2.73	2.67	2.57	2.47	2.36	2.30	2.24	2.18	2.11	2.04	1.97
24	5.72	4.32	3.72	3.38	3.15	2.99	2.87	2.78	2.70	2.64	2.54	2.44	2.33	2.27	2.21	2.15	2.08	2.01	1.94
25	5.69	4.29	3.69	3.35	3.13	2.97	2.85	2.75	2.68	2.61	2.51	2.41	2.30	2.24	2.18	2.12	2.05	1.98	1.91
26	5.66	4.27	3.67	3.33	3.10	2.94	2.82	2.73	2.65	2.59	2.49	2.39	2.28	2.22	2.16	2.09	2.03	1.95	1.88
27	5.63	4.24	3.65	3.31	3.08	2.92	2.80	2.71	2.63	2.57	2.47	2.36	2.25	2.19	2.13	2.07	2.00	1.93	1.85
28	5.61	4.22	3.63	3.29	3.06	2.90	2.78	2.69	2.61	2.55	2.45	2.34	2.23	2.17	2.11	2.05	1.98	1.91	1.83
29	5.59	4.20	3.61	3.27	3.04	2.88	2.76	2.67	2.59	2.53	2.43	2.32	2.21	2.15	2.09	2.03	1.96	1.89	1.81
30	5.57	4.18	3.59	3.25	3.03	2.87	2.75	2.65	2.57	2.51	2.41	2.31	2.20	2.14	2.07	2.01	1.94	1.87	1.79
40	5.42	4.05	3.46	3.13	2.90	2.74	2.62	2.53	2.45	2.39	2.29	2.18	2.07	2.01	1.94	1.88	1.0	1.72	1.64
60	5.29	3.93	3.34	3.01	2.79	2.63	2.51	2.41	2.33	2.27	2.17	2.06	1.94	1.88	1.82	1.74	1.76	1.58	1.48
120	5.15	3.80	3.23	2.89	2.67	2.52	2.39	2.30	2.22	2.16	2.05	1.94	1.82	1.76	1.69	1.61	1.53	1.41	1.31
∞	5.02	3.69	3.12	2.79	2.57	2.41	2.29	2.19	2.11	2.05	1.94	1.83	1.71	1.64	1.57	1.48	1.39	1.27	1.00

$\alpha=0.01$

n_1 / n_2	1	2	3	4	5	6	7	8	9	10	12	15	20	24	30	40	60	120	∞
1	4052	4999.5	5403	5625	5764	5859	5928	5982	6022	6056	6106	6157	6209	6235	6261	6287	6313	6339	6366
2	98.50	99.00	99.17	99.25	99.30	99.33	99.36	99.37	99.39	99.40	99.42	99.43	99.45	99.46	99.47	99.47	99.48	99.49	99.50
3	34.12	30.82	29.46	28.71	28.24	27.91	27.67	27.49	27.35	27.23	27.05	26.87	26.69	26.60	26.50	26.41	26.32	26.22	26.13
4	21.20	18.00	16.69	15.98	15.52	15.21	14.98	14.80	14.66	14.55	14.37	14.20	14.02	13.93	13.84	13.75	13.65	13.56	13.46
5	16.26	13.27	12.06	11.39	10.97	10.67	10.46	10.29	10.16	10.05	9.89	9.72	9.55	9.47	9.38	9.29	9.20	9.11	9.02
6	13.75	10.92	9.78	9.15	8.75	8.47	8.26	8.10	7.98	7.87	7.72	7.56	7.40	7.31	7.23	7.14	7.06	6.97	6.88
7	12.25	9.55	8.45	7.85	7.46	7.19	6.99	6.84	6.72	6.62	6.47	6.31	6.16	6.07	5.99	5.91	5.82	5.74	5.65
8	11.26	8.65	7.59	7.01	6.63	6.37	6.18	6.03	5.91	5.81	5.67	5.52	5.36	5.28	5.20	5.12	5.03	4.95	4.86
9	10.56	8.02	6.99	6.42	6.06	5.80	5.61	5.47	5.35	5.26	5.11	4.96	4.81	4.73	4.65	4.57	4.48	4.40	4.31
10	10.04	7.56	6.55	5.99	5.64	5.39	5.20	5.06	4.94	4.85	4.71	4.56	4.41	4.33	4.25	4.17	4.08	4.00	3.91
11	9.65	7.21	6.22	5.67	5.32	5.07	4.89	4.74	4.63	4.54	4.40	4.25	4.10	4.02	3.94	3.86	3.78	3.69	3.60
12	9.33	6.93	5.95	5.41	5.06	4.82	4.64	4.50	4.39	4.30	4.16	4.01	3.86	3.78	3.70	3.62	3.54	3.45	3.36
13	9.07	6.70	5.74	5.21	4.86	4.62	4.44	4.30	4.19	4.10	3.96	3.82	3.66	3.59	3.51	3.43	3.34	3.25	3.17
14	8.86	6.51	5.56	5.04	4.69	4.46	4.28	4.14	4.03	3.94	3.80	3.66	3.51	3.43	3.35	3.27	3.18	3.09	3.00
15	8.68	6.36	5.42	4.89	4.56	4.32	4.14	4.00	3.89	3.80	3.67	3.52	3.37	3.29	3.21	3.13	3.06	2.96	2.87
16	8.53	6.23	5.29	4.77	4.44	4.20	4.03	3.89	3.78	3.69	3.55	3.41	3.26	3.18	3.10	3.02	2.93	2.84	2.75
17	8.40	6.11	5.18	4.67	4.34	4.10	3.93	3.79	3.68	3.59	3.46	3.31	3.16	3.08	3.00	2.92	2.83	2.75	2.65
18	8.29	6.01	5.09	4.58	4.25	4.01	3.84	3.71	3.60	3.51	3.37	3.23	3.08	3.00	2.92	2.84	2.75	2.66	2.57
19	8.18	5.93	5.01	4.50	4.17	3.94	3.77	3.63	3.52	3.43	3.30	3.15	3.00	2.92	2.84	2.76	2.67	2.58	2.49
20	8.10	5.85	4.94	4.43	4.10	3.87	3.70	3.56	3.46	3.37	3.23	3.09	2.94	2.86	2.78	2.69	2.61	2.52	2.42
21	8.02	5.78	4.87	4.37	4.04	3.81	3.64	3.51	3.40	3.31	3.17	3.03	2.88	2.80	2.72	2.64	2.55	2.46	2.36
22	7.95	5.72	4.82	4.31	3.99	3.76	3.59	3.45	3.35	3.26	3.12	2.98	2.83	2.75	2.67	2.58	2.50	2.40	2.31
23	7.88	5.66	4.76	4.26	3.94	3.71	3.54	3.41	3.30	3.21	3.07	2.93	2.78	2.70	2.62	2.54	2.45	2.35	2.26
24	7.82	5.61	4.72	4.22	3.90	3.67	3.50	3.36	3.26	3.17	3.03	2.89	2.74	2.66	2.58	2.49	2.40	2.31	2.21
25	7.77	5.57	4.68	4.18	3.85	3.63	3.46	3.32	3.22	3.13	2.99	2.85	2.70	2.62	2.54	2.45	2.36	2.27	2.17
26	7.72	5.53	4.64	4.14	3.82	3.59	3.42	3.29	3.18	3.09	2.96	2.81	2.66	2.58	2.50	2.42	2.33	2.23	2.13
27	7.68	5.49	4.60	4.11	3.78	3.56	3.39	3.26	3.15	3.06	2.93	2.78	2.63	2.55	2.47	2.38	2.29	2.20	2.10
28	7.64	5.45	4.57	4.07	3.75	3.53	3.36	3.23	3.12	3.03	2.90	2.75	2.60	2.52	2.44	2.35	2.26	2.17	2.06
29	7.60	5.42	4.54	4.04	3.73	3.50	3.33	3.20	3.09	3.00	2.87	2.73	2.57	2.49	2.41	2.33	2.23	2.14	2.03
30	7.56	5.39	4.51	4.02	3.70	3.47	3.30	3.17	3.07	2.98	2.84	2.70	2.55	2.47	2.39	2.30	2.21	2.11	2.01
40	7.31	5.18	4.31	3.83	3.51	3.29	3.12	2.99	2.89	2.80	2.66	2.52	2.37	2.29	2.20	2.11	2.02	1.92	1.80
60	7.08	4.98	4.13	3.65	3.34	3.12	2.95	2.82	2.72	2.63	2.50	2.35	2.20	2.12	2.03	1.94	1.84	1.73	1.60
120	6.85	4.79	3.95	3.48	3.17	2.96	2.79	2.66	2.56	2.47	2.34	2.19	2.03	1.95	1.86	1.76	1.66	1.53	1.38
∞	6.63	4.61	3.78	3.32	3.02	2.80	2.64	2.51	2.41	2.32	2.18	2.04	1.88	1.79	1.70	1.59	1.47	1.32	1.00

$$\alpha = 0.005 \qquad \text{续表}$$

n_1 / n_2	1	2	3	4	5	6	7	8	9	10	12	15	20	24	30	40	60	120	∞
1	16211	20000	21615	22500	23056	23437	23715	23925	24091	24224	24426	24630	24836	24940	25044	25148	25253	25359	25465
2	198.5	199.0	199.2	199.2	199.3	199.3	199.4	199.4	199.4	199.4	199.4	199.4	199.4	199.5	199.5	199.5	199.5	199.5	199.5
3	55.55	49.80	47.47	46.19	45.39	44.84	44.43	44.13	43.88	43.69	43.39	43.08	42.78	42.62	42.47	42.31	42.15	41.99	41.83
4	31.33	26.28	24.26	23.15	22.46	21.97	21.62	21.35	21.14	20.97	20.70	20.44	20.17	20.03	19.89	19.75	19.61	19.47	19.32
5	22.78	18.31	16.53	15.56	14.94	14.51	14.20	13.96	13.77	13.62	13.38	13.15	12.90	12.78	12.66	12.53	12.40	12.27	12.14
6	18.63	14.54	12.92	12.03	11.46	11.07	10.79	10.57	10.39	10.25	10.03	9.81	9.59	9.47	9.36	9.24	9.12	9.00	8.88
7	16.24	12.40	10.88	10.05	9.52	9.16	8.89	8.68	8.51	8.38	8.18	7.97	7.75	7.65	7.53	7.42	7.31	7.19	7.08
8	14.69	11.04	9.60	8.81	8.30	7.95	7.67	7.50	7.34	7.21	7.01	6.81	6.61	6.50	6.40	6.29	6.18	6.06	5.95
9	13.61	10.11	8.72	7.96	7.47	7.13	6.88	6.69	6.54	6.42	6.23	6.03	5.83	5.73	5.62	5.52	5.41	5.30	5.19
10	12.83	9.43	8.08	7.34	6.87	6.54	6.30	6.12	5.97	5.85	5.66	5.47	5.27	5.17	5.07	4.97	4.86	4.75	4.64
11	12.23	8.91	7.60	6.88	6.42	6.10	5.86	5.68	5.54	5.42	5.24	5.05	4.86	4.76	4.65	4.55	4.44	4.34	4.23
12	11.75	8.51	7.23	6.52	6.07	5.76	5.52	5.35	5.20	5.09	4.91	4.72	4.53	4.43	4.33	4.23	4.12	4.01	3.90
13	11.37	8.19	6.93	6.23	5.79	5.48	5.25	5.08	4.94	4.82	4.64	4.46	4.27	4.17	4.07	3.97	3.87	3.76	3.65
14	11.06	7.92	6.68	6.00	5.56	5.26	5.03	4.86	4.72	4.60	4.43	4.25	4.06	3.96	3.86	3.76	3.66	3.55	3.44
15	10.80	7.70	6.48	5.80	5.37	5.07	4.85	4.67	4.54	4.42	4.25	4.07	3.88	3.79	3.69	3.58	3.48	3.37	3.26
16	10.58	7.51	6.30	5.64	5.21	4.91	4.69	4.52	4.38	4.27	4.10	3.92	3.73	3.64	3.54	3.44	3.33	3.22	3.11
17	10.38	7.35	6.16	5.50	5.07	4.78	4.56	4.39	4.25	4.14	3.97	3.79	3.61	3.51	3.41	3.31	3.21	3.10	2.98
18	10.22	7.21	6.03	5.37	4.96	4.66	4.44	4.28	4.14	4.03	3.86	3.68	3.50	3.40	3.30	3.20	3.10	2.99	2.87
19	10.07	7.09	5.92	5.27	4.85	4.56	4.34	4.18	4.04	3.93	3.76	3.59	3.40	3.31	3.21	3.11	3.00	2.89	2.78
20	9.94	6.99	5.82	5.17	4.76	4.47	4.26	4.09	3.96	3.85	3.68	3.50	3.32	3.22	3.12	3.02	2.92	2.81	2.69
21	9.83	6.89	5.73	5.09	4.68	4.39	4.18	4.01	3.88	3.77	3.60	3.43	3.24	3.15	3.05	2.95	2.84	2.73	2.61
22	9.73	6.81	5.65	5.02	4.61	4.32	4.11	3.94	3.81	3.70	3.54	3.36	3.18	3.08	2.98	2.88	2.77	2.66	2.55
23	9.63	6.73	5.58	4.95	4.54	4.26	4.05	3.88	3.75	3.64	3.47	3.30	3.12	3.02	2.92	2.82	2.71	2.60	2.48
24	9.55	6.66	5.52	4.89	4.49	4.20	3.99	3.83	3.69	3.59	3.42	3.25	3.06	2.97	2.87	2.77	2.66	2.55	2.43
25	9.48	6.60	5.46	4.84	4.43	4.15	3.94	3.78	3.64	3.54	3.37	3.20	3.01	2.92	2.82	2.72	2.61	2.50	2.38
26	9.41	6.54	5.41	4.79	4.38	4.10	3.89	3.73	3.60	3.49	3.33	3.15	2.97	2.87	2.77	2.67	2.56	2.45	2.33
27	9.34	6.49	5.36	4.74	4.34	4.06	3.85	3.69	3.56	3.45	3.28	3.11	2.93	2.83	2.73	2.63	2.52	2.41	2.29
28	9.28	6.44	5.32	4.70	4.30	4.02	3.81	3.65	3.52	3.41	3.25	3.07	2.89	2.79	2.69	2.59	2.48	2.37	2.25
29	9.23	6.40	5.28	4.66	4.26	3.98	3.77	3.61	3.48	3.38	3.21	3.04	2.86	2.76	2.66	2.56	2.45	2.33	2.21
30	9.18	6.35	5.24	4.62	4.23	3.95	3.74	3.58	3.45	3.34	3.18	3.01	2.82	2.73	2.63	2.52	2.42	2.30	2.18
40	8.83	6.07	4.98	4.37	3.99	3.71	3.51	3.35	3.22	3.12	2.95	2.78	2.60	2.50	2.40	2.30	2.18	2.06	1.93
60	8.49	5.79	4.73	4.14	3.76	3.49	3.29	3.13	3.01	2.90	2.74	2.57	2.39	2.29	2.19	2.08	1.96	1.83	1.69
120	8.18	5.54	4.50	3.92	3.55	3.28	3.09	2.93	2.81	2.71	2.54	2.37	2.19	2.09	1.98	1.87	1.75	1.61	1.43
∞	7.88	5.30	4.28	3.72	3.35	3.09	2.90	2.74	2.62	2.52	2.36	2.19	2.00	1.90	1.79	1.67	1.53	1.36	1.00

附表 5　符号检验临界值表

$$P\{S \leqslant s_{m,\alpha}\} = \alpha$$

α / m	0.01	0.05	0.10	0.25	α / m	0.01	0.05	0.10	0.25	α / m	0.01	0.05	0.10	0.25	α / m	0.01	0.05	0.10	0.25
1					24	5	6	7	8	47	14	16	17	19	69	23	25	27	29
2					25	5	7	7	9	48	14	16	17	19	70	23	26	27	29
3				0	26	6	7	8	9	49	15	17	18	19	71	24	26	28	30
4				0	27	6	7	8	10	50	15	17	18	20	72	24	27	28	30
5			0	0	28	6	8	9	10	51	15	18	19	20	73	25	27	28	31
6		0	0	1	29	7	8	9	10	52	16	18	19	21	74	25	28	29	31
7		0	0	1	30	7	9	10	11	53	16	18	20	21	75	25	28	29	32
8	0	0	1	1	31	7	9	10	11	54	17	19	20	22	76	26	28	30	32
9	0	1	1	2	32	8	9	10	12	55	17	19	20	22	77	26	29	30	32
10	0	1	1	2	33	8	10	11	12	56	17	20	21	23	78	27	29	31	33
11	0	1	2	3	34	9	10	11	13	57	18	20	21	23	79	27	30	31	33
12	1	2	2	3	35	9	11	12	13	58	18	21	22	24	80	28	30	32	34
13	1	2	3	3	36	9	11	12	14	59	19	21	22	24	81	28	31	32	34
14	1	2	3	4	37	10	12	13	14	60	19	21	23	25	82	28	31	33	35
15	2	3	3	4	38	10	12	13	14	61	20	22	23	25	83	29	32	33	35
16	2	3	4	5	39	11	12	13	15	62	20	22	24	25	84	29	32	33	36
17	2	4	4	5	40	11	13	14	15	63	20	23	24	26	85	30	32	34	36
18	3	4	5	6	41	11	13	14	16	64	21	23	24	26	86	30	33	34	37
19	3	4	5	6	42	12	14	15	16	65	21	24	25	27	87	31	33	35	37
20	3	5	5	6	43	12	14	15	17	66	22	24	25	27	88	31	34	35	38
21	4	5	6	7	44	13	15	16	17	67	22	25	26	28	89	31	34	36	38
22	4	5	6	7	45	13	15	16	18	68	22	25	26	28	90	32	35	36	39
23	4	6	7	8	46	13	15	16	18										

附表 6　Wilcoxon 符号秩和检验临界值表

$$P\{S \leqslant s_{m,\alpha}\} = \alpha$$

n	$\alpha = 0.05$		$\alpha = 0.10$	
	T_L	T_U	T_L	T_U
6	1	20	2	19
7	2	26	4	24
8	4	32	6	30
9	6	39	8	37
10	8	47	11	44
11	11	55	14	52
12	14	64	17	61
13	17	74	21	70
14	21	84	26	79
15	25	95	30	90
16	30	106	36	100

n	$\alpha=0.05$		$\alpha=0.10$	
	T_L	T_U	T_L	T_U
17	35	118	41	112
18	40	131	47	124
19	46	144	54	136
20	52	158	60	150
21	59	172	68	163
22	66	187	75	178
23	73	203	83	193
24	81	219	92	208
25	90	235	101	224
26	98	253	110	241
27	107	271	120	258
28	117	289	130	276
29	127	308	141	294
30	137	328	152	313

附表 7　Wilcoxon 秩和检验临界值表

$$P\{T_1 < T < T_2\} = 1 - \alpha$$

n_1	n_2	$\alpha=0.10$		$\alpha=0.20$		n_1	n_2	$\alpha=0.10$		$\alpha=0.20$	
		T_1	T_2	T_1	T_2			T_1	T_2	T_1	T_2
2	4			3	11	5	5	18	37	19	36
	5			3	13		6	19	41	20	40
	6	3	15	4	14		7	20	45	22	43
	7	3	17	4	16		8	21	49	23	47
	8	3	19	4	18		9	22	53	25	50
	9	3	21	4	20		10	24	56	26	54
	10	4	22	5	21	6	6	26	52	28	50
3	3			6	15		7	28	56	30	54
	4	6	18	7	17		8	29	61	32	58
	5	6	21	7	20		9	31	65	33	63
	6	7	23	8	22		10	33	69	35	67
	7	8	25	9	24	7	7	37	68	39	66
	8	8	28	9	27		8	39	73	41	71
	9	9	30	10	29		9	41	78	43	76
	10	9	33	11	31		10	43	83	46	80
4	4	11	25	12	24	8	8	49	87	52	84
	5	12	28	13	27		9	51	93	54	90
	6	12	32	14	30		10	54	98	57	95
	7	13	35	15	33	9	9	63	108	66	105
	8	14	38	16	36		10	68	114	69	111
	9	15	41	17	39	10	10	79	131	83	127
	10	16	44	18	42						

附表 8 Kruskal-Wallis 单向方差秩检验临界值表

$$P\{H \geqslant c\} = \alpha$$

n_1	n_2	n_3	$\alpha=0.05$	$\alpha=0.01$	n_1	n_2	n_3	$\alpha=0.05$	$\alpha=0.01$	n_1	n_2	n_3	$\alpha=0.05$	$\alpha=0.01$
3	3	3	5.600	7.200	5	5	1	5.127	7.309	6	5	5	5.729	8.028
3	3	2	5.361	—	5	4	4	5.657	7.760	6	5	4	5.661	7.936
3	3	1	5.143	—	5	4	3	5.656	7.445	6	5	3	5.602	7.590
3	2	2	4.714	—	5	4	2	5.273	7.205	6	5	2	5.338	7.376
4	4	4	5.692	7.577	5	4	1	4.985	6.955	6	5	1	4.990	7.182
4	4	3	5.598	7.144	5	3	3	5.648	7.079	6	4	4	5.681	7.795
4	4	2	5.455	7.036	5	3	2	5.251	6.909	6	4	3	5.610	7.500
4	4	1	4.967	6.667	5	3	1	4.960	—	6	4	2	5.340	7.340
4	3	3	5.791	6.745	5	2	2	5.160	6.533	6	4	1	7.947	7.106
4	3	2	5.444	6.444	5	2	1	5.000	—	6	3	3	5.615	7.410
4	3	1	5.208	—	6	6	6	5.801	8.222	6	3	2	5.348	6.970
4	2	2	5.333	—	6	6	5	5.765	8.124	6	3	1	4.855	6.873
5	5	5	5.780	8.000	6	6	4	5.724	8.000	6	2	2	5.345	6.655
5	5	4	5.666	7.823	6	6	3	5.625	7.725	6	2	1	4.822	—
5	5	3	5.705	7.578	6	6	2	5.410	7.467					
5	5	2	5.338	7.338	6	6	1	4.945	7.121					

附表 9 Friedman 检验临界值表

$$P\{F_r \geqslant c\} = \alpha$$

k	b	$\alpha=0.05$	$\alpha=0.01$	k	b	$\alpha=0.05$	$\alpha=0.01$	k	b	$\alpha=0.05$	$\alpha=0.01$
3	3	6.000	—	3	13	6.000	9.385	5	2	7.600	8.000
3	4	6.500	8.000	3	14	6.143	9.000	5	3	8.533	10.133
3	5	6.400	8.400	3	15	6.400	8.933	5	4	8.800	11.200
3	6	7.000	9.000	4	2	6.000	—	5	5	8.960	11.680
3	7	7.143	8.857	4	3	7.400	9.000	5	6	9.067	11.867
3	8	6.250	9.000	4	4	7.800	9.600	5	7	9.143	12.114
3	9	6.222	8.667	4	5	7.800	9.960	5	8	9.200	12.300
3	10	6.200	9.600	4	6	7.600	10.200	6	2	9.143	9.714
3	11	6.545	9.455	4	7	7.800	10.371	6	3	9.860	11.760
33	12	6.167	9.500	4	8	7.650	10.350				

附表 10 Spearman 秩相关系数检验临界值表

$$P\{r_s \geqslant c\} = \alpha$$

n	$\alpha=0.05$	$\alpha=0.025$	$\alpha=0.01$	$\alpha=0.005$	n	$\alpha=0.05$	$\alpha=0.025$	$\alpha=0.01$	$\alpha=0.005$
5	0.900	—	—	—	18	0.399	0.476	0.564	0.625
6	0.529	0.886	0.943	—	19	0.388	0.462	0.549	0.608
7	0.714	0.786	0.893	—	20	0.377	0.450	0.534	0.591
8	0.643	0.738	0.833	0.881	21	0.368	0.438	0.521	0.576
9	0.600	0.683	0.783	0.833	22	0.359	0.428	0.508	0.562
10	0.564	0.648	0.745	0.794	23	0.351	0.418	0.496	0.549
11	0.523	0.623	0.736	0.818	24	0.343	0.409	0.485	0.537
12	0.497	0.591	0.703	0.780	25	0.336	0.400	0.475	0.526
13	0.475	0.566	0.673	0.745	26	0.329	0.392	0.465	0.515
14	0.457	0.545	0.646	0.716	27	0.323	0.385	0.456	0.505
15	0.441	0.525	0.623	0.689	28	0.317	0.377	0.448	0.496
16	0.425	0.507	0.601	0.666	29	0.311	0.370	0.440	0.487
17	0.412	0.490	0.582	0.645	30	0.305	0.364	0.432	0.478

附表 11 Kendall-τ 相关系数检验临界值表

$$P\{\tau \geqslant c\} = \alpha$$

n	$\alpha=0.05$	$\alpha=0.01$	n	$\alpha=0.05$	$\alpha=0.01$	n	$\alpha=0.05$	$\alpha=0.01$	n	$\alpha=0.05$	$\alpha=0.01$
5	0.800	1.000	14	0.363	0.473	23	0.257	0.352	32	0.210	0.290
6	0.733	0.867	15	0.333	0.467	24	0.246	0.341	33	0.205	0.288
7	0.619	0.810	16	0.317	0.433	25	0.240	0.333	34	0.201	0.280
8	0.571	0.714	17	0.309	0.426	26	0.237	0.329	35	0.197	0.277
9	0.500	0.667	18	0.294	0.412	27	0.231	0.322	36	0.194	0.273
10	0.467	0.600	19	0.287	0.392	28	0.228	0.312	37	0.192	0.267
11	0.418	0.564	20	0.274	0.379	29	0.222	0.310	38	0.189	0.263
12	0.394	0.545	21	0.267	0.371	30	0.218	0.301	39	0.188	0.260
13	0.359	0.513	22	0.264	0.359	31	0.213	0.295	40	0.185	0.256

附表 12　W 检验法统计量 W 的 p 分位点 z_p

n ＼ p	0.01	0.05	0.10	n ＼ p	0.01	0.05	0.10
				26	0.891	0.920	0.933
				27	0.894	0.923	0.935
3	0.753	0.767	0.789	28	0.896	0.924	0.936
4	0.687	0.748	0.792	29	0.898	0.926	0.937
5	0.686	0.762	0.806	30	0.900	0.927	0.939
6	0.713	0.788	0.826	31	0.902	0.929	0.940
7	0.730	0.803	0.838	32	0.904	0.930	0.941
8	0.749	0.818	0.851	33	0.906	0.931	0.942
9	0.764	0.829	0.859	34	0.908	0.933	0.943
10	0.781	0.842	0.869	35	0.910	0.934	0.944
11	0.792	0.850	0.876	36	0.912	0.935	0.945
12	0.805	0.859	0.883	37	0.914	0.936	0.946
13	0.814	0.866	0.889	38	0.916	0.938	0.947
14	0.825	0.874	0.895	39	0.917	0.939	0.948
15	0.835	0.881	0.901	40	0.919	0.940	0.949
16	0.844	0.887	0.906	41	0.920	0.941	0.950
17	0.851	0.892	0.910	42	0.922	0.942	0.951
18	0.858	0.897	0.914	43	0.923	0.943	0.951
19	0.863	0.901	0.917	44	0.924	0.944	0.952
20	0.868	0.905	0.920	45	0.926	0.945	0.953
21	0.873	0.908	0.923	46	0.927	0.945	0.953
22	0.878	0.911	0.926	47	0.928	0.946	0.954
23	0.881	0.914	0.928	48	0.929	0.947	0.954
24	0.884	0.916	0.930	49	0.929	0.947	0.955
25	0.888	0.918	0.931	50	0.930	0.947	0.955

附表 13　DW 检验临界值表

$\alpha = 0.05$

n	$k=1$		$k=2$		$k=3$		$k=4$		$k=5$	
	d_L	d_U	d_L	d_U	d_L	d_U	d_L	d_U	d_L	d_U
15	1.08	1.36	0.95	1.54	0.82	1.75	0.69	1.97	0.56	2.21
16	1.10	1.37	0.98	1.54	0.86	1.73	0.74	1.93	0.62	2.15
17	1.13	1.38	1.02	1.54	0.90	1.71	0.78	1.90	0.67	2.10
18	1.16	1.39	1.05	1.53	0.93	1.69	0.82	1.87	0.71	2.06
19	1.18	1.40	1.08	1.53	0.97	1.68	0.86	1.85	0.75	2.02
20	1.20	1.41	1.10	1.54	1.00	1.68	0.90	1.83	0.79	1.99
21	1.22	1.42	1.13	1.54	1.03	1.67	0.93	1.81	0.83	1.96
22	1.24	1.43	1.15	1.54	1.05	1.66	0.96	1.80	0.86	1.94
23	1.26	1.44	1.17	1.54	1.08	1.66	0.99	1.79	0.90	1.92
24	1.27	1.45	1.19	1.55	1.10	1.66	1.01	1.78	0.93	1.90
25	1.29	1.45	1.21	1.55	1.12	1.66	1.04	1.77	0.95	1.89
26	1.30	1.46	1.22	1.55	1.14	1.65	1.06	1.76	0.98	1.88
27	1.32	1.47	1.24	1.56	1.16	1.65	1.08	1.76	1.01	1.86
28	1.33	1.48	1.26	1.56	1.18	1.65	1.10	1.75	1.03	1.85
29	1.34	1.48	1.27	1.56	1.20	1.65	1.12	1.74	1.05	1.84
30	1.35	1.49	1.28	1.57	1.21	1.65	1.14	1.74	1.07	1.83
31	1.36	1.50	1.30	1.57	1.23	1.65	1.16	1.74	1.09	1.83
32	1.37	1.50	1.31	1.57	1.24	1.65	1.18	1.73	1.11	1.82
33	1.38	1.51	1.32	1.58	1.26	1.65	1.19	1.73	1.13	1.81
34	1.39	1.51	1.33	1.58	1.27	1.65	1.21	1.73	1.15	1.81
35	1.40	1.52	1.34	1.58	1.28	1.65	1.22	1.73	1.16	1.80
36	1.41	1.52	1.35	1.59	1.29	1.65	1.24	1.73	1.18	1.80
37	1.42	1.53	1.36	1.59	1.31	1.66	1.25	1.72	1.19	1.80
38	1.43	1.54	1.37	1.59	1.32	1.66	1.26	1.72	1.21	1.79
39	1.43	1.54	1.38	1.60	1.33	1.66	1.27	1.72	1.22	1.79
40	1.44	1.54	1.39	1.60	1.34	1.66	1.29	1.72	1.23	1.79
45	1.48	1.57	1.43	1.62	1.38	1.67	1.34	1.72	1.29	1.78
50	1.50	1.59	1.46	1.63	1.42	1.67	1.38	1.72	1.34	1.77
55	1.53	1.60	1.49	1.64	1.45	1.68	1.41	1.72	1.38	1.77
60	1.55	1.62	1.51	1.65	1.48	1.69	1.44	1.73	1.41	1.77
65	1.57	1.63	1.54	1.66	1.50	1.70	1.47	1.73	1.44	1.77
70	1.58	1.64	1.55	1.67	1.52	1.70	1.49	1.74	1.46	1.77
75	1.60	1.65	1.57	1.68	1.54	1.71	1.51	1.74	1.49	1.77
80	1.61	1.66	1.59	1.69	1.56	1.72	1.53	1.74	1.51	1.77
85	1.62	1.67	1.60	1.70	1.57	1.72	1.55	1.75	1.52	1.77
90	1.63	1.68	1.61	1.70	1.59	1.73	1.57	1.75	1.54	1.78
95	1.64	1.69	1.62	1.71	1.60	1.73	1.58	1.75	1.56	1.78
100	1.65	1.69	1.63	1.72	1.61	1.74	1.59	1.76	1.57	1.78

α＝0.01 续表

n	k＝1		k＝2		k＝3		k＝4		k＝5	
	d_L	d_U	d_L	d_U	d_L	d_U	d_L	d_U	d_L	d_U
15	0.81	1.07	0.70	1.25	0.59	1.46	0.49	1.70	0.39	1.96
16	0.84	1.09	0.74	1.25	0.63	1.44	0.53	1.66	0.44	1.90
17	0.87	1.10	0.77	1.25	0.67	1.43	0.57	1.63	0.48	1.85
18	0.90	1.12	0.80	1.26	0.71	1.42	0.61	1.60	0.52	1.80
19	0.93	1.13	0.83	1.26	0.74	1.41	0.65	1.58	0.56	1.77
20	0.95	1.15	0.86	1.27	0.77	1.41	0.68	1.57	0.60	1.74
21	0.97	1.16	0.89	1.27	0.80	1.41	0.72	1.55	0.63	1.71
22	1.00	1.17	0.91	1.28	0.83	1.40	0.75	1.54	0.66	1.69
23	1.02	1.19	0.94	1.29	0.86	1.40	0.77	1.53	0.70	1.67
24	1.04	1.20	0.96	1.30	0.88	1.41	0.80	1.53	0.72	1.66
25	1.05	1.21	0.98	1.30	0.90	1.41	0.83	1.52	0.75	1.65
26	1.07	1.22	1.00	1.31	0.93	1.41	0.85	1.52	0.78	1.64
27	1.09	1.23	1.02	1.32	0.95	1.41	0.88	1.51	0.81	1.63
28	1.10	1.24	1.04	1.32	0.97	1.41	0.90	1.51	0.83	1.62
29	1.12	1.25	1.05	1.33	0.99	1.42	0.92	1.51	0.85	1.61
30	1.13	1.26	1.07	1.34	1.01	1.42	0.94	1.51	0.88	1.61
31	1.15	1.27	1.08	1.34	1.02	1.42	0.96	1.51	0.90	1.60
32	1.16	1.28	1.10	1.35	1.04	1.43	0.98	1.51	0.92	1.60
33	1.17	1.29	1.11	1.36	1.05	1.43	1.00	1.51	0.94	1.59
34	1.18	1.30	1.13	1.36	1.07	1.43	1.01	1.51	0.95	1.59
35	1.19	1.31	1.14	1.37	1.08	1.44	1.03	1.51	0.97	1.59
36	1.21	1.32	1.15	1.38	1.10	1.44	1.04	1.51	0.99	1.59
37	1.22	1.32	1.16	1.38	1.11	1.45	1.06	1.51	1.00	1.59
38	1.23	1.33	1.18	1.39	1.12	1.45	1.07	1.52	1.02	1.58
39	1.24	1.34	1.19	1.39	1.14	1.45	1.09	1.52	1.03	1.58
40	1.25	1.34	1.20	1.40	1.15	1.46	1.10	1.52	1.05	1.58
45	1.29	1.38	1.24	1.42	1.20	1.48	1.16	1.53	1.11	1.58
50	1.32	1.40	1.28	1.45	1.24	1.49	1.20	1.54	1.16	1.59
55	1.36	1.43	1.32	1.47	1.28	1.51	1.25	1.55	1.21	1.59
60	1.38	1.45	1.35	1.48	1.32	1.52	1.28	1.56	1.25	1.60
65	1.41	1.47	1.38	1.50	1.35	1.53	1.31	1.7	1.28	1.61
70	1.43	1.49	1.40	1.52	1.37	1.55	1.34	1.581	1.31	1.61
75	1.45	1.50	1.42	1.53	1.39	1.56	1.37	1.59	1.34	1.62
80	1.47	1.52	1.44	1.54	1.42	1.57	1.39	1.60	1.36	1.62
85	1.48	1.53	1.46	1.55	1.43	1.58	1.41	1.60	1.39	1.63
90	1.50	1.54	1.47	1.56	1.45	1.59	1.43	1.61	1.41	1.64
95	1.51	1.55	1.49	1.57	1.47	1.60	1.45	1.62	1.42	1.64
100	1.52	1.56	1.50	1.58	1.48	1.60	1.46	1.63	1.44	1.65